beck sche reihe

bsr

Politisches Archiv

Auswärtiges Amt

Büro des Staatssekretär

Akten

betreffend:

Vatikan

vom 1. Januar 1943,

bis 15. Oktober 1943.

Bd. 5.

s. Bd. 6.

Abt.Z. Inl.II 435 gRs.

324

Genau beachten.

1. Nur Maschinenschrift
2. Nur einseitig beschreiben.
3. Offene Textteile in besonderem Telegramm senden

4. Telegramme, die an mehrere Anschriften gehen sollen, dürfen nur dann in einer Vfg. erledigt werden wenn sie genau wörtlich übereinstimmen; bei der geringsten Abweichung oder bei Zusätzen ist besonderes Telegramm erforderlich.

Citissime!

Mit Vorrang!

Berlin, den 9. Oktober 1943

Telegramm { Nicht geh. Ch.V. Offen / I.Z. (geh. Ch.V.)

Geh. Verm. für ~~Behördenleiter~~

" " " Geh. Reichssachen

" " " ~~Geheimsachen~~

~~Verschlossener Geheimumschlag~~

Nicht Zutreffendes durch streichen

Diplogerma

~~Consugerma~~ Rom

Nr. 1. 4. 377

Referent: LR.v.Thadden

Betreff: Juden in Rom

Auf Nr. 201 vom 7.10.:

Für Konsul Moellhausen persönlich:

Auf Grund Führerweisung sollen die in Rom wohnenden 8.000 Juden als Geiseln nach Mauthausen gebracht werden. Der Herr RAM bittet Sie, sich auf keinen Fall in Angelegenheit einzumischen, sondern sie SS zu überlassen.

Bitte Gesandten Rahn verständigen.

Thadden.

9/10

Nach Abg.:

Büro RAM 13/10

zur Kenntnis und mit dem Anheimstellen der Entnahme eines Doppels.

K212161 H322672

E421521 J.J.5798

Raum für die Telegramm Kontrolle

9.10 12 35

9.10 13.10

«Pie XII et le IIIe Reich»
erschien zuerst bei Editions du Seuil, Paris 1964.
1965 erschien eine deutsche Ausgabe
im Rowohlt Verlag.

Satz, Druck u. Bindung: Druckerei C.H.Beck, Nördlingen
Umschlagentwurf: malsyteufel, willich
Umschlagbild: Pius XII. empfängt Wehrmachtsangehörige im Vatikan, 1941

Printed in Germany
ISBN 978 3 406 61681 5

www.beck.de

Saul Friedländer

Pius XII. und das Dritte Reich

EINE DOKUMENTATION

Verlag C.H.Beck

Dem Gedenken
meiner in Auschwitz ermordeten Eltern

Vorwort

Wenn die Dokumentation «Pius XII. und das Dritte Reich» 45 Jahre nach ihrem Erscheinen neu abgedruckt wird, dann rechtfertigt sich dies durch die Fülle der Arbeiten, die in diesen vier Jahrzehnten zu ihrem Thema erschienen sind, und ebenso dadurch, daß seither mehrere Archivbestände neu zugänglich geworden sind, wie ich im Nachwort erläutern werde. Der Originaltext ist ohne Änderungen wiedergegeben, da er im wesentlichen Dokumente präsentiert, die auch heute noch wichtig sind; seine volle Bedeutung erhält dieser Band jedoch durch das Nachwort. Hier findet man eine Neubewertung des alten Materials im Lichte neuer Daten (Forschungsarbeiten und Dokumente).

Außerdem lag mir daran, zu Beginn des Werkes einen Brief, den im Jahre 1965 Kardinal Eugène Tisserant, der damalige Dekan des Kardinalskollegiums, an mich gerichtet hat, und ebenso auch die Genehmigung, die er mir zu dessen Veröffentlichung erteilt hat, wiederzugeben. Diese beiden Dokumente sind in der 1966 erschienenen amerikanischen Ausgabe des Bandes abgedruckt.

Los Angeles, 16. Dezember 2009

Aus dem Französischen
von Martin Pfeiffer

Rome (851), 4 via Giovanni Prati. Le 4 mars 1965.

Monsieur,

Je regrette de vous avoir fait attendre aussi longtemps un accusé de réception pour le livre que vous avez eu la bonté de m'adresser. J'ai admiré la richesse de votre documentation qui m'a rappelé des évènements suivis de près avec douleur pendant le cours de la deuxième guerre mondiale.

Il est bon que toute la vérité soit connue. Il était très difficile pendant la guerre de savoir exactement ce qui se passait. J'ai regretté plusieurs fois que la Secrétairerie d'Etat n'ait pas songé à renseigner les cardinaux par un bulletin. Je m'arrangeais comme je pouvais en recevant à la fois deux quotidiens suisses, les Basler Nachrichten et un des deux journaux de langue française, Journal de Genève ou Gazette de Lausanne. J'ai évité pendant toute la durée de la guerre d'aller en France car j'aurais dû subir les honneurs militaires que le concordat allemand assurait aux cardinaux. C'est seulement àla fin de 1944 que j'ai pu retrouver le contact avec les prélats francais. Je n'avais jamais admis le régime Pétain ni l'idée d'une collaboration avec l'Allemagne nazie.

Permettez moi de vous signaler à la page 155 une faute d'impression. Il faut lire "Monseigneur Sericano" au début de l'avant-dernier paragraphe.

En vous remerciant pour la manière dont vous avez parlé de moi, je vous prie d'agréer, Monsieur, mes remerciements et mes félicitations avec l'assurance de ma haute considération.

+ Eugène Card. Tisserant

Rome (851), 4 via Giovanni Prati
22 décembre 1965.

Monsieur,

Répondant à votre lettre du 7 décembre, jem'empresse de vous faire savoir que je vous autorise à reproduire ma lettre du 4 mars 1965.

Veuillez agréer, Monsieur, les assurances de ma haute considération et de mon dévouement.

+ Eugène Card. Tisserant

Inhalt

Einleitung

Das Verhalten Papst Pius' XII. gegenüber dem Hitlerreich und die Gründe seines Schweigens zu der systematischen Vernichtung der europäischen Juden haben zu beklommenen Fragen und leidenschaftlicher Polemik geführt. Angesichts eines solchen Problems kann der Historiker schwerlich völlige Objektivität für sich in Anspruch nehmen. Aber trotz der Verwirrung der Geister durch die verschiedensten und manchmal sonderbarsten Anklagen und Widerlegungen bleibt eine Möglichkeit redlichen Forschens: daß man sich möglichst *an die Dokumente* hält. Das soll die Richtschnur dieser Untersuchungen sein.

Ein großer Teil der hier zitierten Dokumente ist noch nicht veröffentlicht worden; andere sind lediglich einem sehr begrenzten Kreis von Fachleuten bekannt; und einige schließlich sind in neuerdings erschienenen ernsthaften Untersuchungen angeführt,[1] aber selten ungekürzt. Es ist jedoch unser zweites methodisches Prinzip, daß *nur das ausführliche Zitieren eines Dokuments* dem Leser erlaubt, sich von dessen Tragweite und den wirklichen Nuancen ein Bild zu machen. Wir haben also meistens eine Kürzung der angeführten Dokumente vermieden, selbst wenn ihr Stil umständlich war oder bestimmte Stellen ermüdend wirkten. Nur Stellen, die in keinem Zusammenhang mit dem Thema stehen, Aktenzeichen, Höflichkeitsfloskeln und Wiederholungen wurden gestrichen.

Wir haben die zitierten Dokumente in ihren historischen Zusammenhang zu stellen versucht, indem wir sie mit kurzen Kommentaren versahen, die an die jeweiligen Ereignisse erinnern sollen; auch haben wir gelegentlich Erklärungen beigefügt, um die Zuverlässigkeit eines Dokumentes zu würdigen oder um die dort erwähnten Tatsachen zu erläutern. Gelegentlich nehmen wir Stellung. Der Leser kann in solchen Fällen unsere Äußerung verwerfen. Der Text des Dokumentes bleibt.

Wir haben bei dieser Untersuchung die veröffentlichten Sammlungen der britischen und amerikanischen Akten, vom Vatikan publi-

1. Jacques Nobécourt, Le Vicaire et l'Histoire (Paris 1964); Guenter Lewy, The Catholic Church and Nazi Germany (New York 1964).

zierte Texte, noch unveröffentlichte Dokumente des Jüdischen Weltkongresses und des Zionistischen Archivs in Jerusalem, ein noch unveröffentlichtes Dokument aus der Reichskanzlei, vor allem aber die größtenteils unveröffentlichten Akten des Auswärtigen Amtes im Dritten Reich benützt.

Gegen Ende des Zweiten Weltkriegs erbeuteten die Alliierten die Archive der meisten zivilen und militärischen Dienststellen des Deutschen Reichs, soweit sie nicht von den Deutschen selber zerstört wurden oder dem Bombenkrieg und den Kampfhandlungen zum Opfer fielen. Das Archiv der Wilhelmstraße geriet zum größten Teil in die Hände der alliierten Streitkräfte. Während die Akten des Ministerbüros fast gänzlich zerstört wurden, blieben die des Büros des Staatssekretärs und wichtiger Abteilungen des Ministeriums bis auf die Akten aus den letzten Kriegsmonaten fast unversehrt.

Diese Dokumente wurden nach Washington und London gebracht, von den Engländern und Amerikanern fotografiert und schließlich nach einigen Jahren der Bundesrepublik Deutschland zurückgegeben. Sie stehen heute im deutschen Auswärtigen Amt den Forschern zur Verfügung. Eine Anzahl dieser Dokumente wurde und wird durch eine Kommission von Fachleuten herausgegeben; bislang betreffen diese Publikationen, die in jedem Falle nur einen verschwindenden Teil des vorhandenen Materials enthalten können, lediglich die Ereignisse vor dem deutschen Angriff auf die Sowjetunion im Juni 1941.

Wir haben die Sammlung der schon veröffentlichten deutschen Akten und, wie gesagt, vor allem die noch nicht veröffentlichten Akten ausgewertet, die sich im Bonner Auswärtigen Amt befinden. Unter diesen sind die Akten des Büros des Staatssekretärs betreffend vatikanische Angelegenheiten (*Staatssekretär: Vatikan*) bei weitem die wichtigsten.

Die Akten des Staatssekretärs betreffend italienische Angelegenheiten (*Staatssekretär: Italien*) sowie der Abteilung, die für die Verbindung zu den Sicherheitsdiensten zuständig war, besonders der für Angelegenheiten der Juden in Italien (*Inland II A/B: Juden in Italien*) und vatikanische Angelegenheiten (*Inland II g: Heiliger Stuhl*), haben uns wichtige Texte geliefert. Schließlich wurden ebenfalls die Akten der Abteilung benützt, die für Verbindungen zur Wehrmacht zuständig war (*Pol I M*).

Die Akten des Büros des Staatssekretärs betreffend vatikanische Angelegenheiten sind chronologisch geordnet. Der letzte Band, den wir gefunden haben, ist Band Nr. 5, der am 15. Oktober 1943 abgeschlossen wurde; nach Angaben auf dem Rücken des Ordners folgte ihm Band Nr. 6, der verschwunden ist. Einige Dokumente aus Band Nr. 6 wurden als Kopien in Ordnern anderer Abteilungen des Ministeriums ermittelt; das wichtigste Material jedoch blieb völlig unauffindbar. Es kann freilich nicht durch Bombeneinwirkung zerstört worden sein, denn die Akten des Büros des Staatssekretärs aus der Zeit nach Oktober 1943, sofern sie andere Angelegenheiten betreffen, sind erhalten geblieben. Nebenbei bemerkt ist der 15. Oktober 1943 das Datum der Deportation der Juden aus Rom, auf welche die Deportation der Juden in Norditalien folgte. Enthielt der Band Nr. 6 Aufzeichnungen von Gesprächen zwischen Pius XII. und dem deutschen Botschafter beim Vatikan über diese Ereignisse?

Eine Untersuchung zur Politik des Heiligen Stuhls gegenüber dem Dritten Reich im Zweiten Weltkrieg, die sich im wesentlichen auf deutsche diplomatische Quellen stützt, muß sehr einseitig sein: und es ist selbstverständlich, daß man keine endgültigen Schlüsse ziehen kann, bevor man die Dokumente des Vatikans kennt.

Diplomatische Berichte sind häufig von dem Bestreben ihrer Verfasser geprägt, sich gegenüber ihren Regierungen zu decken, und deshalb kann nur durch einen Vergleich von Berichten aus den verschiedensten Quellen über dasselbe Ereignis gelegentlich ein objektives Bild gewonnen werden. Wie wir soeben erwähnten, ist ein solches Verfahren bei der vorliegenden Untersuchung leider nicht möglich.

Was die Diplomaten des Dritten Reiches betrifft, so ist die Schwierigkeit noch größer, weil man jede Befürchtung, jedes Verschweigen und auch die Anwandlungen von Fanatismus bei den Dienern eines totalitären Systems in Rechnung ziehen muß.

Schließlich erhebt sich bei der Untersuchung von Fragen, die den Vatikan betreffen, noch ein besonderes Problem. Der Heilige Stuhl verbirgt ja häufig seine Opposition gegen Pläne einer Regierung unter dem Anschein einer äußeren Liebenswürdigkeit, die täuschen kann.

Trotz all dieser Schwierigkeiten meinen wir, daß die deutschen Dokumente, die wir vorlegen wollen, in einem bestimmten Maße dienlich sein können und stützen uns dabei auf drei wesentliche Gründe: die Persönlichkeit ihrer Verfasser; die Übereinstimmung (in den wichtigsten Punkten) einer großen Anzahl von Texten, die mehrere Diplomaten während eines Zeitraums von mehreren Jahren abgefaßt haben; sowie die Übereinstimmung zwischen den deutschen Berichten sowie den diplomatischen und sonstigen Dokumenten aus verschiedenen (vor allem englischen und amerikanischen) Quellen zu bestimmten, präzis umrissenen Ereignissen.

Wir wollen diese drei Kriterien näher untersuchen und zunächst die Persönlichkeit der Hauptverfasser der uns verfügbaren Texte, nämlich Bergens und Weizsäckers, ins Auge fassen.

Wir verfügen über wenige Zeugnisse zur Persönlichkeit Diego von Bergens, der von 1920 bis 1943 deutscher Botschafter beim Heiligen Stuhl war. Wir möchten jedoch auf ein Dokument des Reichsministeriums für die kirchlichen Angelegenheiten von 1937 aufmerksam machen. In einer Note an die Wilhelmstraße schreibt der Staatssekretär des Kirchenministeriums, Muhs:

«Zu meinem Bedauern muß ich ... meine bei verschiedenen Gelegenheiten dargelegte Meinung wiederholen, daß das nationalsozialistische Deutsche Reich heute beim Heiligen Stuhl nicht mit jener Festigkeit, Zielklarheit und Wärme vertreten wird, wie es inmitten der weittragenden kirchenpolitischen Auseinandersetzungen notwendig wäre.»[1]

Die Telegramme des Botschafters Bergen bestätigen Muhs' «Kritik»: der Botschafter ist ein Karrierediplomat, der über die Probleme des Vatikans genau unterrichtet ist; er versieht dort sein Amt seit vielen Jahren und ist offenbar für die nationalsozialistische Mystik nicht empfänglich; niemals findet man in seinen Berichten einen Ausdruck aus dem Wortschatz eines treuen Nationalsozialisten. Gewiß sind seine Telegramme wie diejenigen aller Diplomaten, die im Dienste Hitlers blieben, klug formuliert, sooft sie sich auf Tatsachen beziehen, die den Führern des Reiches mißfallen könnten. Im großen und ganzen besteht jedoch kein Grund für die An-

1. Note von Muhs vom 6. 8. 1937, Akten zur deutschen auswärtigen Politik (im folgenden ADAP), Serie D, Bd. I S. 808 f.

nahme, Bergens Berichte seien so beschönigt, daß dadurch seine Informationen an Berlin verfälscht worden seien.

Schließlich empfiehlt es sich, darauf hinzuweisen, daß Bergen infolge seiner langjährigen Tätigkeit am Vatikan mit den verschiedenen Angehörigen der Kurie und besonders mit Staatssekretär Pacelli, der im März 1939 Papst Pius XII. wird, vertrauliche Beziehungen anknüpfen konnte, die es ihm erlauben, zahlreiche vertrauliche Informationen zu sammeln.[1] Der Privatbrief, den Bergen an Staatssekretär von Weizsäcker schreibt, als im April 1943 seine bevorstehende Abberufung vom Vatikan bekannt wird, zeigt deutlich das Vertrauen, das ihm die Kurie und vor allem der Papst entgegenbrachte. Man könnte natürlich einwenden, daß Bergen die Worte erfunden hat, die er dem Kardinalstaatssekretär in den Mund legt, aber das ist recht unwahrscheinlich. Am 6. April 1943 schreibt der Botschafter Folgendes:

«Die Einholung des Agréments (für meinen Nachfolger) schlug bei Maglione[2] wie ein Blitz ein. Es kam zu bewegten Szenen, auf die ich nicht einzugehen brauche. Der Kernpunkt seiner Äußerungen war folgender: Er sei völlig überrascht und tief betroffen. Die Kurie habe ganz bestimmt mit meinem Verbleib in Rom bis Kriegsende gerechnet. Meine besonders gelagerten Beziehungen zu den maßgebenden Persönlichkeiten, vor allem die ganz außergewöhnliche Einstellung des Papstes zu mir hätten zu jeder Zeit vertrauensvolle, freundschaftlich zwanglose Gespräche über die heikelsten Fragen zugelassen, die in dieser Form mit fremden Vertretern nicht denkbar wären. Man habe daher auch gehofft, bei Kriegsende auf dieser Grundlage einen zunächst rein freundschaftlichen diskreten Gedankenaustausch über die zweckmäßigste Art der Behandlung des sehr schwierigen Fragenkomplexes herbeizuführen. Dies alles solle nun hinfällig werden? Ein Botschafterwechsel im jetzigen Zeitpunkt wäre nach seiner Ansicht wirklich unmöglich.»[3]

Bergen beruhigt Kardinal Maglione über die Person seines Nachfolgers, eben des Staatssekretärs von Weizsäcker. Wie ist die Rolle

1. Nach seiner Wahl erinnert Pius XII. Bergen an ihre «nun bald dreißigjährigen freundschaftlichen Beziehungen», vgl. unten S. 27.

2. Der Kardinalstaatssekretär.

3. Brief Bergens an Weizsäcker vom 6.4.1943, Politisches Archiv des Auswärtigen Amts, Bonn, Staatssekretär: Vatikan (im folgenden Archiv AA, StS: V).

des Letzteren im Zusammenhang unserer Untersuchung zu bewerten?

Die Persönlichkeit Weizsäckers ist viel besser bekannt als die Bergens. Während der für uns interessanten Zeit ist er zunächst Staatssekretär im Auswärtigen Amt (also die wichtigste Person nach dem Reichsaußenminister von Ribbentrop) und später von Juli 1943 an Botschafter beim Heiligen Stuhl. Während seiner Zeit als Staatssekretär trägt er die Hauptverantwortung für die Verbindungen mit dem Apostolischen Nuntius, Mgr. Orsenigo.

Man hat über Weizsäcker vieles geschrieben, und die Ansichten über seine Persönlichkeit gehen auseinander. In einem Punkt ist freilich die Mehrzahl der Historiker einer Meinung: Weizsäcker stand dem nationalsozialistischen Regime innerlich feindlich gegenüber und wurde mehrfach in die Planungen des deutschen Widerstandes gegen Hitler einbezogen. Eines der aktivsten Mitglieder der Opposition gegen das Regime im Auswärtigen Amt, Erich Kordt, beschreibt ihn in seinen Erinnerungen mit Worten, in denen zugleich Zuneigung und Ehrerbietung liegen. Bei den Beamten, so schreibt Kordt insbesondere, war Weizsäcker nicht «besonders populär, aber er genoß auch bei den meisten Fernerstehenden hohe Achtung und Vertrauen».[1]

Wie Bergen war Weizsäcker infolge seiner Haltung gegenüber dem Regime kein Mann, der Hitler und Ribbentrop zuliebe gute Nachrichten erfand. Tatsächlich hat man im Falle Weizsäckers mehrfach feststellen können, daß er häufig das Gegenteil tat. Er war beunruhigt über die abenteuerliche Politik der Reichsführung und versuchte bisweilen, den Eifer seiner Vorgesetzten zu bremsen, indem er ihnen mit Absicht pessimistische Nachrichten übermittelte. Einige Telegramme, die im sechsten Kapitel unserer Untersuchung abgedruckt sind, vermitteln den Eindruck, daß Bergen sich gelegentlich derselben Methode bediente.

Die Zurückhaltung Bergens und Weizsäckers bei der Weiterleitung allzu optimistischer Informationen, ihre Tendenz, den Eifer der nationalsozialistischen Führer zu bremsen, indem sie von Zeit zu Zeit den ungünstigen Charakter der von ihnen weitergeleiteten Nachrichten hervorheben, legen die Vermutung nahe, daß in dem

1. Erich Kordt, Nicht aus den Akten (Stuttgart 1950) S. 179 f.

Maße, wie diese beiden Diplomaten besonders gute Informationen über die Einstellung des Papstes, der Kurie oder des Nuntius in Berlin zum Reich übermitteln, eben diese Informationen mit einiger Wahrscheinlichkeit teilweise zutreffend sind.

Man weiß nur sehr wenig über die Persönlichkeit Menshausens, des Botschaftsrats an der deutschen Vatikanbotschaft; dagegen wurde das Verhalten Woermanns, des Leiters der Politischen Abteilung in der Wilhelmstraße, im Jahre 1948 während des Wilhelmstraßenprozesses untersucht: auch er gehört zu der Gruppe der Beamten im Auswärtigen Amt, die niemals eifrige Anhänger des Nationalsozialismus gewesen sind. In jedem Fall sind Menshausens und Woermanns Berichte, im ganzen gesehen, für die vorliegende Untersuchung von nur zweitrangiger Bedeutung.

Das zweite Kriterium, das unseres Erachtens den in dieser Untersuchung zitierten deutschen Dokumenten einen gewissen Wert verleiht, ist die Übereinstimmung der Texte in den wichtigeren Problemen und die Beständigkeit der dort gemachten Angaben. Rund vier Jahre lang standen Diplomaten des Reichs und Vertreter der deutschen Geheimdienste mit dem Papst, bedeutenden Angehörigen der Kurie und verschiedenen kirchlichen Würdenträgern aus mehreren Ländern im Gespräch; die Berichte stimmen jedoch in allen wesentlichen Punkten überein, und man findet beinahe keinen Widerspruch.

Schließlich herrscht, und das ist unser drittes Echtheitskriterium, Übereinstimmung hinsichtlich präzis umrissener Ereignisse zwischen deutschen Texten und beispielsweise englischen und amerikanischen Quellen. Wir werden im ersten Kapitel unserer Untersuchung eine beträchtliche Übereinstimmung zwischen den deutschen und britischen Dokumenten und den Memoiren polnischer Staatsmänner bezüglich der Haltung des Heiligen Stuhles während der polnischen Krise in den Monaten März bis September 1939 feststellen.

Zusammenfassend möchten wir noch einmal sagen, daß man die deutschen Dokumente nicht mit den entsprechenden Texten des vatikanischen Archivs vergleichen kann und daß daher die Darlegung der Tatsachen nicht nur Dinge, sondern möglicherweise auch Menschen einseitig zeigt. Berücksichtigt man freilich die verschiedenen von uns untersuchten Kriterien, so darf man behaupten, daß diese Dokumente und das in ihnen gezeichnete Bild der Situation einen unbestreitbaren historischen Wert besitzen; es wird unsere Aufgabe sein, sie mit aller Klugheit und der erforderlichen Vorsicht zu behandeln. Die Kommentare werden ihrerseits mehr Fragen als Behauptungen enthalten.

Es geht der Untersuchung, wie schon ihr Titel zeigt, im wesentlichen darum, die Haltung des Papstes Pius XII. gegenüber dem Dritten Reich zu klären. Wir haben uns bezüglich des zu behandelnden Zeitraums strenge Beschränkung auferlegt: unsere Untersuchungen beginnen im März 1939, dem Zeitpunkt der Papstwahl, und brechen im September 1944 ab, wo unsere dokumentarischen Quellen versiegen. Während dieses kurzen Zeitraums von fünf Jahren richtet sich das Augenmerk der Untersuchung hauptsächlich auf den Papst und seine engen Mitarbeiter und andererseits auf seine Partner, die Führer des Dritten Reiches, sofern sie mit dem Heiligen Stuhl in Verbindung stehen.

Ist eine derartige Einschränkung des Themas tragbar? Kann man die Haltung Pius' XII. verstehen, ohne seine frühere Laufbahn bis ins einzelne untersucht zu haben, zumindest von 1917, dem Jahr seiner Ernennung zum Nuntius in München, bis zu seiner Erhebung ins Amt des Papstes? Kann man die Motive bestimmter Entscheidungen dieses Mannes erfassen, ohne vorher die allgemeine Lage der Kirche und besonders die Lage der Kirche in Deutschland und ihre Beziehungen zum Nationalsozialismus zu untersuchen?

Unsere Wahl ist unseres Erachtens aus zwei Gründen gerechtfertigt: einerseits machen wir in den Kommentaren zu den von uns vorgelegten Texten so knapp wie möglich, jedoch mit dem Bestreben, das Wesentliche zu sagen, die zum Verständnis des Dokumentes erforderlichen Angaben; dabei beziehen wir uns manchmal auf die Zeit vor 1939 und häufig auf die Lage der Kirche während des Krieges; andererseits erhellt von den soeben erschienenen Arbeiten von Nobécourt und Lewy die erste besonders gut die «Lehrjahre Eugenio Pacellis» und die zweite die Beziehungen zwischen der Kirche in Deutschland und dem Nationalsozialismus; beide beschreiben das Verhältnis zwischen dem Heiligen Stuhl und dem Dritten Reich unter Pius XI. bis in die Einzelheiten. Es schien uns überflüssig, ausführlich auf Fragen einzugehen, die schon so eingehend untersucht worden sind.

Demgegenüber haben diese beiden Autoren das besondere Problem, das den Gegenstand unserer Arbeit bildet, recht kurz behandelt; Nobécourt hat ihm sicherlich bemerkenswerte Seiten gewidmet, aber er hatte keinen Zugang zu den Dokumenten in den deutschen Archiven; Lewy dagegen richtete sein Hauptaugenmerk auf die Politik der Kirche in Deutschland und machte von der für ihn bestehenden Möglichkeit, das Archiv des Auswärtigen Amtes für eine Untersuchung der Einstellung Pius' XII. in den Kriegsjahren zu benutzen, fast keinen Gebrauch.

Man kann gegen die von uns gewählte Untersuchungsmethode einen weiteren Einwand erheben, der möglicherweise schwerer wiegt als die bisherigen. Seinem Wesen nach beschreibt und analysiert ein diplomatisches Dokument die Umstände einer Entscheidung in Worten, die das politische (oder militärische) «Spiel» umreißen; die moralische Bedeutung einer Handlung, die Bedrängnis, die eine wichtige Entscheidung im Gewissen des Menschen hervorrufen kann, der die Verantwortung für sie übernimmt, interessiert den Diplomaten nicht oder beunruhigt ihn lediglich am Rande. Gerade aus diesem Grunde sind diplomatische Akten keine ausreichenden Quellen für einen Historiker, wenn er die tieferen Motive einer wichtigen Entscheidung erfassen möchte, die über das Niveau bloßen Taktierens hinausgeht. Diese Bemerkungen, die für die Untersuchung der Schritte jedes Staatsmannes gelten, werden völlig evident, sobald man den Bereich der Entscheidungen eines geistlichen Führers ins Auge faßt, dessen Motive häufig von Überlegungen wesentlich religiöser Art beeinflußt sind.

Wir nehmen die Grenzen hin, die unsere Untersuchung nicht überschreiten kann. Sogar in seiner Eigenschaft als Staatsmann kann man Pius XII. nicht nur auf Grund der diplomatischen Dokumente beurteilen, die wir benützen. Diese Texte beleuchten lediglich gewisse Aspekte einer Politik und, wie wir meinen, bestimmte Züge einer Persönlichkeit.

Wie einseitig das Bild auch sein mag, das wir gewinnen, wir hoffen dennoch, daß diese unparteiisch vorgelegten Dokumente einen nützlichen Beitrag zur historischen Forschung darstellen mögen.

ERSTES KAPITEL

Die internationale Krise
März 1939 bis September 1939

I. Die Annäherung zwischen Kirche und Reich

Am 2. März 1939 wird Eugenio Pacelli, der Kardinalstaatssekretär Pius' XI., zum Papst gewählt; er nimmt den Namen Pius XII. an. Am Tag darauf verfaßt der Leiter des Referats für Angelegenheiten des Vatikans im Berliner Auswärtigen Amt, Graf du Moulin, eine Aufzeichnung über die politische Richtung und über die Persönlichkeit des neuen Papstes.

«*Papst Pius XII. (Kardinal Pacelli)*
Werdegang:

2. 3. 1876	in Rom geboren
1917	Nuntius in München Loyale Mitwirkung an vatikanischem Friedensvermittlungsvorschlag
1920–1929	Nuntius in Berlin
1929	Kardinal
1930	Kardinalstaatssekretär. – Reisen nach Amerika und Frankreich

Bisheriges Verhältnis zu Deutschland

Pacelli galt zunächst als sehr deutschfreundlich. Bekannt ist seine ausgezeichnete Kenntnis der deutschen Sprache. Seine Verfechtung einer orthodoxen Kirchenpolitik hat ihn aber wiederholt zum Nationalsozialismus in prinzipiellen Gegensatz geführt. Abgesprochen wird ihm jedoch eine Mitwirkung an der Gewaltpolitik Pius' XI., insbesondere an den ausgesprochen feindseligen Reden dieses Papstes. Im Gegenteil bemühte er sich wiederholt um Kompromisse und brachte den Wunsch nach freundschaftlichen Beziehungen zu unserer Botschaft zum Ausdruck.

Bisheriges Verhältnis zu Italien

Pacelli ist stets für ein gutes Verhältnis zu Mussolini und zum faschistischen Italien eingetreten. Insbesondere hat er im Abessinien-Konflikt die nationale Haltung des italienischen Klerus gefördert und unterstützt. An dem Abschluß der Lateran-Verträge hat sein Bruder maßgebend mitgewirkt.

Bisheriges Verhältnis zu den übrigen Ländern

Politische Festlegungen des neuen Papstes dürften nicht bestehen. Von französischer Seite ist versucht worden, die beiden Reisen Pacellis nach Frankreich als Beweis für dessen einseitige frankreichfreundliche Neigung zu kennzeichnen. Demgegenüber betonte unsere Botschaft den rein religiösen Charakter der Reisen. Ebenso sind seine Amerika-Reisen lediglich der Ausdruck der vatikanischen Weltpolitik ...

... Allgemeine Charakteristik

Auf Grund der Berichterstattung unserer Botschaft ergibt sich das Bild eines hochbegabten, sehr arbeitsamen, weit über dem Durchschnitt stehenden Mannes von größter politischer Erfahrung, der sich den Erfordernissen der ihm richtig erscheinenden Politik vorurteilslos anzupassen versteht und Kompromissen nicht abgeneigt ist. Betont wird wiederholt seine persönliche große Empfindlichkeit auch gegenüber Presseangriffen, Karikaturen und ähnlichem.

Die in der letzten Zeit auftauchende Kritik wegen eines angeblich nicht hinreichenden Widerstandes gegenüber der päpstlichen Gewaltpolitik verstummte, als er nach dem Tode Pius' XI. die Funktionen eines Kardinalkämmerers übernahm, die er in vorbildlicher Weise ausübte. Mit aller Entschiedenheit setzte er sich dem Drängen der Intransigenten entgegen und trat gleichzeitig für Verständigung und Versöhnung ein. Diese Haltung hat seine Wahl entschieden.»[1]

Man weiß also in Berlin, daß der Kardinal, der soeben zum Papst gewählt wurde, «sehr deutschfreundlich» ist. Möglicherweise erinnert man sich daran, daß der frühere Nuntius in München und Berlin der Initiator des Konkordates zwischen dem Heiligen Stuhl und dem Dritten Reich[2] gewesen ist und daß die Haltung des Staatssekretärs, als die Beziehungen zwischen Kirche und nationalsozialistischem Regime gespannter wurden, den Telegrammen des Botschafters Bergen zufolge immer nachgiebiger blieb als die Pius' XI.

Als im Herbst 1933 die Nationalsozialisten begannen, die Bestimmungen des Konkordats zu brechen, war es Mgr. Pacelli, der Pius XI. von einem öffentlichen Protest zurückhielt,[3] ein Jahr danach, als sich die Krise zwischen dem Dritten Reich und der Kirche zuspitzte und der Staatssekretär in Buenos Aires war, äußerte Bergen in einem Telegramm die Befürchtung, daß ohne die mäßigende Gegenwart des Kardinals der Papst gegenüber Deutschland Entscheidungen von katastrophalen Folgen treffen könnte;[4] einige Wochen zuvor hatte Mgr. Pacelli, wahrscheinlich ohne es zu wollen, am Vorabend der Volksabstimmung, die über die Zukunft dieses Gebietes entschied, zugunsten der Nationalsozialisten in den Wahlkampf an der Saar eingegriffen.[5] Ungeachtet der wachsenden Schwierigkeiten, auf die die Kirche seit 1936 in Deutschland stieß, änderte sich die wohlwollende Haltung des Kardinalstaatssekretärs nicht. Im März 1937 wurde die Enzyklika *Mit brennender Sorge* veröffentlicht, die eine Anklage gegen die neuheidnischen Lehren des Nationalsozialismus und die religionsfeindlichen Maßnahmen des Reiches darstellte.[6]

Einige Wochen später unterstützt Pius XI. öffentlich Kardinal Mundelein von Chicago, der einen unerhört heftigen Angriff gegen Hitler geführt hat; am Vorabend der Ansprache des Papstes wird Bergen von

1. Aufzeichnung du Moulins vom 3. 3. 1939, Archiv AA, StS: V.

2. Guenter Lewy a. a. O. Kap. 3.

3. Telegramm Bergens an Berlin vom 16. 10. 1933, Documents on German Foreign Policy (im folgenden DGFP), Series C, Bd. II S. 3 f.

4. Telegramm Bergens an Berlin vom 12. 10. 1934, ebd. C III S. 478.

5. Guenter Lewy a. a. O. S. 188.

6. Selbstverständlich war Kardinal Pacelli in seiner Eigenschaft als Staatssekretär an der Abfassung dieser Enzyklika beteiligt (vgl. hierzu auch *Osservatore della Domenica* vom 28. 6. 1964).

Mgr. Pacelli empfangen und meldet am 23. Juli das Wichtigste über ihre Aussprache nach Berlin:

«In auffallendem Gegensatz zum Verhalten des Papstes stehen ... die Äußerungen Kardinalstaatssekretärs bei dem Besuch, den ich ihm am 16. d. M., also am Tage vor der Ansprache des Papstes abstattete. Es war dies der erste Besuch nach meiner Rückkehr, und die Unterhaltung trug privaten Charakter. Pacelli empfing mich mit betonter Freundlichkeit und versicherte mir im Laufe des Gesprächs emphatisch, die Beziehungen zu uns möglichst bald wieder normal und freundschaftlich zu gestalten; das gelte besonders für ihn, der 13 Jahre in Deutschland geweilt und dem deutschen Volk stets größte Sympathien entgegengebracht habe. Er wäre auch jederzeit zu einer Aussprache mit leitenden Persönlichkeiten, wie z. B. Reichsaußenminister und Ministerpräsident Göring, gern bereit. Ich bemerkte hierzu, ich hoffte, die Zeit würde kommen, in der solche Begegnung sich herbeiführen ließe (Gruppe verstümmelt) hielte ich sie persönlich offengesagt, bei dem durch die Enzyklika *Mit brennender Sorge* und andere Vorgänge herbeigeführten schweren Streit und bei der außerordentlichen Spannung für nicht möglich. Auf meine Erwähnung der Interpretation, die seine Reise nach Frankreich in der französischen Presse (z. B. *Journal* und *Humanité*) gefunden habe, erwiderte Pacelli lebhaft, die Reise sei rein religiösen Charakters gewesen und hätte, wie er mir aufs bestimmteste versichern könne, keinerlei politische Zwecke verfolgt; eine auch nur indirekte Demonstration gegen Deutschland oder gar Einkreisungsversuche, wie im *Angriff* behauptet worden sei, hätte dem Vatikan völlig fern gelegen. Sollte eines Tages in Deutschland kirchliche Feier von ähnlicher Bedeutung wie die in Lisieux veranstaltet werden, so würde er sich mit größter Freude dorthin begeben.»[1]

Im April 1938 hat Kardinal Pacelli noch einmal Gelegenheit, seinen guten Willen gegenüber Deutschland zum Ausdruck zu bringen; er empfängt den Danziger Senatspräsidenten Greiser, der sich auf der Durchreise in Rom befindet. Am 8. April notiert Staatssekretär von Weizsäcker:

1. Telegramm Bergens an Berlin vom 23. 7. 1937, ADAP D I S. 804.

«Senatspräsident Greiser kam auf der Rückreise von Rom nach Danzig zu mir, um in Ergänzung seiner schriftlichen Berichterstattung betreffend sein Gespräch mit dem Kardinalstaatssekretär noch folgendes mündlich zu melden: Pacelli habe ihm, Greiser, gegenüber wiederholt und stark das Bedürfnis nach einem Ausgleich des Vatikans mit dem Reich zu erkennen gegeben und sich so weit vorgewagt, zu erklären, er, Pacelli, sei bereit, auf Wunsch zu Verhandlungen nach Berlin zu kommen.»[1]

In seiner Aufzeichnung vom 3. März 1939 gab du Moulin, wie wir gesehen haben, zu verstehen, die ausgleichende Tätigkeit Kardinal Pacellis in den Wochen zwischen dem Tode Pius' XI. am 9. Februar und dem Beginn des Konklave habe dem früheren Staatssekretär die Wahl zum Papst eingebracht. Diese Bemerkungen werden aus einer recht guten Quelle bestätigt: am 2. März, dem Tag der Wahl des neuen Papstes, notiert der italienische Außenminister Graf Ciano in sein Tagebuch, der italienische Botschafter beim Heiligen Stuhl, Pignatti di Custoza, habe ihm einen Tag zuvor berichtet, Pacelli sei der von den Deutschen am meisten begünstigte Kardinal.[2]

Am 12. März 1939 wurde der Kardinalkämmerer Eugenio Pacelli zum Papst Pius XII. gekrönt. Gleich nach seiner Wahl unternimmt er alle erforderlichen Schritte, um jene Annäherung zwischen dem Vatikan und dem Dritten Reich in die Wege zu leiten, die seit seiner Zeit als Staatssekretär sein Wunsch gewesen ist.

Am 5. März berichtet Botschafter von Bergen über die Einzelheiten seiner ersten Audienz bei Pius XII.:

«Der Papst, an den der stellvertretende Staatssekretär meiner Bitte entsprechend die Glückwünsche des Führers und Reichskanzlers sowie der Reichsregierung beschleunigt weitergeleitet hatte, ließ mir noch gestern abend mitteilen, daß er mich heute vormittag zu empfangen wünsche.

1. Aufzeichnung Weizsäckers vom 8. 4. 1938, ADAP D I S. 835.

2. Graf Galeazzo Ciano, Tagebücher 1939–1943 (Bern 1947) S. 46. Wir müssen jedoch anmerken, daß die deutsche Presse dem Kardinal Pacelli feindlich gegenüberstand. Es ist möglich, daß es eine Zeitlang Meinungsverschiedenheiten zwischen Goebbels und Ribbentrop über die vermutliche Haltung des Staatssekretärs Pius' XI. gegenüber dem Reich für den Fall seiner Wahl zum Papst gegeben hat.

Der Papst betonte in der Audienz, bei der ich die Glückwünsche erneut zum Ausdruck brachte, ich sei der erste Botschafter, den er empfinge; er lege Wert darauf, mich persönlich mit seinem tiefgefühlten Dank an den Führer und Reichskanzler zu beauftragen; er verbinde hiermit seine aufrichtigsten Wünsche für das Gedeihen des deutschen Volkes, das er aus langjähriger Kenntnis während seiner Tätigkeit in München und Berlin immer mehr schätzen und lieben gelernt. Der Papst knüpfte daran seinen ‹heißen Wunsch für den Frieden zwischen Kirche und Staat›; er hätte mir dies als Staatssekretär des öfteren ausgesprochen, doch möchte er es heute als Papst ausdrücklich bestätigen.

Zur Kennzeichnung seiner Einstellung gegenüber den verschiedenen Regierungsformen erinnerte er im Laufe des Gesprächs noch an seine vorjährige in deutscher Sprache gehaltene Rede auf dem eucharistischen Kongreß in Budapest, in der er sich bekanntlich folgendermaßen äußerte: ‹Die Kirche ist nicht dazu berufen, in rein irdischen Dingen und Zweckmäßigkeiten Partei zu ergreifen zwischen den verschiedenen Systemen und Methoden, die für Meisterung der Notprobleme der Gegenwart in Frage kommen können.›

Das Gespräch auf privates Gebiet überleitend, begrüßte mich der Papst auf das herzlichste, wobei er hervorhob, daß unsere nun bald dreißigjährigen freundschaftlichen Beziehungen auch weiter unverändert bestehen bleiben sollten.»[1]

Schon bei seiner ersten Begegnung mit Bergen betont Pius XII. seine tiefe Sympathie für Deutschland infolge der dreizehn Jahre, die er in diesem Land als Apostolischer Nuntius habe verleben können. Diese Erklärung kehrt im Laufe der folgenden Jahre häufig wieder. Im übrigen gibt der Papst klar zu verstehen, ihm scheine das von Hitler eingeführte politische System genauso annehmbar wie andere auch.

Der Papst verteidigt in erster Linie die Interessen der Kirche und wünscht offenbar, durch äußerstes Entgegenkommen zu erlangen, was die Härte seines Vorgängers nicht erreicht hat.

Am 6. März richtet Pius XII. an Hitler folgendes Schreiben:

«Nachdem Wir durch die gesetzmäßig vollzogene Wahlhandlung des Kardinalkollegiums auf den Päpstlichen Thron erhoben

1. Telegramm Bergens an Berlin vom 5. 3. 1939, ADAP D IV S. 522 f.

sind, erachten Wir es als Unsere Amtsobliegenheit, Ihnen als Staatsoberhaupt von Unserer Erwählung hiermit Kenntnis zu geben.

Wir legen dabei gleich zum Beginn Unseres Pontifikats Wert darauf, Ihnen zu versichern, daß Wir dem Ihrer Obsorge anvertrauten Deutschen Volke in innigem Wohlwollen zugetan bleiben und ihm von Gott dem Allmächtigen in väterlicher Gesinnung jenes wahre Glück erflehen, dem aus der Religion Nahrung und Kraft erwachsen.

In angenehmer Erinnerung an die langen Jahre, da Wir als Apostolischer Nuntius in Deutschland mit Freude alles daransetzten, um das Verhältnis zwischen Kirche und Staat in gegenseitigem Einvernehmen und hilfsbereitem Zusammenwirken zum Nutzen beider Teile zu ordnen und zu gedeihlicher Weiterentwicklung zu bringen, richten Wir jetzt zumal auf die Erreichung solchen Zieles das ganze dringende Verlangen, welches die Verantwortung Unseres Amtes Uns eingibt und ermöglicht.

Wir geben Uns der Hoffnung hin, daß dieser Unser heißer Wunsch, der mit der Wohlfahrt des Deutschen Volkes und der wirksamen Förderung jeglicher Ordnung aufs engste verbunden ist, mit Gottes Hilfe zu glücklicher Verwirklichung gelange.»[1]

Wie Mgr. Giovannetti, einer der offiziellen Historiker Pius' XII., bemerkt, hat dieser Brief «in seinem Umfang und den zum Ausdruck kommenden Empfindungen ... nicht seinesgleichen unter den anderen damals vom Vatikan versandten amtlichen Schreiben».[2]

Der Brief an Hitler zeigt ebenso wie das erste Gespräch zwischen Pius XII. und Bergen die Art der Beziehungen, die der neue Papst mit dem Deutschen Reich anknüpfen möchte; am 11. März ernennt er freilich Kardinal Maglione zum Staatssekretär, der mehrere Jahre lang als Nuntius in Paris war. In einem Telegramm vom gleichen Tage erläutert Bergen die wahre Bedeutung dieser Geste.

«Der vom Papst zum Staatssekretär ernannte Kardinal Luigi Maglione ist mir seit Jahren aus seiner Tätigkeit als Minutant im Staatssekretariat des Papstes sowie als Nuntius in Bern und Paris

1. Der Text ist zitiert bei Alberto Giovannetti, Der Vatikan und der Krieg (Köln 1961) S. 36f.

2. Ebd. S. 36.

gut bekannt. Er ist eine geistig hochstehende, gewandte Persönlichkeit, die den neuen Zeitläuften nicht ohne Verständnis gegenüberstehen dürfte. Er hat es sich stets angelegen sein lassen, zur Botschaft gute Beziehungen zu unterhalten und in seinen Gesprächen mit mir aus seiner freundlichen Gesinnung Deutschland gegenüber kein Hehl gemacht. Frankreich wollte ihm bei seiner Ernennung zum Nuntius in Paris wegen angeblich ausgesprochener deutschfreundlicher Gesinnung Agrément verweigern. Dank seiner diplomatischen Gewandtheit hat er es trotzdem verstanden, baldigst in beste Beziehungen zu maßgebenden französischen Persönlichkeiten zu treten. Wenn nunmehr französische Presse ihn ebenso wie Papst als besonders franzosenfreundlich in Anspruch nehmen wird, so bin ich trotzdem überzeugt, daß er in der von Pius XII. unverkennbar eingeschlagenen Linie bestrebt sein wird, einen Ausgleich mit Deutschland herbeizuführen.

Darf vorschlagen, Presse freundliche Zurückhaltung in Beurteilung Magliones anzuempfehlen.»[1]

Bergens Urteil über die Persönlichkeit Kardinal Magliones und seinen voraussichtlichen politischen Kurs kommt keine übermäßige Bedeutung zu, denn selbstverständlich wird ein Papst, der über politische und diplomatische Fragen so gut unterrichtet ist wie Pius XII., alle wichtigen Entscheidungen selbst übernehmen und seinem Staatssekretär lediglich die zweitrangigen Aufgaben überlassen.

Am 13. März erläutert von Bergen das Schreiben des Papstes an Hitler:

«Grundeinstellung des heute Legationssekretär Picot aus Zeitmangel kurzerhand mitgegebenen Schreibens Pius' XII. an den ‹Führer und Kanzler des Deutschen Reiches›, mit dem er seine Wahl zum Papst anzeigt, ist erheblich freundlicher, als diejenige in Schreiben Pius' XI. an damaligen Reichspräsidenten (Erlaß I E 1476 vom 23. März 1922). Bemerkenswert ist insbesondere der auch bei dieser Gelegenheit zum Ausdruck gebrachte Verständigungswunsch.

Fassung deutschen Textes läßt die Hand Papstes erkennen, wie er sich auch nach zuverlässigen Informationen die Bearbeitung deutscher Fragen ausdrücklich vorbehalten hat.

1. Telegramm Bergens Nr. 29 vom 11. 3. 1939, Archiv AA, StS: V.

Schreiben Pius' XII. an den Führer wachruft Erinnerung an Schreiben, das Leo XIII. nach seiner Wahl als Nachfolger des Eiferers Pius IX. im Februar 1878 an Kaiser Wilhelm I. richtete und worin er bei Mitteilung seiner Thronbesteigung dem Bedauern Ausdruck gab, nicht die guten Beziehungen vorzufinden, die einst zwischen Preußen und dem Heiligen Stuhl bestanden hätten. Die Schreiben, die in dem sich anschließenden Briefwechsel unter Gegenzeichnung Bismarcks von Kaiser Wilhelm und von Kronprinz in Vertretung durch Attentat verwundeten Vaters an Leo XIII. gesandt wurden, machten mit Entschiedenheit die Unabhängigkeit und die Interessen des Staates geltend, leiteten aber mit entgegenkommenden Worten die langsam, wenn auch öfter unterbrochene Beendigung des Kulturkampfes ein.»[1]

Am 17. März trägt Bergen weitere Einzelheiten über die Bedeutung des Briefes von Pius XII. an Hitler nach:

«Papst hat mir mitteilen lassen, der Führer wäre erstes Staatsoberhaupt, dem er seine Wahl zum Papst mitgeteilt; auch habe er bisherige protokollarische Gepflogenheit durchbrochen, indem er nicht nur wie üblich auf lateinisch verfaßte Schreiben unterschrieben hätte, sondern auch deutsche Ausfertigung, die nicht als bloße Übersetzung aufzufassen wäre. Er habe auch hiermit seine deutschfreundliche Gesinnung und seinen Friedenswunsch zu erkennen geben wollen.

Der neue Kardinalstaatssekretär Maglione, dem ich heute erst Besuch abstattete, empfing mich mit betonter Herzlichkeit. Ohne auf Einzelheiten einzugehen, erklärte er, unter Anspielung auf die deutsch-vatikanischen Beziehungen, daß ich ja seine Wünsche kenne und daß er nur hoffe, sie möchten sich trotz der bestehenden Schwierigkeiten, deren er sich wohl bewußt sei, in nicht allzu ferner Zeit verwirklichen.

Osservatore Romano hat erneut Weisung erhalten, sich der Angriffe gegen die Regierung Deutschlands zu enthalten. In der Tat ist in letzter Zeit Wiedergabe antideutscher Pressestimmen unterblieben.

Angesichts der unverkennbar entgegenkommenden Einstellung der Kurie darf ich anheimstellen, der Presse auch weiterhin zurück-

1. Telegramm Bergens an Berlin Nr. 31 vom 13. 3. 1939, ADAP D IV S. 525.

haltende Sachlichkeit in vatikanischen Angelegenheiten anzuempfehlen, um so mehr als diese Haltung hier insbesondere auch in italienischen Kreisen anerkennende Beachtung gefunden hat. Andere Maßnahmen kommen unsererseits vorläufig nicht in Frage.»[1]

Man bemerkt, daß Botschafter von Bergen, obwohl er den grundlegenden Wandel in der Politik des Heiligen Stuhles gegenüber Deutschland unterstreicht, noch eine gewisse Zurückhaltung wahrt. Wahrscheinlich weiß er, daß Berlin im Bereich der Kirchenpolitik und vor allem im Kampf gegen die Bekenntnisschulen keine wohlwollenden Maßnahmen treffen wird. Er versucht, das Propagandaministerium zu veranlassen, die während der Regierung Pius' XI. üblichen Angriffe gegen den Vatikan nicht wiederaufzunehmen. Am Rand des Telegramms notiert Staatssekretär von Weizsäcker für den Leiter der Presseabteilung des Ministeriums, Aschmann, die folgende Frage: «H.(err) Ges.(andter) Aschmann: Wird dieser Anregung entsprochen werden? W(eizsäcker) 20.(3.).» Einen Tag später schreibt Aschmann auf den Rand desselben Dokuments: «Hr. Zeileisen: b(itte) Schreiben an R(eichs) Prop(aganda) M(inisterium) A(schmann)», darunter für Weizsäcker: «St.(aats) S.(ekretär) R.(eichs) Prop.(aganda) M(inisterium) entsprechend ersucht. Aschmann 21.III.»[2] Tatsächlich verschwanden die Angriffe gegen den Papst und den Vatikan recht bald aus den Spalten der deutschen Zeitungen.

Am 15. März 1939 besetzen die Deutschen die Tschechoslowakei. Am 22. März schreibt Bergen:

«Zur vertraulichen Information. Wie ich aus gut unterrichteter Quelle höre, sind, insbesondere französischerseits, eindringliche Versuche gemacht worden, Papst zum Anschluß an die Proteste der demokratischen Staaten gegen Angliederung Böhmens und Mährens ans Reich zu bewegen. Papst habe dieses Ansinnen sehr entschieden abgelehnt. Zu seiner Umgebung habe er geäußert, daß er keine Veranlassung sehe, in geschichtliche Prozesse einzugreifen, an denen die Kirche, politisch betrachtet, nicht interessiert sei.»[3]

Es ist möglich, daß eine französisch-britische Demarche beim Heiligen Stuhl stattgefunden hat, die den Papst veranlassen sollte, sich den Prote-

1. Telegramm Bergens an Berlin vom 17. 3. 1939, ADAP D VI S. 24.
2. Telegramm Bergens an Berlin vom 17. 3. 1939, ADAP D VI S. 24.
3. Telegramm Bergens an Berlin Nr. 37 vom 22. 3. 1939, ebd. S. 62.

sten der Demokratien gegen die Zerstückelung der Tschechoslowakei durch das Deutsche Reich anzuschließen; es findet sich allerdings weder in den Memoiren des französischen Botschafters beim Vatikan, Charles-Roux, noch in den britischen diplomatischen Dokumenten eine Spur davon. Dieser Umstand nimmt den Äußerungen, die Bergen dem Papst in den Mund legt, nichts von ihrem besonderen Charakter. Der Wandel in der Politik des Heiligen Stuhls gegenüber dem Deutschen Reich nach dem Tode Pius' XI. wird wieder einmal deutlich: nach dem Anschluß Österreichs an das Reich, den viele Menschen für einen ganz normalen Vorgang halten konnten, hatte Pius XI. Kardinal Innitzer, den Vorsitzenden des österreichischen Episkopats (der die Bischöfe und den Gemeindeklerus angewiesen hatte, für den Anschluß zu stimmen), zu einem demütigenden und öffentlichen Widerruf gezwungen. Übrigens kommentierte Bergen diesen Vorgang in einem Telegramm vom 6. April 1938:

«Wie ich unterderhand erfahre, ist das Communiqué, das heute abend im *Osservatore Romano* erscheinen soll, dem Kardinal Innitzer mit einem Druck abgerungen worden, der nur als Erpressung bezeichnet werden kann. Innitzer hat sich bis zum äußersten dagegen gewehrt, aber lediglich einige Abschwächungen durchsetzen können. Auch in dieser Angelegenheit hat sich Papst durch seine krankhafte Verstimmung gegen Deutschland leiten lassen.»[1]

Die Haltung Pius' XII. unterscheidet sich sehr von der seines Vorgängers. Doch führte die Auflösung der Tschechoslowakei bei der Mehrheit der Befürworter einer Versöhnung mit dem Deutschen Reich zu einem völligen Stimmungswechsel. Die Wandlung der Politik des Vatikans unter dem Nachfolger Pius' XI. tritt andererseits noch deutlicher hervor, als dieser sich einen Monat nach dem Einmarsch der deutschen Truppen in Prag an eine Gruppe deutscher Pilger wendet:

«Wie ich höre», schreibt Bergen am 25. April, «hat der Papst Pius XII. vorgestern etwa 160 Deutsche Rom-Reisende in Audienz empfangen. Dabei hielt er kurze deutsche Ansprache, die nach Berichten von deutschen und italienischen Ohrenzeugen etwa folgendermaßen lautenden Passus enthielt:

‹Wir haben Deutschland, wo Wir Jahre Unseres Lebens verbringen durften, immer geliebt, und Wir lieben es jetzt noch viel mehr.

1. Telegramm Bergens an Berlin Nr. 26 vom 6. 4. 1938, ADAP D I S. 834.

Wir freuen Uns der Größe, des Aufschwungs und des Wohlstandes Deutschlands, und es wäre falsch, zu behaupten, daß Wir nicht ein blühendes, großes und starkes Deutschland wollen. Aber gerade deshalb wünschen Wir auch, daß die Rechte Gottes und der Kirche immer anerkannt werden, denn jede Größe hat einen um so sicheren Bestand, je mehr diese Rechte gewahrt und zur Grundlage des Aufbaus genommen werden.›

Der Papst hat, wie mir des weiteren berichtet wird, die Deutschen mit besonderer Herzlichkeit begrüßt und an dem Ende der Audienz das von ihnen angestimmte deutsche Kirchenlied ‹Großer Gott wir loben Dich› selbst mitgesungen.»[1]

Am 2. Mai 1943 vermerkt Staatssekretär von Weizsäcker seinerseits Auskünfte aus italienischer Quelle über die Politik Pius' XII. gegenüber dem Reich:

«Der italienische Botschafter knüpfte heute bei mir an eine Mitteilung des Herrn Reichsaußenministers ihm gegenüber an, wonach der Papst bei einer kürzlichen Ansprache eine versöhnlichere Haltung gegenüber Deutschland eingenommen habe. Attolico fuhr dann fort, von einem italienischen Gewährsmann habe seine Regierung die Nachricht, daß der Papst nach seinem Regierungsantritt dem *Osservatore Romano* seine Nadelstichpolitik sowohl gegenüber Italien wie gegenüber Deutschland verboten habe. Der Papst wünsche mit Deutschland, wenn nicht zu einem vertieften Übereinkommen so doch zu einem anständigen modus vivendi zu gelangen.

Attolico fügte noch hinzu, der Papst habe bei seinem Regierungsantritt nicht nur den üblichen offiziellen protokollarischen Brief an die deutsche Regierung, sondern auch einen persönlich an den Führer gerichteten Brief in deutscher Sprache geschrieben, was ein Akt besonderen Entgegenkommens sein sollte.»[2]

Die Information über die Instruktionen an den *Osservatore Romano* dürfte zutreffend sein, denn erst mehrere Wochen nach dem deutschen Angriff auf Polen nimmt das Organ des Vatikans seine Politik der Kritik am Reich wieder auf; wie wir noch sehen werden, führt sie zu mehreren Zwischenfällen und bricht am 16. Mai 1940 auf Grund einer neuen An-

1. Telegramm Bergens an Berlin Nr. 41 vom 25. 4. 1939, Archiv AA, StS: V.
2. Aufzeichnung Weizsäckers Nr. 383 vom 2. 5. 1943, Archiv AA, StS: V.

weisung des Papstes endgültig ab. Der Text des Briefes Pius' XII. an Hitler ist bereits bekannt. Daß ihm Attolico eine solche Wichtigkeit beimißt, ist eine Bestätigung für Bergens schriftliche Äußerung zu diesem Punkte und für die Angaben Mgr. Giovannettis über seine besondere Bedeutung.

II. Ein Vermittlungsversuch

Am 14. April 1939 richtet Präsident Roosevelt eine Botschaft an Hitler und Mussolini und fordert sie auf, sich in den nächsten zehn Jahren jeglicher Aggression gegen dreißig namentlich aufgeführte Staaten zu enthalten. Italien hat wenige Tage zuvor Albanien angegriffen und besetzt.

Die Botschaft Roosevelts findet außer in Deutschland, Italien und anscheinend beim Vatikan in der ganzen Welt eine günstige Aufnahme. Am 21. April schreibt Botschafter von Bergen an die Wilhelmstraße:

«Der ‹Friedensappell› Roosevelts wird, wie ich höre, in Kreisen, die dem Vatikan nahestehen, stark kritisiert. Selbstverständlich sei jede Aktion zu begrüßen, die dem Frieden diene ... Roosevelt hingegen habe den Fehler begangen, sich nur an zwei bestimmte Regierungschefs zu wenden und noch dazu diesen ganz einseitigen Appell der Öffentlichkeit zu übergeben. Inhaltlich könne seine Kundgebung in vielen Punkten ... als naiv, ja geradezu als kindisch bezeichnet werden. Der in dem Dokument enthaltene Garantievorschlag sei auch wegen seiner zeitlichen Begrenzung ein Mißgriff, weil er zu der Verdächtigung Anlaß gebe, daß Amerika diese Periode der Sicherheit benutzen wolle, um seine Rüstungen für den Konfliktsfall in Ruhe noch weiter auszubauen und zu verstärken.»[1]

Als Roosevelt seinen Appell absendet, bereitet Pius XII. seinerseits eine Vermittlungsaktion vor, und zwar in einem von dem des amerikanischen Präsidenten recht verschiedenen Geist; eine negative Stellungnahme des Papstes zu dem amerikanischen Projekt ist also nicht ausgeschlossen.

1. Telegramm Bergens an Berlin Nr. 71 vom 21.4.1939, ADAP D VI S. 249f. Bergens Bericht scheint durch die Haltung des *Osservatore Romano* bestätigt zu werden. Das offizielle Organ des Heiligen Stuhls begnügt sich damit, in einem Leitartikel vom 19. April über die Reaktionen der Presse verschiedener Länder auf Roosevelts Botschaft zu berichten und dabei den feindlichen Reaktionen aus Berlin und Rom viel Platz, den positiven Reaktionen aus London und Paris aber nur wenige Zeilen zu widmen.

Mgr. Giovannetti berichtet, Roosevelt habe über den Apostolischen Delegaten in Washington an den Papst die Bitte gerichtet, seine Intervention bei den Regierungen in Berlin und Rom zu unterstützen. Pius XII. habe geantwortet, «daß die Beziehungen zwischen dem Heiligen Stuhl und der deutschen Regierung für einen Schritt dieser Art nicht günstig seien», daß aber ein Schritt bei der italienischen Regierung unternommen werde.[1] Während Giovannetti im allgemeinen nicht darauf verzichtet, zur Unterstützung seiner Thesen Dokumente zu zitieren, erwähnt er eine Demarche des Papstes bei Mussolini mit keinem Wort. Andererseits übermittelt Pius XII. Hitler Anfang Mai seine eigenen Vorschläge – ein Indiz dafür, daß die schlechten diplomatischen Beziehungen zwischen dem Heiligen Stuhl und dem Deutschen Reich, von denen in der Antwort an Roosevelt die Rede ist, lediglich eine Ausflucht waren. Am 4. Mai wird Cesare Orsenigo, der Apostolische Nuntius in Berlin, von Hitler im Berghof empfangen.

«Der Nuntius teilte dem Führer mit, daß der Papst ihn beauftragt habe, dem Führer eine Konferenz der fünf Großmächte Europas zur Lösung der schwebenden politischen Fragen vorzuschlagen. Der Papst sei tief besorgt über die Spannungen in Europa und möchte alles, was in seiner Macht liege, tun, um die Gefahr des Krieges von der Menschheit abzuwenden. Die Konferenz, über deren Form und Art er sich nicht näher äußerte, solle vorerst die beiden dringendsten Fragen lösen, und zwar erstens das deutsch-polnische Problem und zweitens das italienisch-französische Problem.

Der Führer bittet den Nuntius, dem Papst seinen Dank für diese Anregung auszusprechen und erwähnt als erstes, daß er sich zuerst mit Mussolini in Verbindung setzen müsse, denn er wolle nichts ohne diesen unternehmen. Sein Verhältnis zu Mussolini sei das einer engen Freundschaft und sei auf Offenheit und Treue aufgebaut. Für alle Zukunft würden er und der Duce zusammengehen.

Der Nuntius stimmt dem zu und sagt, daß der Papst auch an Mussolini gleichzeitig herantreten würde.

Auf die Möglichkeit einer solchen Konferenz eingehend, sagt der Führer, daß er eigentlich nicht an eine Kriegsgefahr glaube, da

1. Alberto Giovannetti a. a. O. S. 49.

die gespannte Stimmung mehr auf Hetze als auf Tatsachen zurückzuführen sei ...»

Es folgen lange Erklärungen Hitlers über die internationalen Probleme:

«Abschließend bittet der Führer den Nuntius nochmals, dem Heiligen Stuhl seinen wirklichen Dank zu überbringen. Er würde sich nun sofort mit dem Duce in Verbindung setzen und beauftragt den Reichsaußenminister, bei seiner Italienreise gleich das Nötige einzuleiten. In kürzester Frist würde er dann dem Papst seine Antwort zukommen lassen.»[1]

Ein Punkt in dem Projekt des Papstes, das ohne konkrete Ergebnisse bleibt, ist von beträchtlichem Interesse: Pius XII. wendet sich an die fünf Nationen, die seiner Ansicht nach die europäischen Großmächte sind: Italien, Deutschland, Großbritannien, Frankreich und Polen. Die Sowjetunion wird mit keinem Wort erwähnt. Der britische Außenminister macht den Apostolischen Nuntius Mgr. Godfrey darauf aufmerksam:

«Viele würden es bedauern», erklärt Halifax, «daß Rußland aus der Liste der Mächte ausgeschlossen ist, an die sich Seine Heiligkeit gewandt hat. Der Nuntius erwiderte, es wäre für den Papst in keinem Falle möglich, eine solche Einladung ins Auge zu fassen ...»[2]

Die kategorische Antwort Mgr. Godfreys spiegelt die Haltung des Papstes getreulich wider. Die Feindschaft gegen den Bolschewismus und die Sowjetunion bestimmte viele politische Entscheidungen Pius' XII., als er noch Staatssekretär war, und sie übt auf seine Politik im Kriege einen entscheidenden Einfluß aus. Pius XI. hatte den atheistischen Kommunismus in seiner Enzyklika *Divini Redemptoris* vom März 1937 feierlich verurteilt, und zwar fünf Tage nach der Verurteilung der neuheidnischen Lehren des Nationalsozialismus; aber während sich die Anklage gegen den letzteren mit relativ gemäßigten Ausdrücken begnügte, war die Verurteilung des kommunistischen Regimes kategorisch und scharf.

Zu den von Pius XI. aufgestellten theoretischen Grundsätzen kommt unter seinem Nachfolger eine persönliche Abneigung gegen den Kom-

1. Aufzeichnung Hewels vom 10. 5. 1939, ADAP D VI S. 353 f.
2. Telegramm von Halifax an Osborne vom 5. 5. 1939, Documents on British Foreign Policy (im folgenden DBFP), Third Series, Bd. V S. 435 f.

munismus hinzu, die auf seine «Kontakte» mit den bayerischen Sowjets im Jahre 1919 zurückgeht. Er hat sie 1921 einem Korrespondenten der Zeitung *Le Matin* beschrieben:

«Ich bin einer der wenigen nichtdeutschen Augenzeugen des bolschewistischen Regimes gewesen, das im April 1919 in München herrschte. Echte Russen standen an der Spitze dieser sowjetischen Regierung; jeder Gedanke an Recht, Freiheit und Demokratie wurde unterdrückt, nur die sowjetische Presse war zugelassen. Sogar die Nuntiatur wurde während des Kampfes zwischen den Kommunisten und den Truppen der republikanischen Regierung von Kugeln durchlöchert; bewaffnete Spartakisten drangen hier gewaltsam ein, und als ich gegen diese Verletzung des Völkerrechts energisch protestierte, bedrohte mich einer von ihnen mit seinem Revolver. Ich weiß, unter welch widerwärtigen Umständen die Geiseln massakriert worden sind.»[1]

Es ist daher verständlich, daß Pius XII. nicht geneigt ist, die Sowjetunion zu einer Konferenz einzuladen, deren Initiative vom Heiligen Stuhl ausgeht. Übrigens ist es möglich, daß der Papst mit dem Ausschluß Moskaus von der vorgesehenen Konferenz ein unmittelbares diplomatisches Ziel verfolgt: im April 1939 haben Verhandlungen zwischen den Westmächten und der Sowjetunion über die eventuelle Unterzeichnung eines Verteidigungsabkommens begonnen, die weniger geheim sind als die ersten Kontakte zwischen Berlin und Moskau. Der Heilige Stuhl kann einer Rückkehr der Sowjetunion auf die europäische Bühne, von der das Münchener Abkommen sie ausgeschlossen hat, nicht wohlwollend gegenüberstehen. Eine Konferenz, zu der die Russen nicht eingeladen sind, könnte sie in die Isolation zurückwerfen, die sie gerade sprengen möchten.

Aber das sind lediglich Hypothesen. Pius XII. scheint vor allem nach einer Möglichkeit zur Rettung des Friedens zu suchen. Sein Projekt mißlingt.

Am 8. Juni 1939 wird Bergen vom Papst in Privataudienz empfangen. Am Tag darauf schreibt er an Ribbentrop.

«Sehr geehrter Herr Reichsminister!

Die meiner Frau und mir gestern gewährte Privataudienz – bei der ich meiner Bitte entsprechend zunächst allein empfangen wur-

1. Zitiert bei Jacques Nobécourt a. a. O. S. 136.

de – bot mir die Gelegenheit, mich nach Maßgabe Ihrer Weisungen[1] zu äußern. Der Papst war so interessiert und über die Möglichkeit der Anbahnung eines freundschaftlichen Verhältnisses zwischen uns und der Kurie so erfreut, daß er unsere Unterhaltung immer weiter ausdehnte und den spanischen Minister Serrano Suñer nebst der Abordnung der spanischen Legionäre über eine halbe Stunde warten ließ.

Das Gespräch ging hin und her. Ich habe dem Sinn nach ausgeführt: Die Kundgebungen des Papstes, verschiedene Akte, die Übermittlung seiner Glückwünsche an den Führer anläßlich des 50jährigen Geburtstags, die Ihnen bekannte Ansprache an deutsche Pilger usw. hätten bei uns den Eindruck hervorgerufen und auch die Hoffnung erweckt, daß eine neue Epoche für die deutsch-vatikanischen Beziehungen angebrochen wäre. Ihrer Ansicht nach erschiene ein friedliches Zusammenleben zwischen Staat und Kirche im gleichen Raume durchaus möglich. Sollten die Bestrebungen des Vatikans sich nach dieser Richtung hin bewegen, so würde man bei Ihnen günstige Dispositionen vorfinden. Auf Ihre Anforderung von Vorschlägen hätte ich die Beseitigung des bisherigen gegenseitigen Mißtrauens und die allmähliche Bildung eines Vertrauensverhältnisses als vordringlich bezeichnet. Die sich bereits bemerkbar machende Entspannung müsse gefördert werden, hierzu könne ein Pressewaffenstillstand erheblich beitragen. Wäre die Atmosphäre entgiftet, dann ließe sich vielleicht zunächst ein privater unverbindlicher Gedankenaustausch einleiten, an den sich bei günstigem Verlauf eingehendere Besprechungen, eventuell auch Verhandlungen, anschließen würden. Sie hätten diese Anregungen grundsätzlich zugelassen, legten aber entschiedenen Wert auf Geheimhaltung; Indiskretionen könnten alles um fünf bis zehn Jahre zurückwerfen; irgendwelche indiskreten Nachrichten würden mit aller Entschiedenheit dementiert werden.

Der Papst bat mich, Ihnen mitzuteilen, daß er sich stets bereitwillig für die Anbahnung eines Freundschaftsverhältnisses zu Deutschland einsetzen würde, das er, wie bereits oft betont, so liebe. Der Diskretion der Kurie könnten wir versichert sein. Er würde es begrüßen, wenn bis zur endgültigen allgemeinen Regelung weitere

1. Diese waren nicht aufzufinden.

‹harte Maßnahmen› vermieden würden (er dachte offenbar in erster Linie an die Ostmark). Allem Anschein nach schwebte dem Papst für die Übergangszeit – in ähnlichem Sinne wie Ihnen – eine Art Burgfrieden vor.

Über die internationale Lage äußerte sich der Papst besorgt, ohne auf Einzelfälle einzugehen ...»[1]

Interessant ist, mit welchem Nachdruck Bergen die Notwendigkeit betont, absolutes Stillschweigen über jede eventuelle Annäherung zu wahren. Anscheinend ist sich Ribbentrop der Bedeutung seiner Unterstützung seitens des Papstes in der sich zuspitzenden internationalen Krise bewußt; er ist vielleicht bereit, allgemeine Versprechungen über die Kirchenpolitik des Reiches abzugeben, befürchtet aber Reaktionen für den Fall, daß seine erbittertsten Gegner innerhalb der Partei von einem solchen Schritt zurück erfahren; diese sind zugleich die erbittertsten Feinde des Vatikans: Göring und vor allem Goebbels und Rosenberg. Jedenfalls ist das Manöver Ribbentrops geschickt, denn der Heilige Stuhl sagt während der letzten Wochen der polnischen Krise der Diplomatie des Reiches seine Unterstützung zu, wahrscheinlich in der Meinung, dies sei das einzige Mittel zur Erhaltung des Friedens.

III. Der Heilige Stuhl und die polnische Krise

Zu Beginn des Sommers 1939 haben sich die Beziehungen zwischen Berlin und Warschau deutlich verschlechtert. Ab März fordert Deutschland die Rückkehr Danzigs ins Reich. Selbstverständlich handelt es sich wie im Falle der Tschechoslowakei nur um einen ersten Schritt, dem neue Ansprüche folgen werden; diese müssen früher oder später zur völligen Unterwerfung Polens führen. Oberst Beck lehnt Hitlers Forderungen kategorisch ab. Am 31. Mai haben Großbritannien und Frankreich die Grenzen Polens garantiert. Jeder Angriff gegen dieses Land kann nun den großen europäischen Krieg bedeuten.

Am 20. Juni telegrafiert der Leiter der Politischen Abteilung der Wilhelmstraße, Woermann, an Botschafter von Bergen:

«Nachrichten ausländischer Presse zufolge soll Warschauer Nuntius nach Rom reisen oder schon abgereist sein, um Papst pol-

1. Brief Bergens an Ribbentrop vom 9. 6. 1939, ADAP D VI S. 575 f.

nische Antwort auf dessen Friedensschritt zu überbringen. Nuntius hätte in letzten Tagen wiederholt Besprechungen mit polnischem Außenminister gehabt, die sich angeblich auf Danziger Frage und Möglichkeit ihrer freundschaftlichen Regelung bezogen hätten. Katholische Kreise in Polen stünden dem Gedanken einer Vermittlung durch Vatikan günstig gegenüber. In Warschau glaube man, daß Vatikan, falls er über Bericht Warschauer Nuntius befriedigt sein sollte, nunmehr einen Schritt in Berlin unternehmen werde.

Erbitte Drahtbericht.

Zur Information: Aus ganz vertraulicher Quelle erfahren wir, daß Nuntius Warschau beauftragt ist, in delikater Form erneut Klugheit und Mäßigung gegenüber Deutschland zu empfehlen. Verwertung dieser Information nicht möglich.»[1]

An demselben Tage erwidert Bergen, der Nuntius in Warschau, Mgr. Cortesi, sei soeben in Rom eingetroffen und unmittelbar danach vom Kardinalstaatssekretär empfangen worden. Der Tenor des Gespräches sei noch nicht bekannt.[2]

Woermanns Telegramm bietet eine Möglichkeit, die nach Berlin gelangten Informationen auf ihre Zuverlässigkeit zu prüfen. Man erinnert sich an den letzten Absatz, Mgr. Cortesi habe den Polen zur Mäßigung geraten. Mgr. Giovannetti enthüllt, daß der Heilige Stuhl von Ciano die Versicherung erhielt, Deutschland wolle Polen nicht angreifen. Als man davon im Vatikan erfuhr, schreibt Giovannetti, «brachte man dies am 16. Juni 1939 sogleich zur Kenntnis des Warschauer Nuntius Monsignore Cortesi mit der Bitte, bei der polnischen Regierung den Rat zur Klugheit und Mäßigung, der ihr schon im Namen Seiner Heiligkeit übermittelt worden war, zu erneuern».[3] Dagegen ist es klar, daß die Presseberichte falsch sind, nach denen Warschau eine Vermittlung des Papstes wünschte. Es hat im Gegenteil den Anschein, daß der «leichte» Druck von seiten des Heiligen Stuhles die Polen verärgerte.

Am 23. Juni berichtet der deutsche Botschafter in Warschau, von Moltke, genauere Einzelheiten über die Beziehungen zwischen dem Nuntius und Oberst Beck.

1. Telegramm Woermanns an Bergen vom 20. 6. 1939, Archiv AA, StS: V.
2. Telegramm Bergens an Woermann Nr. 55 vom 20. 6. 1939, ebd.
3. Alberto Giovannetti a. a. O. S. 84 f.

«Hiesiger italienischer Botschafter hat Nuntius Cortesi einige Tage vor seiner am 17. Juni erfolgten Abreise nach Rom gesprochen. Nuntius, der einen sehr unbefriedigten Eindruck machte, hat hierbei zum Ausdruck gebracht, daß er zur Zeit bei der intransigenten polnischen Haltung keinerlei Möglichkeit eines Kompromisses sehe. Diese Unterhaltung hat allerdings vor der letzten Aussprache des Nuntius mit Beck und vor seiner Audienz beim Staatspräsidenten stattgefunden. Nach den bisherigen Informationen ist aber nicht anzunehmen, daß sich bei diesen beiden Unterredungen in der polnischen Frage neue Momente ergeben haben. Graf Szembek hat heute einem Vertrauensmann gegenüber hinsichtlich der vor einem Monat hier unternommenen Aktion des Vatikan, *die offenbar mit der Berliner Demarche konform ging,*[1] einige kritische Bemerkungen gemacht und auf die Frage, ob jetzt ein neuer Schritt vorliege, nur geantwortet, der Vatikan habe manchmal einen eigenartigen Optimismus ...»[2]

Im Laufe der folgenden Tage wird die Politik des Vatikans noch deutlicher, und wenn man sich an das Gespräch zwischen Pius XII. und Bergen am 9. Juni erinnert, fragt man sich, ob die Informationen, die der britische Botschafter in Rom, Sir Percy Loraine, am 7. Juli von dem sowjetischen Botschaftsrat in Rom erhielt, nicht den Berechnungen des Heiligen Stuhls entsprechen:

«Was den Vatikan und Danzig anbetrifft», schrieb Sir Percy Loraine, «so denkt Herr Helfand, der Vatikan habe bereits konkrete Vorschläge ausgearbeitet und wahrscheinlich Berlin und Warschau unterbreitet: Polen solle nicht nur zugestehen, daß Danzig eine deutsche Stadt ist, sondern ebenfalls, daß es dem Reich zurückgegeben wird; in diesem Falle solle Herr Hitler erklären, die formelle Annektierung Danzigs werde sechs oder selbst zwölf Monate hinausgeschoben, damit es Deutschland und Polen möglich werde, inzwischen zu einer freundschaftlichen Übereinkunft bezüglich der Modalitäten der Übergabe zu gelangen.

Herr Helfand sagte mir gestern abend ebenfalls, der Vatikan habe bereits Verhandlungen mit Deutschland zur Regelung der Stellung

1. Vom deutschen Botschafter unterstrichen.
2. Telegramm Moltkes an Berlin Nr. 125 vom 23. 6. 1939, Archiv AA, StS: V.

der katholischen Kirche im Reich geführt, und er nehme an, der Vatikan rechne damit, daß das Gelingen seiner Vermittlertätigkeit zwischen Deutschland und Polen in der Danzigfrage bei seinen eigenen Verhandlungen mit Deutschland von großem Nutzen sein werde.»[1]

Der Kardinalstaatssekretär, den der britische Botschafter beim Heiligen Stuhl, Osborne, über diese Äußerungen informiert, stellt kategorisch jeden derartigen Plan in Abrede und erklärt Osborne, «der Heilige Stuhl habe Warschau lediglich zur Mäßigung geraten».[2] Die Wahrheit sieht ein wenig anders aus, wenn der Bericht in Oberst Becks Memoiren zutreffend ist:

«Die Initiativen des Heiligen Stuhles waren verhängnisvoll. Auf Betreiben Mgr. Orsenigos, des Nuntius in Berlin, ließ mir der Papst über Mgr. Cortesi eine vertrauliche Botschaft zugehen, Polen solle eine für die deutschen Minderheiten in Polen günstige Regelung anbieten und in diesem Sinne konkrete Vorschläge unterbreiten. Ich erwiderte, diese Fragen seien bereits früher zwischen uns und der Reichsregierung diskutiert worden, aber immer auf der Grundlage der Gegenseitigkeit; es sei uns also nur möglich, eine solche Demarche in Erwägung zu ziehen, wenn sie gleichzeitig und in derselben Form in Berlin erfolge und wenn der Heilige Stuhl uns davon in Kenntnis setze, daß die Reichsregierung bereit sei, Verpflichtungen derselben Art einzugehen. Der Nuntius kam auf die Frage nicht wieder zurück.

In den letzten Augusttagen wandte sich der Papst noch einmal an uns und erklärte uns, die Abtretung Pommerns und Danzigs könne den Frieden retten. Ich erwiderte, eine Veröffentlichung dieser Demarche verletze bei der katholischen Mehrheit der Bürger unseres Landes die lebendigsten Gefühle. Ich fügte hinzu, unsere Einstellung sei klar umrissen, und ich wolle der Klugheit des Heiligen Stuhles die Entscheidung über die Veröffentlichung oder Nichtveröffentlichung seiner Demarche überlassen.

Der Nuntius bedankte sich später bei mir für diese Behandlung der genannten Frage.»[3]

1. Telegramm Percy Loraines an Halifax vom 7. 7. 1939, DBFP Third Series VI S. 293 f.

2. Telegramm Osbornes an Halifax vom 8. 7. 1939, ebd. S. 303.

3. Joseph Beck, Dernier Rapport, Politique Polonaise 1926–1939 (Neuchâtel 1951) S. 213.

Den Bericht Oberst Becks bestätigt ein Telegramm, das Osborne am 30. August an Halifax sendet, ferner eine Tagebuchnotiz von Graf Szembek, dem polnischen Unterstaatssekretär, vom 31. August. Diese beiden Texte zeigen, wie beharrlich der Vatikan kaum ein Jahr nach München darauf brennt, noch einmal dasselbe Experiment zu machen.

Am 30. August wird London von Botschafter Osborne informiert, Kardinal Maglione habe ihm soeben den Inhalt eines Telegramms aus Warschau mitgeteilt:

«Das Telegramm betont», schrieb Osborne, «der Vatikan besitze Informationen, wonach Herr Hitler zu Verhandlungen über die Korridor- und Minderheitenfrage sowie über wirtschaftliche Erleichterungen für Polen in Danzig bereit sei, wenn man ihm Zusicherungen wegen der Rückkehr Danzigs zum Reich mache. Der Nuntius hat Anweisung erhalten, diese Informationen dem polnischen Präsidenten sofort persönlich zur Kenntnis zu bringen und ihm mitzuteilen, daß ihn der Papst um aufmerksamste Prüfung dieser Informationen bitte.»[1]

Am Tag darauf notiert Graf Szembek in sein Tagebuch:

«*Unterredung mit Mgr. Cortesi:* Wegen des äußersten Ernstes der Lage, die unmittelbar zum Krieg zu führen droht, hat ihm der Heilige Stuhl empfohlen zu erklären, der Heilige Stuhl besitze aus seriösester Quelle Informationen, wonach der Krieg vermeidbar sei, falls Polen zu verstehen gebe, daß es zur Anknüpfung direkter Gespräche mit dem Reich bereit ist und sich der Rückkehr Danzigs zum Reich nicht widersetzt. Der Heilige Stuhl nimmt an, deutsch-polnische Gespräche könnten sich auf folgende Punkte beziehen: 1. die Rückkehr Danzigs zum Reich, wobei Polen Zusicherungen bezüglich der ihm in der Freien Stadt zugestandenen kommerziellen Erleichterungen erhalte; 2. die Fragen hinsichtlich des ‹Korridors›; 3. die Angelegenheiten der deutschen Minderheiten in Polen.

Was den zweiten Punkt betrifft, so habe ich den Nuntius gefragt, ob es sich dabei um territoriale Ansprüche des Reiches oder lediglich um eine Erleichterung des Verkehrs zwischen Ostpreußen und

1. Telegramm Osbornes an Halifax vom 30. 8. 1939, DBFP Third Series VII S. 403 f.

den übrigen Teilen Deutschlands handeln solle. Mgr. Cortesi erwiderte mir, das wisse er nicht genau, und die polnische Regierung könne diesen Punkt noch klären. Im folgenden hob der Nuntius hervor, der Heilige Stuhl sei über die Einschätzung der Lage durch die polnische Regierung genau unterrichtet. Nichtsdestoweniger halte er es angesichts der Kriegsgefahr für eine Übertretung seiner Schuldigkeit, wenn er sich seiner Pflicht zur Mitteilung dieser Informationen entzöge. Dabei wünsche der Heilige Stuhl darauf hinzuweisen, daß ihn lediglich seine besondere Verbundenheit mit Polen und seine große Furcht vor der Gefahr eines Krieges beseele.

Der Heilige Stuhl ist außerdem darüber informiert, falls sich die polnische Regierung nach der Klarstellung ihrer Haltung zur Einleitung von Gesprächen mit Berlin bereit erkläre und das Reich sie ablehne, werde sich die ganze Welt von diesem abwenden, und es verliere selbst die Unterstützung derer, die ihm bislang den Rücken stärkten.

Unterredung mit Beck: Ich informierte ihn über meine heutige Unterredung mit dem Nuntius; ich vermute, daß Mussolini seine Hand im Spiele hat. Der Minister gab zu verstehen, daß er gegen diese Art von Vermittlertätigkeit grundsätzlich etwas einzuwenden habe.»[1]

Der Papst scheint ebenfalls an ein unmittelbares Eingreifen unter Verzicht auf eine Konsultierung Polens gedacht zu haben. Am 29. August 1939 hat sich Hitler zu Verhandlungen bereit erklärt, vorausgesetzt, daß die Polen binnen vierundzwanzig Stunden einen Bevollmächtigten schicken. Das ist ein Ultimatum, das die Polen nicht annehmen und dessen Annahme die Engländer nicht empfehlen können, obgleich sie es nach Warschau übermitteln. Weizsäcker bemerkt am 30. August in einer an Ribbentrop gerichteten Denkschrift:

«Der italienische Botschafter teilte mir heute nachmittag mit, er wisse von dem britischen Botschafter, daß im Falle des Ausbleibens eines polnischen Unterhändlers in Berlin vielleicht mit einer neuen, und zwar päpstlichen Initiative zu rechnen sei. Diese könnte positive Anregungen enthalten, welche sich an den Vorschlag des Füh-

1. Jean Szembek, Journal 1933–1939 (Paris 1952) S. 499.

rers vom Frühjahr dieses Jahres anlehnen. Attolico teilte mir dieses lediglich informationshalber mit ...»[1]

Schließlich fand keine päpstliche Initiative in diesem Sinne statt. Am 1. September 1939 griffen die Deutschen Polen an.

Die ersten Monate des Pontifikates Pius' XII. sind zugleich die letzten Monate des Friedens in Europa. Von Anfang an befindet sich der Papst in einem dramatischen Dilemma: Bei seinem Bestreben, die Interessen der Kirche in Deutschland zu wahren, und seinem Wunsch, an der Erhaltung des Friedens mitzuwirken, erblickt er keinen anderen Ausweg als eine extreme Versöhnungspolitik gegenüber dem Reich. Das führt ihn dazu, dem nationalsozialistischen Deutschland gegenüber eine Haltung einzunehmen, die dem während mehrerer Jahre mit dem Namen Chamberlain verbundenen Kurs sehr ähnlich ist. Aber im März 1939 ändert der britische Premierminister seine Meinung, während Pius XII., in der Hoffnung, daß ein Gespräch mit Hitler noch möglich ist, einen Weg einschlägt, dessen Ende unabsehbar ist.

1. Aufzeichnung Weizsäckers vom 30. 8. 1939, Archiv AA, StS: V.

ZWEITES KAPITEL

Die Siege des Deutschen Reichs

September 1939 bis Juni 1940

I. Die Vernichtung Polens

«Aus sicherer Quelle», telegrafiert Woermann an Bergen am 6. September 1939, «erfahren wir: Frankreich und England sollen darauf bestanden haben, daß Papst Deutschland als Angreifer erklärt. Papst habe dieses Ansuchen abgelehnt unter Hinweis auf traditionelle Haltung Vatikans, die unmittelbare Einmischung in internationale Angelegenheiten vermeidet. Hauptgrund für Ablehnung sei jedoch, daß Papst Lage der Katholiken in Deutschland, Aussicht seiner Friedensaktion und Beziehungen zu Italien nicht verschlechtern will.»[1]

Woermanns Information trifft zu: Pius XII. schweigt trotz der Vorstellungen des französischen und britischen Botschafters beim Vatikan zu dem Angriff auf Polen. Als schon am 1. September der französische Botschafter Charles-Roux den Versuch macht, eine Stellungnahme des Heiligen Stuhls zu erhalten, erklärt ihm Kardinal Maglione ausweichend: «Die Tatsachen sprechen für sich; lassen wir sie erst einmal sprechen.»[2] Woermanns Begründung für das Schweigen Pius' XII. ist wahrscheinlich richtig, aber Bergens Antwort führt ein beunruhigendes weiteres Element an; am 7. September gibt der Vatikanbotschafter Woermann zur Antwort:

«Ablehnung Papstes, gegen Deutschland Partei zu ergreifen, würde durchaus in Einklang mit Zusicherungen stehen, die er mir in letzten Wochen wiederholt durch Vertrauensmann hat geben lassen.»[3]

1. Telegramm Woermanns an Bergen Nr. 69 vom 6.9. 1939, Archiv AA, StS: V.

2. François Charles-Roux, Huit ans au Vatican 1932–1940 (Paris 1947) S. 339.

3. Telegramm Bergens an Woermann Nr. 83 vom 7.9. 1939, Archiv AA, StS: V.

Bergen sagt mit anderen Worten, der Papst habe ihm in den entscheidenden Wochen des August durch einen Mittelsmann zu verstehen gegeben, daß sich der Vatikan im Falle eines deutschen Angriffs auf Polen nicht gegen das Reich aussprechen werde.

«In ernster Stunde, da unser deutsches Volk die Feuerprobe der Bewährung zu bestehen hat und zum Kampfe um seine natürlichen und gottgewollten Lebensrechte angetreten ist, wende ich mich ... an euch Soldaten, die ihr in diesem Kampf in der vordersten Front steht und die große und ehrenvolle Aufgabe habt, die Sicherheit und das Leben der deutschen Nation mit dem Schwerte zu schützen und zu verteidigen ... Jeder von euch weiß, worum es in diesen Sturmestagen unseres Volkes geht, und jeder sieht bei diesem Einsatz vor sich das leuchtende Vorbild eines wahrhaften Kämpfers, unseres Führers und Obersten Befehlshabers, des ersten und tapfersten Soldaten des Großdeutschen Reiches, der sich nunmehr bei euch an der Kampffront befindet.»

Mit diesen Worten feuert Mgr. Rarkowski, der katholische Feldbischof der Wehrmacht, am Tag des Angriffes gegen Polen die deutschen Soldaten an.[1] Der überwiegende Teil des deutschen Klerus teilt auf allen Stufen der Hierarchie die «glühenden» Gefühle des Feldbischofs. Für den Heiligen Stuhl führt jede öffentliche Stellungnahme nunmehr zu einem weiteren Problem: ermutigt von ihren eigenen Bischöfen, die dem Nationalsozialismus in ihrer großen Mehrheit treu sind, wenden sich die deutschen Katholiken möglicherweise von Rom ab, wenn Pius XII. die Aggression Hitlers offen verurteilt. Die Furcht vor einem eventuellen Schisma des deutschen Katholizismus muß den Papst zu neuen Konzessionen treiben – genauso wie sein Wunsch, Repressalien des Regimes gegen die treuen Katholiken vorzubeugen, und schließlich seine Hoffnung auf eine Wiederherstellung des Friedens.

Der Wunsch, zur Wiedererlangung des Friedens beizutragen, veranlaßt den Papst, nach der Liquidierung Polens die Angebote Hitlers und Mussolinis zu unterstützen. Selbstverständlich muß ein Friede, der nicht von einer Rückkehr zum *status quo ante* ausgeht, den Deutschen in die Hände spielen. Paris und London lehnen die Angebote ohne Zögern ab. Da wird die Haltung des Heiligen Stuhles für einen Augenblick härter,

1. Verordnungsblatt des katholischen Feldbischofs der Wehrmacht 3. Jg. (1939) S. 5; vgl. Guenter Lewy a. a. O. S. 238.

und zwar ohne Zweifel unter dem Eindruck von Informationen aus Polen über das Schicksal, das die Deutschen der Zivilbevölkerung des Landes und dem Klerus zugedacht haben.

Am 20. Oktober äußert Pius XII. in seiner Enzyklika *Summi Pontificatus* sein Mitleid mit Polen, hütet sich aber vor einer ausdrücklichen Verurteilung der Aktion des Deutschen Reiches. Der Papst erklärt vor allem:

«Der Augenblick, in welchem diese Unsere erste Enzyklika zu Euch kommt, Ehrwürdige Brüder, ist in mehrfacher Hinsicht eine wahre *Stunde der Finsternis* (vgl. Lucas, 22,53), in welcher der Geist der Gewalt und der Zwietracht auf die Menschheit den blutgefüllten Becher der Schmerzen ausgießt, für die es keinen Namen gibt. Ist es vielleicht notwendig, Euch zu versichern, daß Unser Vaterherz in mitleidender Liebe allen Seinen Söhnen nahe ist, und in besonderer Weise den Betrübten, den Bedrückten, den Verfolgten?

Die Völker, die in den tragischen Schlund des Krieges hinabgerissen wurden, sind vielleicht erst am *Beginn der Schmerzen* (vgl. Matthäus, 24, 8), aber schon herrschen in Tausenden von Familien Tod und Trostlosigkeit, Klage und Elend. Das Blut unzähliger Wesen, auch solcher, die nicht Kämpfer sind, erhebt herzzerreißende Klage, insbesondere über eine geliebte Nation, wie es Polen ist, welches durch seine Treue für die Kirche, durch seine Verdienste in der Verteidigung der christlichen Kultur mit unauslöschlichen Lettern in die Bücher der Geschichte eingetragen bleibt. Dieses Polen hat ein Recht auf menschliche und brüderliche Sympathie in der Welt und erwartet, vertrauend auf das mächtige Eingreifen Mariens, der ‹Helferin der Christen›, die Stunde einer Wiederauferstehung, welche den Grundsätzen der Gerechtigkeit und des wahren Friedens entspricht.»[1]

Vor einer Würdigung der Bedeutung dieser Enzyklika sowie der noch zu erwähnenden Intervention Orsenigos für die polnische Bevölkerung wollen wir die Berliner Reaktionen auf die Botschaft des Papstes untersuchen. Die Dokumente der Wilhelmstraße enthalten bloße Resümees; dagegen bringt ein Dokument aus dem Archiv der Reichskanzlei einen interessanten Kommentar: es handelt sich um einen Brief über die Enzyklika; Heydrich, der Chef der Sicherheitspolizei und des SD, hat ihn am 10. November 1939 an Lammers, den Chef der Reichskanzlei, geschrie-

1. Alberto Giovannetti a. a. O. S. 121 f.

ben (tatsächlich stammt die Unterschrift des Briefes vom Chef der Gestapo, Müller).

Der größte Teil des Briefes gibt ein genaues Resümee der Hauptthemen der Enzyklika und zitiert die wichtigsten Stellen; darauf folgt der Kommentar:

«Die Enzyklika», schreibt Müller, «richtet sich ausschließlich gegen Deutschland, sowohl auf weltanschaulichem Gebiet wie bezüglich der deutsch-polnischen Auseinandersetzung. Ihre Gefährlichkeit auf außen- und innenpolitischem Gebiet bedarf keiner weiteren Erörterung.

Auf Grund verschiedener Anzeichen wurde erwartet, daß die Enzyklika am 5. 11. 1939 im Reich von den Kanzeln verlesen wurde. Bisher liegen jedoch nur einzelne Meldungen vor, wonach die Enzyklika auszugsweise im Bezirk Aachen sowie vereinzelt im Bezirk Linz und in Priesteritz-Wittenberg verlesen worden ist. Die Verlesung hat bei den Zuhörern keinen sichtlichen Eindruck hinterlassen, im Gegenteil haben z. B. nach dem Bericht der Staatspolizeistelle Aachen die Gläubigen den Vorgängen nur mit Gleichgültigkeit und ohne innere Anteilnahme gefolgt.

Daß am 5. 11. 1939 noch keine weitere Verlesung erfolgt ist, kann unter Umständen darauf zurückzuführen sein, daß bis zu diesem Zeitpunkt die Unterrichtung der Diözesen und einzelner Pfarreien nicht rechtzeitig erfolgt ist und daß eine weitere Verbreitung an den kommenden Sonntagen zu erwarten ist. Ich habe Anweisung gegeben, nach den bisher üblichen Richtlinien eine Verlesung der Enzyklika in den Kirchen nicht zu hindern, aber jede weitere, insbesondere flugblattmäßige Verbreitung zu unterbinden. Seitens des Reichsministeriums für Volksaufklärung und Propaganda ist der Presse einschließlich der Kirchenpresse eine Auseinandersetzung mit der Enzyklika untersagt.»[1]

In seiner ersten Enzyklika verurteilt der Papst implicite bestimmte Schritte des Reiches und äußert ausdrücklich sein Mitleid mit einem *namentlich aufgeführten* Volk, den Polen.

Der Chef der Sicherheitspolizei vertritt die Ansicht, die Enzyklika sei ausschließlich gegen Deutschland gerichtet und bilde offensichtlich eine

1. Brief Heydrichs (unterzeichnet von Müller) an Lammers vom 10. 11. 1939, Bundesarchiv, Koblenz, Akten der Reichskanzlei.

innere und äußere Gefahr. Welche Maßnahmen faßt er ins Auge? Repressalien gegen die Priester, die die Enzyklika verlesen? Repressalien gegen die deutschen oder die polnischen Katholiken? Nichts dergleichen. Man begnügt sich damit, die Verbreitung der Enzyklika in Form von Traktaten und ihre Kommentierung in der Presse zu verbieten.

Ein Hinweis auf dieses kluge Verhalten ist unerläßlich, obgleich es nicht zum Maßstab für mögliche spätere Entwicklungen dienen kann. Anscheinend wollen die nationalsozialistischen Führer jedoch – und die Folgezeit wird das bestätigen – für die Dauer des Krieges einen offenen und unwiderruflichen Bruch mit dem Heiligen Stuhl mit seinen möglichen Folgen vermeiden.

Kein deutsches Dokument gibt Gewißheit darüber, ob die Enzyklika *Summi Pontificatus* oder die gleich zu erwähnende Intervention Mgr. Orsenigos das physische Schicksal der aus ihren Wohnungen vertriebenen Polen erleichtert hat; aber man darf vielleicht die Vermutung äußern, daß mancher polnische Katholik moralisch sehr getröstet war, als er erfuhr, daß man von den Leiden seines Volkes wußte und daß sie den obersten Hirten der Kirche bewogen hatten, ausdrücklich darüber zu sprechen. Aber wenden wir uns nun der Intervention des Nuntius in Berlin zu.

Am 29. November führt Mgr. Orsenigo ein Gespräch mit Woermann; dieser notiert die wichtigsten Themen der Unterhaltung:

«Der Nuntius brachte heute bei mir folgendes vor, wobei er von vornherein betonte, daß er privat spreche», schreibt Woermann am 29. November. «Es seien ihm von verschiedenen Seiten ... Nachrichten zugekommen, die sich auf die Behandlung von Polen, besonders im Gebiet von Posen, aber auch in anderen Teilen des ... Gebiets bezogen. Er wisse, daß er als Nuntius keinen Titel habe, diese Angelegenheit hier zur Sprache zu bringen. Er fühle sich jedoch als Mensch verpflichtet, dies zu tun ... Neuerdings vollzögen sich dort Dinge, die Deutschland in seinem eigenen Interesse nicht zulassen sollte. Er wolle hier nicht untersuchen, ob Erschießungen von Gutsbesitzern usw. zu Recht erfolgt seien, sondern spreche nur für das einfache Volk. Es würden Frauen, Kinder und alte Leute nachts aus den Betten gerissen und, ohne daß ihnen eine neue Wohnung zugewiesen würde, vertrieben usw. Der Nuntius fragte mich, ob ich ihm nicht einen Rat geben könnte, an wen er sich in dieser Angelegenheit wenden könne.

Ich habe dem Nuntius geantwortet, daß ich ihm nicht empfehlen könne, sich an hochgestellte deutsche Persönlichkeiten zu wenden, die ihn vielleicht nicht so ruhig wie ich anhören und ihm sofort entgegenhalten würden, daß er als Nuntius keinen Titel habe, über diese Dinge zu sprechen. Im übrigen glaubte ich bestimmt, daß er das Opfer falscher Nachrichten geworden sei. Der Nuntius bestritt das letztere, indem er hervorhob, wie vorsichtig er in der Wertung von Nachrichten sei. Er bat mich, doch wenigstens einmal mit dem Herrn Staatssekretär zu beraten, ob nicht etwas geschehen könne.»[1]

Die Leiden, die die Deutschen dem polnischen Volk und der polnischen Kirche zufügen, sind also im Vatikan mit allen Einzelheiten bekannt. Daher ist es schwer, die Worte zu interpretieren, die der Papst beim Neujahrsempfang an die deutschen Diplomaten richtet. Bergen ist abwesend und wird von dem Geschäftsträger Menshausen vertreten:

«Anläßlich üblicher Neujahrsempfänge», schreibt Menshausen am 31. Dezember, «wurde ich heute von dem Papst in Privataudienz empfangen. Er dankte für die ihm übermittelten Glückwünsche und bat sie, für Führer, die gesamte Reichsregierung und ‹das liebe deutsche Volk› bestens zu erwidern. Dabei gedachte er mit warmen Worten seines langjährigen Aufenthalts in Deutschland, von dem er sich seinerzeit nur schwer getrennt habe. Seine große Zuneigung und Liebe für Deutschland fortbesteht unvermindert und vielleicht liebe er es – wenn das überhaupt möglich wäre – in den heutigen schweren Zeiten nur noch mehr.»[2]

Am 1. Januar 1940 berichtet Menshausen Weiteres über seine Audienz bei Pius XII.:

«In Unterhaltung, die der Papst über protokollarisch festgelegte Zeit hinaus ausdehnte, erklärte er spontan – nach Ausdruck seiner unveränderten Zuneigung für Deutschland :

vielfach verbreitete Auffassung, daß er gegen totalitäre Staaten eingestellt wäre, sei unzutreffend. Beispiel Italiens zeige das Gegenteil und beweise, daß Verständigung und gutes Einvernehmen durchaus möglich. Leider warte er vergebens auf ein (1 Gr. fehlt),

1. Aufzeichnung Woermanns vom 29. 11. 1939, Archiv AA, StS: V.
2. Telegramm Menshausens an Berlin Nr. 157 vom 31. 12. 1939, ebd.

daß seine schon so oft zum Ausdruck gebrachte Verständigungsbereitschaft deutscherseits erwidert werde. Auf meine Bemerkung, daß päpstliche Kundgebungen von demokratischen Feindmächten unwidersprochen als gegen totalitäre Staaten gerichtet ausgelegt und propagandistisch gegen uns ausgeschlachtet würden, erwiderte der Papst, daß letzteres umgekehrt sicher doch auch deutscherseits geschähe, worauf ich auf gerechtere Sachlage unserer Presse hinwies. Der Papst anführte weiterhin, daß Kundgebungen selbstverständlich nur allgemeinen Charakter hätten und daß er darüber hinaus besonders darauf bedacht sei, sie so zu fassen, daß sie von Deutschland nicht als gegen sich gerichtet mißverstanden würden ...»[1]

Möglicherweise befürchtete der Papst, er habe sich in seiner Enzyklika *Summi Pontificatus* zu sehr engagiert, und anläßlich des Neujahrsempfangs wollte er den deutschen Diplomaten betont herzlich gegenübertreten, um das Gespräch mit den Nationalsozialisten wieder in Gang zu bringen, das zu führen er fest entschlossen war. Es handelt sich hier lediglich um eine Hypothese, die sich offenbar schwer nachprüfen läßt.

Übrigens nahm Pius XII. wahrscheinlich Ende 1939 und Anfang 1940, also zu der Zeit, als der Heilige Stuhl die engen Beziehungen zwischen Berlin und Moskau kaum wohlwollend vermerken konnte, gegenüber Deutschland eine eher komplexe Haltung ein, die zu mehreren voneinander unabhängigen politischen Verhaltensweisen führte; so stand der Papst anscheinend in denselben Monaten mit den Mitgliedern der deutschen Opposition gegen Hitler in laufendem Kontakt.[2]

II. Die Begegnung Pius XII. – Ribbentrop

Am 11. März 1940 wird Reichsaußenminister von Ribbentrop einen Tag nach seiner Ankunft in Rom vom Papst empfangen. Der folgende Text ist ein von Ribbentrop wahrscheinlich selber verfaßter Bericht über dieses Gespräch:

«Nach Übermittlung der Grüße des Führers durch den Herrn Reichsaußenminister begann der Papst die Unterhaltung mit dem

1. Telegramm Menshausens an Berlin Nr. 159 vom 1. 1. 1940, ebd.
2. Vgl. besonders Ulrich von Hassell, Vom andern Deutschland (Zürich 1946) S. 140; siehe auch Nobécourt a. a. O. S. 193 f.

Hinweis auf seine 17jährige Tätigkeit in Deutschland. Diese im deutschen Kulturkreis verlebten Jahre seien vielleicht die schönste Zeit seines Lebens, und die Reichsregierung könne davon überzeugt sein, daß er ein warmes Herz für Deutschland habe und stets haben werde.

Der Herr RAM griff sodann, nachdem er unter lebhafter Zustimmung des Papstes betont hatte, daß er ganz offen und ohne diplomatische Umschweife sprechen wolle, sofort das Thema des grundsätzlichen Verhältnisses zwischen dem nationalsozialistischen Staat und der katholischen Kirche auf und legte den deutschen Standpunkt in folgendem Sinne dar.

Der Führer sei der Ansicht, daß eine grundsätzliche Einigung zwischen Nationalsozialismus und katholischer Kirche durchaus möglich sei. Es habe aber keinen Zweck, das Verhältnis zwischen beiden durch Anschneiden von Einzelfragen dieser oder jener Art oder durch provisorische Vereinbarungen regeln zu wollen. Vielmehr müsse es einmal zu einer umfassenden, sozusagen säkularen Klärung des Verhältnisses kommen, die dann eine wirklich dauerhafte Grundlage für eine harmonische Zusammenarbeit der Faktoren bilde. Zur Herbeiführung einer solchen Klärung sei aber jetzt der Zeitpunkt noch nicht gekommen. Deutschland befinde sich in einem Existenzkampf, den es unter allen Umständen bis zum siegreichen Ende durchfechten werde, der aber natürlich alle Kräfte in Anspruch nehme und es dem Führer nicht gestatte, sein Interesse anderen Problemen zu widmen. Außerdem sei zu bedenken, daß die Verständigung zwischen Nationalsozialismus und katholischer Kirche von einer Kardinalvoraussetzung abhänge, davon nämlich, daß die katholische Geistlichkeit in Deutschland auf jede wie immer geartete Form politischer Betätigung verzichte und sich ausschließlich auf die ihr allein zukommende seelsorgerische Tätigkeit beschränke. Die Erkenntnis der Notwendigkeit einer solchen radikalen Scheidung könne aber heute bei den katholischen Geistlichen in Deutschland noch nicht als herrschend angesehen werden. Ähnlich wie in der staatlichen Politik England seit langer Zeit eine Art Bevormundung des Kontinents und die Befugnis zur Einmischung in alle möglichen politischen Probleme dritter Länder für sich in Anspruch genommen habe, sei es auch der katholischen Kirche im Laufe der Entwicklung zur Gewohnheit geworden, in die Politik einzugreifen. Die katholische Kirche habe sich in Deutschland in den Besitz von Positionen und Befugnissen der verschiedensten Art gesetzt, die sie zwar als wohlerworbene Rechte betrachte, die aber mit der unbedingt notwendigen Beschränkung auf ihre seelsorgerischen Funktionen nicht vereinbar seien. Die katholische Geistlichkeit müsse sich erst fortschreitend von der Erkenntnis durchdringen lassen, daß mit dem Nationalsozialismus eine ganz neue Form des gesamten staatlichen und völkischen Lebens in die Welt getreten sei. Erst wenn das geschehen sei, könne mit Aussicht auf dauernden Erfolg an die grundsätzliche Auseinandersetzung und Verständigung herangegangen werden. Man dürfe nicht den Fehler wiederholen, den man mit den vorschnell abgeschlossenen Konkordaten (Länder-Konkordaten und Reichskonkordat) begangen habe, die schon allein infolge der nach ihrem Abschluß eingetretenen Entwicklung der formellen staatsrechtlichen Verhältnisse in Deutschland jetzt als überholt angesehen werden müßten. Einstweilen komme es deshalb nach Ansicht des Führers darauf an, den bestehenden Burgfrieden aufrechtzuerhalten und, wenn möglich, zu vertiefen. Von deutscher Seite seien in dieser Hinsicht sehr erhebliche Vorleistungen gemacht worden. Der Führer habe nicht weniger als 7000 Prozesse gegen katholische Geistliche niedergeschlagen. Auch dürfe nicht vergessen werden, daß der nationalsozialistische Staat jährlich eine Milliarde Reichsmark zugunsten der katholischen Kirche verwende, eine Leistung, deren sich kein anderer Staat rühmen könne.»

Und dies war nach Ribbentrop die Reaktion des Papstes:

«Der Papst brachte diesen Ausführungen des Herrn RAM durchaus Verständnis entgegen und gab die dabei erwähnten konkreten Tatsachen unumwunden zu. Er suchte zwar das Gespräch auf bestimmte Einzelprobleme und Beschwerden der Kurie zu bringen, wie auf die Schließung vieler Klöster usw., insistierte aber nicht weiter, als der Herr RAM erneut die Notwendigkeit einer erst später möglichen grundsätzlichen und umfassenden Klärung des Gesamtverhältnisses zwischen Staat und Kirche betonte.

Abschließend hat der Herr RAM auf die historische Tatsache hingewiesen, daß niemals in der Geschichte eine so radikale Revolution, wie sie der Nationalsozialismus im gesamten Leben des deutschen Volkes herbeigeführt habe, so wenig den Bestand der Kirche beeinträchtigt habe. Im Gegenteil sei es letzten Endes nur der Machtübernahme durch den Nationalsozialismus zu verdanken, daß nicht in Europa ein bolschewistisches Chaos ausgebrochen und damit das kirchliche Leben überhaupt vernichtet worden sei. Auf der anderen Seite hat der Herr RAM aber klargestellt, daß sich nunmehr das Verhältnis zwischen Deutschland und der Sowjetunion grundlegend verändert habe. Es sei eine feste und dauerhafte Grundlage für ein positives Verhältnis zwischen beiden Ländern geschaffen worden, was dem Nationalsozialismus dadurch ermöglicht worden sei, daß das deutsche Volk jetzt gegen jede kommunistische Infizierung immun sei und daß auch von sowjetischer Seite keine Versuche mehr gemacht würden, für weltrevolutionäre Ideen in Deutschland Boden zu gewinnen.»

Danach behandelt Ribbentrop kurz sein Gespräch mit Kardinalstaatssekretär Maglione:

«Bei der anschließenden Unterhaltung zwischen dem Herrn RAM und dem Kardinalstaatssekretär Maglione versuchte dieser, mehrere konkrete Fragen zur Erörterung zu stellen, nämlich das Problem der Bekenntnisschulen, die Zulassung eines Vertreters der Berliner Nuntiatur in Warschau und die Unterstützungszahlungen der Kurie nach Polen. Der Herr RAM hat sich auf eine sachliche Erörterung des Problems der Bekenntnisschulen nicht eingelassen. Die Zulassung diplomatischer Vertreter in Warschau hat er generell als noch nicht möglich bezeichnet und hat, als der Kardinalstaatssekretär dabei auf die Notwendigkeit einer Kontrolle der Verwendung der päpstlichen Gelder zu sprechen kam, die darin liegende Verdächtigung der deutschen Stellen mit größter Schärfe zurückgewiesen, so daß der Kardinalstaatssekretär auch dieses Thema fallenließ. In einer weiteren vom Kardinalstaatssekretär angeschnittenen Frage, nämlich der Frage, ob es nicht möglich sei, die Verbreitung gewisser im Ludendorff-Verlage erschienener, kirchenfeindlicher Bücher zu verhindern, hat der Herr RAM, ohne eine positive Versicherung abzugeben, eine sachliche Nachprüfung in Aussicht gestellt.»[1]

1. Aufzeichnung ohne Unterschrift vom 11. 3. 1940, ADAP D VIII S. 704 ff.

Man sähe gern, bevor man die wesentlichen Punkte der Begegnung Pius XII. – Ribbentrop analysiert, eine andere Version, nämlich die des vatikanischen Archivs. Es zeigt sich aber, daß Mgr. Giovannetti, der dieses Archiv für sein hier öfter zitiertes Werk ausgiebig benutzt hat, die Gespräche zwischen Ribbentrop und Kardinal Maglione ausführlich erwähnt, die Begegnung zwischen dem Papst und dem Reichsaußenminister mit nur wenigen und übrigens bezeichnenden Worten berührt:

«Wenige Stunden zuvor (vor der Begegnung mit Kardinal Maglione, d. Verf.), während der ihm gewährten Audienz, hatte er (Ribbentrop) mit tiefer Genugtuung feststellen können, daß der Papst Deutschland noch immer ins Herz geschlossen und sehr viel guten Willen hatte, zu einer Verständigung zu gelangen.[1] Diese sonderbare Zurückhaltung Giovannettis ist möglicherweise dadurch zu erklären, daß das im Vatikan befindliche Protokoll über dieses Gespräch Ribbentrops Bericht in den wesentlichen Punkten bestätigt, nämlich:

Die Unterhaltung verlief in einer herzlichen Atmosphäre, und der Papst eröffnete das Gespräch, indem er seine lebhafte Sympathie für Deutschland noch einmal zum Ausdruck brachte.

Der Papst versteifte sich nicht auf die konkreten Beschwerden des Heiligen Stuhls gegenüber dem Deutschen Reich und akzeptierte wahrscheinlich Ribbentrops Grundidee, nach der eine Regelung der Beziehungen zwischen dem Heiligen Stuhl und dem Reich nur auf globaler Basis und nach dem Krieg erfolgen konnte.

Schließlich drängt sich eine letzte Hypothese auf: es könnte sein, daß man bestimmte politische Pläne diskutiert hat, die Ribbentrop angesichts der damaligen Beziehungen zwischen dem Deutschen Reich und der UdSSR nicht in sein Memorandum aufnehmen konnte, während den Papst nichts daran hinderte, sie dem Archiv des Vatikans anzuvertrauen. Diese Pläne, die Mgr. Giovannetti erwähnt, um sie abzustreiten, hat der römische Korrespondent der *New York Times,* Camille Cianfarra, vorgelegt, der wohl durch einen seiner Informanten im Vatikan davon erfuhr: angeblich haben Ribbentrop und der Papst über die Möglichkeit einer Wiederherstellung des Friedens auf der Grundlage der Anerkennung einer faktischen Hegemonie Deutschlands in Mittel- und Osteuropa und über die Möglichkeit einer «Befreiung Rußlands» diskutiert.[2]

Obgleich sich diese Hypothese nicht nachprüfen läßt, ist sie nicht gänzlich von der Hand zu weisen, besonders, wenn man sich den Wort-

1. Alberto Giovannetti a. a. O. S. 180.
2. Camille M. Cianfarra, The War and the Vatican (London 1945) S. 209 f.

laut einer Ansprache Pius' XII. anläßlich des Empfangs des neuen litauischen Gesandten beim Heiligen Stuhl vergegenwärtigt:

«Der Pflichten bewußt, die Unserem oberhirtlichen Amte zu eigen sind, werden Wir – auch ohne aufgefordert zu sein – nicht zulassen, daß Unser Vorgehen, immer ausgerichtet auf das Heil der Seelen, sich mit rein weltlichen Streitfragen und mit Gebietsstreitigkeiten unter den Staaten befasse.

Aber gerade die Pflicht dieses Unseres Amtes gestattet Uns nicht, die Augen zu schließen, wenn ausgerechnet für das Heil der Seelen neue unermeßliche Gefahren heraufsteigen, wenn über das Antlitz Europas in allen seinen Grundlinien sich täglich drohender und näher der unheilvolle Schatten des Denkens und Wirkens der Feinde Gottes breitet. Unter solchen Umständen haben mehr als in irgendeiner Periode seiner Geschichte die Bewahrung, die Betreuung und notwendigenfalls auch die Verteidigung des erworbenen christlichen Vermögens für die kommenden Geschicke Europas und für das Wohlergehen eines jeden seiner Völker, der großen wie der kleinen, eine entscheidende Bedeutung.»

Mgr. Giovannetti zitiert diese Äußerungen und schreibt, der Papst habe damit auf die «furchtbare Bedrohung durch den gottlosen Kommunismus» angespielt und es «als seine Hirtenpflicht» betrachtet, «davor zu warnen».[1]

III. Der Einmarsch in die Niederlande, Belgien, Luxemburg

Am 10. Mai erfolgt der Überfall auf die Niederlande, Belgien und Luxemburg. Der Papst gibt seine Zurückhaltung auf. Er richtet noch an demselben Tag eine Botschaft an die Souveräne der drei angegriffenen Länder:

An Leopold III., König der Belgier, schreibt der Papst:

«In diesem Augenblick, in dem das belgische Volk zum zweiten Male sein Land entgegen seinem Willen und seinem Recht den Grausamkeiten des Krieges ausgesetzt sieht, übermitteln Wir Eurer Majestät und dieser ganzen vielgeliebten Nation in tiefer Bewegung

1. Alberto Giovannetti a. a. O. S. 143.

die Versicherung Unserer väterlichen Zuneigung; Wir bitten Gott den Allmächtigen, daß diese schwere Prüfung mit der Wiederherstellung der vollen Freiheit und Unabhängigkeit Belgiens endet, und erteilen Eurer Majestät und Ihrem Volke von ganzem Herzen Unseren apostolischen Segen.»

An Wilhelmina, Königin der Niederlande:

«Wir haben mit lebhafter Rührung erfahren, daß die Bemühungen Eurer Majestät um den Frieden Ihr edles Volk nicht davor bewahren konnten, gegen seinen Willen und sein Recht zum Kriegsschauplatz zu werden, und bitten Gott, den obersten Richter über das Schicksal der Nationen, mit seiner allmächtigen Hilfe die Wiederherstellung der Gerechtigkeit und Freiheit zu beschleunigen.»[1]

Am 11. Mai telegrafiert Bergen nach Berlin:

«Aus guter über die Intentionen Papstes unterrichteter Quelle höre ich, daß heute abend im *Osservatore Romano* veröffentlichte Telegramme Papsts an König der Belgier, Königin der Niederlande und Großherzogin von Luxemburg über deren Inhalt DNB berichtet, nicht als politische Einmischung oder gar als einseitige Verurteilung deutschen Vorgehens zu bewerten sind. Kundgebungen enthielten kein Wort Protestes. Papst habe lediglich beabsichtigt, betreffenden Staatsoberhäuptern und Völkern seiner Betrübnis darüber Ausdruck zu geben, daß sie wider ihren Willen in Konflikt hineingezogen und unmittelbar von Leiden Kriegs betroffen würden.

Botschaft an König der Belgier ist nicht etwa eine Antwort auf dessen Deutschland einseitig belastenden Appell an Pius XII., sondern hat sich mit ihm gekreuzt.»[2]

Am folgenden Tag wird Botschafter Alfieri beauftragt, im Namen Mussolinis beim Papst zu protestieren. Der Botschafter Deutschlands beim Quirinal, von Mackensen, berichtet, daß dieser italienische Diplomat ihm Folgendes über sein Gespräch mit Pius XII. mitgeteilt habe:

«Alfieri erzählte mir bei seinem heutigen Abschiedsbesuch streng vertraulich, daß er gelegentlich seiner Abschiedsaudienz beim Papst

1. Paul Duclos, Le Vatican et la Seconde Guerre Mondiale (Paris 1955) S. 59.
2. Telegramm Bergens an Berlin Nr. 43 vom 11. 5. 1940, Archiv AA, StS: V.

diesen im Auftrage des Duce in ernsten Worten darauf hingewiesen habe, daß seine Telegramme nach Belgien und Holland auf den Duce sehr peinlich gewirkt hätten. Papst habe dem entgegengehalten, daß er in den Telegrammen, die Ergebnis stundenlanger Überlegungen gewesen seien, nur als der über allem weltlichen Geschehen stehende oberste Priester gesprochen und jedes politische Wort wie zum Beispiel Invasion, das eine Stellungnahme enthalte, ängstlich vermieden habe. Alfieri habe ihm erwidert, daß eine solche Trennung zwischen Priesteramt und Politik nicht möglich sei, denn schon die Tatsache der Telegramme sei ein politischer Akt. Außerdem dürfe der Papst nicht vergessen, daß im Reich 40 Millionen Katholiken lebten. Die Unterredung sei, so meinte Alfieri, ‹sehr hart› gewesen.»[1]

Einige Tage später kommt Alfieri als neuer italienischer Botschafter nach Berlin. Während seines ersten Besuches bei Woermann berichtet er Einzelheiten über seine Unterhaltung mit dem Papst; sein Bericht stimmt im großen und ganzen mit den bereits von Mackensen erwähnten Punkten überein, fügt jedoch folgenden wichtigen Punkt hinzu:

«Der Papst sei erstaunt gewesen, daß die Haltung des *Osservatore Romano* beanstandet werde, und habe zugesagt, nochmals Anweisungen zu geben, daß dieser nicht eindeutig zugunsten Englands und Frankreichs Partei nehme.»

Dann erklärt der Botschafter:

«daß sowohl Deutschland wie Italien ein Interesse daran hätten, wenigstens für die Dauer des Krieges mit dem Vatikan gut zu stehen. Was nach dem Krieg käme, könne man sehen.»[2]

Schließlich berichtet Alfieri in seinen Memoiren über seine Unterredung mit dem Papst und fügt eine seitdem oft erwähnte Einzelheit hinzu:

«Meine Amtspflicht zwang mich, nach den von Ciano erhaltenen Instruktionen das Bedauern des Regierungschefs darüber auszudrücken, daß die katholischen Zeitungen und vor allem der *Osservatore Romano* die drei Telegramme des Heiligen Vaters an

1. Telegramm Mackensens an Berlin Nr. 874 vom 13. 5. 1940, ebd.
2. Aufzeichnung Woermanns vom 19. 5. 1940, ADAP D IX S. 309.

den König der Belgier, die Königin von Holland und die Großherzogin von Luxemburg nach der ungerechten Invasion ihres Landes durch die nationalsozialistischen Truppen so stark hervorgehoben hatten.

Der Heilige Vater erwiderte mir, er begreife den Unwillen des Regierungschefs nicht ... Es komme, was da mag, schloß er mit ruhiger Bestimmtheit, und wenn sie mich eines Tages verhaften und in ein Konzentrationslager bringen. Jeder muß seine eigenen Taten einmal vor Gott verantworten.»[1]

Bei der Lektüre der Texte drängt sich zunächst derselbe Gedanke auf wie bei der der Enzyklika *Summi Pontificatus*. Der Papst, der seinen Schmerz über die Leiden Polens zum Ausdruck bringen konnte, bringt diesmal vor den Belgiern, Niederländern und Luxemburgern seine Besorgnis zum Ausdruck. Weshalb wird er schweigen, wenn es um die Juden geht? Möglicherweise können wir in diesem Stadium den ersten Bestandteil einer Antwort zur Diskussion stellen, die sicherlich noch andere und wichtigere Bestandteile enthält. Diesen Bestandteil einer Antwort liefert uns der *Osservatore Romano* in einem Artikel, der wenige Wochen vor dem deutschen Angriff in Flandern und nach dem Überfall auf die beiden neutralen Länder Dänemark und Norwegen erschienen ist. Der Papst enthält sich jeder Reaktion. Gleicht aber die Situation nicht der bei dem deutschen Angriff auf Belgien, die Niederlande und Luxemburg? Der *Osservatore Romano* macht es möglich, den Unterschied zu begreifen, und schreibt in einem Artikel, der das Schweigen des Papstes zu den Vorgängen in Skandinavien zu rechtfertigen versucht:

«In Norwegen gibt es nur 2000 Katholiken; daher muß der Heilige Stuhl, auch wenn er in moralischer Hinsicht ein strenges Urteil fällt, in praktischer Hinsicht an die dreißig Millionen deutscher Katholiken denken.»[2]

In Belgien ist die große Mehrheit der Bevölkerung katholisch, in den Niederlanden und in Luxemburg leben ebenfalls viele Katholiken, und in Polen lagen die Dinge nicht anders. Zwar scheut man vor einer derartigen Schlußfolgerung zurück, doch kann man die Frage nicht gänzlich unterdrücken: verurteilt der Papst Gewalt und Aggression nur dann in

1. Dino Alfieri, Deux dictateurs face à face (Genf 1948) S. 30 ff.
2. Paul Duclos a. a. O. S. 58 f.

offener Form, wenn die Opfer katholisch sind? Diese Hypothese ist nicht tendenziös: sie setzt lediglich voraus, daß der Papst seinen Auftrag für sehr eng umschrieben hält.

Übrigens nimmt die Klugheit des Papstes mit den deutschen Siegen zu. Am 18. Mai macht Bergen neue Angaben zur augenblicklichen Version des Vatikans hinsichtlich der drei Telegramme:

«... wurde im Staatssekretariat angedeutet, daß Papst in Voraussicht Appell König Leopolds diesem zuvorkommen und Beantwortung ausweichen wollte. Dabei wurde betont, daß mit Telegrammen keinerlei Spitze gegen Deutschland beabsichtigt war.»[1]

Am 21. Mai betont Radio Vatikan in einer Sendung in englischer Sprache,[2] der Papst habe es sich in seinen Botschaften und Äußerungen immer absichtlich versagt, besondere Sympathien für eine der kriegführenden Parteien zu zeigen oder ihnen gegenüber Stellung zu beziehen.[3] Am 16. Mai stellt der *Osservatore Romano* seine politischen Kommentare ein.[4]

IV. Die Niederlage Frankreichs

Ende Mai 1940 ist der Krieg in Frankreich für die Alliierten noch nicht unwiderruflich verloren. Am 27. Mai unterrichtet Bergen die Wilhelmstraße, er habe «streng vertraulich» erfahren, es werde

«im Staatssekretariat heute die Ansicht geäußert, es wäre das Beste, wenn Frankreich Separatfrieden schlösse, und daß man es England überlassen sollte, allein weiter zu kämpfen.»[5]

Am 29. Mai schickt Bergen ein Telegramm mit noch lapidareren Worten ab:

«Nach meinen streng vertraulichen Informationen ist man im Staatssekretariat Papstes der Ansicht, daß Belgien gut daran ge-

1. Telegramm Bergens an Berlin Nr. 50 vom 18. 5. 1940, Archiv AA, StS: V.
2. Es war nicht möglich, einen Hinweis auf diese von Bergen erwähnte Sendung zu finden.
3. Telegramm Bergens an Berlin Nr. 56 vom 22. 5. 1940, ebd.
4. Paul Duclos a. a. O. S. 61.
5. Telegramm Bergens an Berlin Nr. 63 vom 27. 5. 1940, ADAP D IX S. 364.

tan hätte zu kapitulieren und daß Frankreich das gleiche tun sollte.»[1]

Am 8. Juni bestätigt der deutsche Botschafter:

«Man ist im Vatikan nach wie vor der Auffassung, daß Frankreich dem Beispiel Belgiens folgen sollte.»[2]

Am 10. Juni, einige Stunden vor Italiens Kriegseintritt, findet sich Nuntius Orsenigo bei Woermann ein; dieser beschreibt die Unterredung mit folgenden Worten:

«Der Nuntius, der mich heute in laufenden Angelegenheiten aufsuchte, gab im Gespräch seiner Freude über die deutschen Siege einen sehr herzlichen Ausdruck. Er schien den Eintritt Italiens in den Krieg geradezu herbeizusehen und sagte scherzhaft, er hoffe, daß die Deutschen den Einmarsch in Paris über Versailles vollziehen würden.»[3]

Vielleicht begreift man die Atmosphäre, die Anfang Juni 1940 im Vatikan herrschte, ein wenig besser, wenn man diese Texte liest; ferner erscheint in diesem Zusammenhang ein Brief, den Kardinal Tisserant am 11. Juni an Kardinal Suhard schrieb, in einem neuen Licht:

«Eminenz, verehrter Herr, ich habe gestern den Brief erhalten, den Eure Eminenz am 4. an mich gerichtet haben. Vielen Dank für die Güte, die Eure Eminenz mir zu beweisen geruhen; wenn wir die Prüfung überleben, werde ich bei meinen Reisen nach Paris gern von der Gastfreundschaft Gebrauch machen, die Sie mir anbieten. Aber was wird bis dahin geschehen? Ich hatte seit dem 28. August vorhergesehen, was gestern geschehen ist, und ich hatte es dem General Georges gesagt, als ich ihn zu Ende Dezember traf. Wie werden wir dieser neuen Gefahr widerstehen können? Möge Gott uns helfen und Ihnen helfen.»

Der Kardinal spielt offensichtlich auf Italiens Kriegseintritt am Tage zuvor an, den Mgr. Orsenigo herbeigesehnt hatte. Kardinal Tisserant fährt fort:

1. Telegramm Bergens an Berlin Nr. 64 vom 29. 5. 1940, Archiv AA, StS: V.
2. Telegramm Bergens an Berlin Nr. 77 vom 8. 6. 1940, ebd.
3. Aufzeichnung Woermanns vom 10. 6. 1940, Archiv AA, StS: V.

«Die Franzosen sollen sich übrigens keine Illusionen machen: was ihre Feinde wollen, das ist ihre Vernichtung. Die italienischen Zeitungen sind in diesen Tagen voll von Äußerungen von S. E. Mussolini, die besagen: wir sind fruchtbar, und wir wollen Land! Und das soll heißen, Land ohne Bewohner. Deutschland und Italien werden sich daher die Vernichtung der Bewohner der besetzten Gebiete angelegen sein lassen, wie sie es in Polen gemacht haben. Statt auf dem Schlachtfeld zu sterben, werden die Franzosen also auf kleinem Feuer sterben müssen, die Männer getrennt von ihren Frauen, und die Kinder vielleicht geschont, um den Siegern als Sklaven zu dienen, denn das ist für unsere Feinde das Kriegsrecht. Unsere Oberen wollen die Natur des wahren Konflikts nicht begreifen, und sie bestehen hartnäckig darauf, sich einzubilden, es handele sich um einen Krieg wie in früheren Zeiten. Aber die faschistische Ideologie und die hitlerische haben das Gewissen der jungen Menschen verwandelt, und die unter 35 Jahren sind zu allen Untaten bereit für den Zweck, den ihr Führer befiehlt.»

In diesem bemerkenswerten Passus umschreibt der Kardinal vielleicht nicht die Natur des italienischen Faschismus, jedoch das Wesen des deutschen Nationalsozialismus. Zuvor erfaßte er nicht die volle Wirklichkeit, denn die menschliche Vorstellungskraft hat Grenzen: die verschonten Kinder … der langsame Tod … Die folgenden Zeilen, die unmittelbar die Haltung des Papstes betreffen, sind die erschütterndsten:

«Ich habe den Heiligen Vater seit Anfang Dezember beharrlich gebeten, eine Enzyklika zu erlassen über die Pflicht jedes einzelnen, dem Ruf des Gewissens zu gehorchen, denn das ist der entscheidende Punkt des Christentums, während der Islam, der dank dem Sohne der Muselmanin Heß den Theorien Hitlers als Vorbild gedient hat, das individuelle Gewissen durch die Pflicht ersetzt, den Befehlen des Propheten und seiner Nachfolger blindlings zu gehorchen.

Ich fürchte, die Geschichte wird dem Heiligen Stuhl vorzuwerfen haben, er habe eine Politik der Bequemlichkeit für sich selbst verfolgt, und nicht viel mehr. Das ist äußerst traurig, vor allem wenn man unter Pius XI. gelebt hat. Und jedermann verläßt sich darauf, daß, nachdem Rom zur Offenen Stadt erklärt ist, an der Kurie niemand etwas zu leiden haben wird; das ist eine Schande. Zumal da das Staatssekretariat und der Nuntius die (französischen) Nonnen in großer Zahl und die Mönche überredet haben, nicht fortzugehen, um Italien Geiseln zu stellen. Rom aber ist ein befestigtes Lager, umgeben von einem Festungsgürtel, der immer von Truppen besetzt gewesen ist, und es gibt hier zwei große Waffenfabriken, eine Patronenfabrik und eine Artillerie-Reparaturwerkstatt! Diese aber (die Italiener, der Verf.) werden wie die Deutschen ihre Stäbe unter dem Kreuz von Genf verbergen, so daß die Franzosen und Engländer erklären sollten, sie anerkennen es nicht mehr, da es unsere Krankenhäuser nicht schützt.»[1]

V. Der Weg der Konzessionen

Für Kardinal Tisserant ist es schwierig, die Logik der Konzessionen Pius' XII. einzugestehen, denn er ahnt, was aus einem vom nationalsozialistischen Deutschland beherrschten Europa werden muß. Verkennt es aber der Papst? Wahrscheinlich nicht ganz, denn seit Herbst 1939 erreichen ihn beunruhigende Berichte aus Polen. Im Frühjahr 1940 ist der Heilige Stuhl noch besser unterrichtet: am 15. März notiert Staatssekretär von Weizsäcker ein Gespräch, das er soeben mit Nuntius Orsenigo geführt hat:

«Der Nuntius kam heute wieder auf die im Konzentrationslager Sachsenhausen befindlichen Geistlichen zu sprechen.

Ich sagte dem Nuntius von vornherein, ich möchte ihm keine Hoffnung machen, daß sein Wunsch, die Geistlichen in Sachsenhausen aufzusuchen, in Erfüllung gehen werde.

Hiermit fand der Nuntius sich ab, brachte aber folgendes vor:

In Sachsenhausen sei nach seiner Kenntnis eine Abteilung für Kranke, in welcher sich auch katholische Geistliche befänden. Er bäte darum, daß

1. Brief des Kardinals Tisserant an Kardinal Suhard vom 11.6. 1940. Er wurde von den Deutschen bei der Durchsuchung des Erzbischöflichen Palais in Paris gefunden und am 25.9. 1940 von Heydrich an Lammers geschickt; Eberhard Jäckel hat ihn unter den im Bundesarchiv in Koblenz befindlichen Akten der Reichskanzlei entdeckt und in seinem Aufsatz «Zur Politik des Heiligen Stuhls im Zweiten Weltkrieg», *Geschichte in Wissenschaft und Unterricht,* Januar 1964, erstmals veröffentlicht.

1. ein von der Regierung zu bestimmender Priester die Erlaubnis erhalte, den dortigen Kranken Trost und Sterbesakramente zu spenden.

2. daß die verstorbenen Geistlichen nicht eingeäschert werden, denn die Einäscherung stehe im vollen Widerspruch zu den Grundsätzen der Kirche.

3. daß die Geistlichen, soweit nicht vorhanden, ein Brevier erhalten dürften, und daß sie unter sich in einer ihnen zur Verfügung stehenden Zelle ohne jede fremde Hilfe oder Zuziehung fremder Priester die Messe lesen dürften ...»[1]

Anfang Juni unterhält sich Pius XII. mit dem früheren italienischen Botschaftssekretär in Warschau, Soro:

«Wie ich höre, ist Sekretär Soro der ehemaligen italienischen Botschaft in Warschau, der dort noch bis etwa Ende April mit Abwicklung betraut war, kürzlich vom Papst in Privataudienz empfangen worden. Papst habe hierbei geäußert, er wisse wohl, daß die unzähligen Hetzerei-Gerüchte über Zustände im Generalgouvernement teilweise übertrieben seien. Er habe Soro, wenn ohne Indiskretion möglich, um Aufschluß gebeten, ob stets wiederkehrende Gerüchte von Sterilisation polnischer Frauen und Mädchen, deren angebliche Verschickung in deutsche Freudenhäuser und von Zunahme ihrer Vergewaltigung durch deutsche Besatzungstruppen sich auf Tatsachen stützen. Soro habe dies energisch in Abrede gestellt unter Hinweis darauf, daß ihm durch ununterbrochenen Aufenthalt in Warschau dortige Verhältnisse bestens bekannt seien, er selbst oftmals Einzelfällen nachgegangen sei und dabei stets Unbegründetheit der Gerüchte festgestellt habe ...»[2]

Hat sich der Papst durch das Leugnen des italienischen Diplomaten täuschen lassen? Die Fragen, die er stellt, lassen vermuten, daß er wahrscheinlich informiert war.

Anscheinend wurde die Haltung des Papstes bis Anfang 1940 von den Überlegungen bestimmt, die wir bereits herausgearbeitet haben, ferner seit Kriegsbeginn von dem Wunsche, jede Erklärung zu vermeiden, die die deutschen Katholiken zur Abwendung von Rom hätte bewegen können.

1. Aufzeichnung Weizsäckers vom 15. 3. 1940, Archiv AA, StS: V.
2. Telegramm Bergens an Berlin Nr. 75 vom 6. 6. 1940, ebd.

Ende Juni 1940 scheint ein neuer Faktor die Haltung des Papstes zu beeinflussen, der später entscheidend wird: Die Bedrohung durch die Sowjetunion.

DRITTES KAPITEL

Der Beginn der europäischen Neuordnung

Juni 1940 bis Juni 1941

I. Die Vermittlertätigkeit Pius' XII. und die Bedrohung durch die Sowjetunion

Am 28. Juni 1940 schickt Bergen an Ribbentrop das folgende persönliche Geheimtelegramm:

«Kardinalstaatssekretär bat mich heute zu sich und überreichte mir nachstehende, in Übersetzung wiedergegebene Botschaft des Papstes mit dem Ersuchen, sie baldtunlichst an den Führer und Reichskanzler weiterzugeben.

‹Tief besorgt in Voraussicht der unzähligen Todesopfer und der nicht wiedergutzumachenden Verheerungen, zu denen das – nunmehr nahe bevorstehende – Wiederaufflammen der Kriegshandlungen führen wird, möchte Heiliger Vater – aus eigener Initiative und in der alleinigen Absicht, sein äußerstes für die Rettung der Menschheit und der Zivilisation aufzubieten, überzeugt, daß ein gerechter und ehrenvoller Friede im Wunsche der Völker liege und daß die Verlängerung des Krieges leicht weitere Kämpfe und Krisen nach sich ziehen könnte – sich an Regierungen Deutschland, England und Italien wenden mit der Bitte, die Wege der gemeinsamen Verständigung zu versuchen, um zu einer Beendigung des Konflikts zu gelangen. S. Heiligkeit wünscht jedoch vor Einleitung dieses Schritts, daß Ew. Exzellenz Ihre Regierung vertraulich befragen, welche Aufnahme eine derartige Aufforderung Papstes bei ihr finden könnte.›

Gleicher Schritt erfolgte bei italienischem Botschafter. Analoge Mitteilung wird britischer Regierung durch Apostolischen Delegaten in London zugehen, da hiesiger englischer Gesandter beim Heiligen Stuhl keine Verbindung mit seiner Regierung hat.

Kardinalstaatssekretär betonte mündlich nochmals, daß Vermittlungsabsicht Papstes auf eigenster Initiative beruht …

Ich wäre für Weisung zwecks Beantwortung der Anfrage dankbar.»[1]

1. Telegramm Bergens an Ribbentrop Nr. 87 vom 28. 6. 1940, ADAP D X S. 42.

Seit einigen Tagen verstärkt Hitler seinerseits seine Bemühungen, England zu bewegen, der Einstellung der Feindseligkeiten zuzustimmen. Am 14. Juni gewährt er dem amerikanischen Journalisten Karl von Wiegand ein Interview, in dem er insbesondere erklärt, er habe keinerlei Interesse daran, Großbritannien zu zerstören, ja nicht einmal, sein Empire anzutasten. Gleichzeitig wenden sich die Nationalsozialisten an verschiedene Mittelsmänner, zum Beispiel den Fürsten von Hohenlohe, den früheren Völkerbundskommissar in Danzig, Burckhardt, an Schweizer Diplomaten u. a. m.

Die Demarche des Papstes entspringt gewiß dem Wunsch nach einer Wiederherstellung des Friedens. Doch ist es ebenso wahr, daß die deutsche Führungsrolle auf dem ganzen europäischen Kontinent gesichert gewesen wäre, wenn England der Unterzeichnung eines Friedensvertrages zugestimmt hätte. Möglicherweise hat Pius XII. diese Gefahr geahnt, sich aber trotzdem entschieden, die deutschen Bemühungen zu unterstützen, und zwar mit Rücksicht auf eine Gefahr, die ihm noch drohender zu sein schien: die Expansion der Sowjetunion in Europa.

Im Augenblick der Kapitulation Frankreichs annektierte die Sowjetunion die baltischen Staaten und zwang wenige Tage danach Rumänien zur Abtretung Bessarabiens und der Nordbukowina. Der Papst war wahrscheinlich der Ansicht, die UdSSR werde die Gelegenheit nützen und ihre Herrschaft in Osteuropa noch weiter ausdehnen, falls sich das Deutsche Reich noch weiterhin in einem Krieg, der lang und schwierig zu werden drohte, um die Niederwerfung Großbritanniens bemühte. Vielleicht ist es nicht völlig ausgeschlossen, daß Pius XII. im stillen die Hoffnung hatte, ein Friede zwischen Berlin und London könne es dem Reich ermöglichen, sich gegen die Sowjetunion zu wenden und sie vom atheistischen Kommunismus zu befreien. (Wir machen darauf aufmerksam, daß wir kein Dokument aus dem Jahre 1940 besitzen, das auf eine solche Absicht hinweist, und daß es sich lediglich um eine Hypothese unsererseits handelt.)

Am 3. Juli sondiert Nuntius Orsenigo in der Wilhelmstraße das Terrain: Weiß man etwas über die englische Haltung gegenüber der Demarche des Papstes? Weizsäcker erwidert, er wisse nur, was in den amtlichen englischen Reden stehe, die anscheinend unnachgiebig seien. Bezüglich der Haltung Deutschlands weicht der Staatssekretär einer direkten Antwort aus; er erklärt, das Reich setze seine Vorbereitungen zum Angriff gegen England fort.[1]

1. Aufzeichnung Weizsäckers vom 3. 7. 1940, Archiv AA, StS: V.

Am 19. Juli macht Hitler Großbritannien in einer großen Reichstagsrede ein offizielles Friedensangebot. Die britische Antwort läßt nicht lange auf sich warten: «Wir werden weiterkämpfen», verkündet Lord Halifax am 21. Juli, «bis die Freiheit gesichert ist.»

Am 26. Juli teilt Weizsäcker dem Nuntius die Antwort des Reiches auf die Botschaft Pius' XII. mit:

«... Wir glaubten schon seit einiger Zeit über eine Antwort aus London auf die Sondierung der Kurie in der Friedensfrage so weit unterrichtet zu sein, daß die englische Haltung als eine negative betrachtet werden müsse.

Die deutsche Äußerung zu der Sondierung der Kurie sei nun ja faktisch mit der Rede des Führers vom 19. d. M. gegeben. Die Antwort von Lord Halifax in seiner Radioansprache vom 21. bestätige vollauf unsere Ansicht von der Halsstarrigkeit der britischen Regierung. Offenbar wolle England eben den Krieg, den es dann mit allen seinen Schrecken haben würde.

Der Nuntius fand auch seinerseits den englischen Eigensinn unerklärlich. Im Gegensatz hierzu anerkannte er voll die unzweideutigen Äußerungen des Führers, nun sei eben wohl nichts mehr zu wollen. Zur Eheschließung gehörten immer zwei.»[1]

Der Krieg geht weiter.

II. Eine unergründliche Persönlichkeit

Man erinnert sich, daß Pius XII. Ende Dezember 1939 bei seiner Neujahrsaudienz gegenüber den deutschen Diplomaten trotz der beunruhigenden Nachrichten aus Polen eine betonte Herzlichkeit an den Tag legte. Wir haben die Vermutung angedeutet, daß dadurch der Papst mögliche Auswirkungen der Enzyklika *Summi Pontificatus* abschwächen wollte, um das Gespräch mit dem Reich in Gang zu halten. Die Dokumente, die wir nunmehr vorlegen werden, sind nicht so leicht zu erklären.

Im Laufe des Sommers und Herbstes 1940 erhält der Vatikan zahlreiche Nachrichten über neue Verhaftungen polnischer Priester. Am 20. September 1940 beschreibt von Weizsäcker ein Gespräch mit dem Apostolischen Nuntius Orsenigo über dieses Thema:

1. Aufzeichnung Weizsäckers vom 26. 7. 1940, Archiv AA, StS: V.

«Der Nuntius brachte heute bei mir folgendes vor: Nach den ihm zugegangenen Mitteilungen seien vor kurzem an vielen Orten im ehemaligen Polen (er nannte Gnesen, Posen, Kutno usw.) in mehreren Wellen Priesterverhaftungen vorgekommen, die sich heute schon auf ca. 200 Personen erstrecken dürften. Viele Pfarreien seien verwaist. Er habe zwar diese Mitteilungen nicht nachprüfen können, fürchte aber, daß sie zuträfen. Ein Grund für die Verhaftungen sei ihm nicht zu Ohren gekommen. Er habe gehofft, es werde sich um vorübergehende Maßnahmen handeln, anscheinend aber seien die Verhafteten nach Dachau oder Oranienburg verbracht worden. Wenn die Nachrichten sich bestätigen sollten, was er mich nachzuprüfen bitte, so wäre er dankbar für Angabe der Gründe. Er möchte annehmen, daß es sich um Maßnahmen untergeordneter Organe und nicht um Zentralweisungen handele.»[1]

Am 26. November bestätigt ein Bericht der Sicherheitspolizei die Einzelheiten, die Weizsäcker von Orsenigo unterbreitet worden waren:

«Auf vorstehende Anfrage teile ich mit», schrieb ein Funktionär der Gestapo an Gesandten Luther, «daß in den eingegliederten Ostgebieten vor einiger Zeit eine Anzahl polnisch-katholische Geistliche in Haft genommen worden sind. Bei den getroffenen Maßnahmen handelt es sich aber nicht um ein allgemeines Vorgehen, sondern um verschiedene Einzelaktionen, deren Durchführung aus sicherheitspolizeilichen Gründen dringend erforderlich war. Festgenommen wurden lediglich solche Geistliche, die sich entweder staatsfeindlich betätigten oder die durch ihr nach außen hin gezeigtes propolnisches Verhalten die deutsche Aufbauarbeit zu stören bemüht waren.

Die ergriffenen Maßnahmen waren daher zur Aufrechterhaltung der öffentlichen Sicherheit und Ordnung dringend erforderlich.

Bemerken möchte ich noch, daß noch eine genügende Anzahl katholischer Geistlicher in den in Frage kommenden Gebieten ihr Amt versehen, so daß die seelsorgerische Betreuung sowohl der deutsch-katholischen als auch der polnisch-katholischen Bevölkerungsteile in jeder Weise gesichert ist.»[2]

1. Aufzeichnung Weizsäckers Nr. 721 vom 20. 9. 1940, ebd.
2. Aufzeichnung der Abteilung IV A 4a der SIPO für Luther vom 26. 11. 1940, Archiv AA, StS: V.

Am 11. Dezember wendet sich Nuntius Orsenigo noch einmal wegen der verhafteten Priester an Weizsäcker:

«Der Nuntius fragte mich heute», schrieb der Kardinalstaatssekretär, «ob die Übersiedlung der im Konzentrationslager befindlichen katholischen Geistlichen nach Dachau bereits im Gange sei. Ich konnte ihm hierüber keine Auskunft geben.

Beiläufig bemerkte der Nuntius, er glaube zu wissen, daß in Dachau für diese Geistlichen ein ziemlich großer Raum von kapellenähnlichem Charakter errichtet werde. Der Nuntius erwähnte dies freudig.»[1]

Unter diesen Umständen empfängt am 16. Januar 1941 der Papst den deutschen Botschafter zur Neujahrsaudienz:

«In der mir heute erteilten Neujahrsaudienz habe ich dem Papst Glückwünsche des Führers und der Reichsregierung persönlich wiederholt.

Pius XII. bat mich, seinen aufrichtigen Dank zu übermitteln; er erwidere die Glückwünsche herzlichst für den Führer, die Regierung und das ganze deutsche Volk. Er erwähnte besonders Herrn Reichsaußenminister, an dessen Besuch im vergangenen Jahre er sich gern erinnere. Im Laufe der Unterhaltung, die sonst privaten Charakter trug, bemerkte ich, daß meiner Ansicht nach eine generelle Regelung schwebender Fragen erst nach Beendigung des Krieges erfolgen könne. Der Papst nickte zustimmend und wies darauf hin, daß der Herr Reichsaußenminister sich in diesem Sinne geäußert hätte.

Anschließend stellte ich dem Papst Mitglieder der Botschaft vor; er begrüßte alle auf das freundlichste und richtete sodann an uns eine kurze deutsche Ansprache mit warmen Worten der Beglückwünschung und gedachte mit Freuden seines langen Aufenthalts in Deutschland, mit dem ihn schönste Erinnerungen verbinden.»[2]

Am 24. März schrieb Bergen an die Wilhelmstraße:

«Von einflußreichen italienischen Freunden werde ich immer eindringlicher auf hier verbreitete angeblich durch Londoner Rund-

1. Aufzeichnung Weizsäckers vom 11. 12. 1940, ebd.
2. Telegramm Bergens Nr. 4 vom 16. 1. 1941, ebd.

funk ausgewertete Gerüchte aufmerksam gemacht, denen zufolge in Deutschland Insassen von Irrenanstalten und Altersheimen durch einschläfernde Mittel oder Einschränkung der Lebensmittelrationen beseitigt und zu Versuchsobjekten von Kampfgas gemacht würden. Die Angehörigen erhielten entweder die Aschenurne oder rührselig gehaltene Schreiben des Inhalts, alle Pflege und ärztliche Kunst hätten leider nicht vermocht, den Patienten zu retten. Die Anzahl bisheriger Opfer beläuft sich auf viele Tausende ...

Anfang Dezember 1940 veröffentlichte das heilige Offizium die mit Bericht vom 6. Dezember 1940 A. 848 gemeldete Entscheidung, wonach es nicht erlaubt sei, ‹auf Befehl der Obrigkeit Menschen zu töten, die ... der Kongegration zur Last fallend und ihrer Kraft und Stärke entgegenstehend, beurteilt werden›.[1] Sie war offenbar durch die angeblichen Vorgänge in Deutschland veranlaßt worden.

Aufgefallen war mir anläßlich Einspruchserhebung gegen eine vatikanische Rundfunksendung eine an zuständiger Stelle gefallene Bemerkung, es lägen weit schwerwiegendere Nachrichten vor, die mit Rücksicht auf Deutschland weder in der vatikanischen Presse noch im vatikanischen Rundfunk bekanntgegeben worden wären.»[2]

Am 21. März berichtet der deutsche Gesandte in Lissabon:

«*A Voz* von heute gemeldet als Nachricht aus dem Vatikan siebenhundert katholische Geistliche seien im Konzentrationslager Oranienburg, Dachau, Buchenwald und Oswiecim erschossen worden und weitere dreitausend katholische Geistliche befänden sich noch in Konzentrationslagern.»[3]

1. Die Entscheidung des Heiligen Offiziums, auf die Bergen anspielt, datiert vom 2. Dezember (und nicht vom 6.) und lautet wie folgt: «Es ist verboten, auf Befehl der staatlichen Obrigkeit Personen zu töten, die kein der Todesstrafe unterliegendes Verbrechen begangen haben, sondern die lediglich auf Grund der Tatsache einer psychischen oder physischen Krankheit der Nation nicht länger nützlich sein können und die man sogar als eine Last und ein Hindernis für die kräftige Entwicklung der Gemeinschaft ansehen kann.» Acta Apostolicae Sedis 1940 S. 553. Man beachte jedoch, daß dieser Text weder im *Osservatore Romano* veröffentlicht noch vom Radio Vatikan gesendet wurde. Die Acta sind auf lateinisch abgefaßt.

2. Telegramm Bergens an Berlin Nr. 19 vom 24. 3. 1941, Archiv AA, StS: V.

3. Telegramm von Huene an Berlin Nr. 555 vom 21. 3. 1941, ebd.

Die Nachricht trifft zu. Während am 4. März den Vatikan Informationen über die Tötung von mehreren tausend Geisteskranken und mehreren hundert polnischen Priestern erreichen, schickt der deutsche Botschafter in Rom folgenden persönlichen Bericht an Ribbentrop:

«Der künstlerische Beirat des Generalintendanten Tietjen, Dr. Erich von Prittwitz-Gaffron, aufsuchte mich soeben, um mir in dessen Auftrag folgendes zu unterbreiten:

‹Gestern, 3. März, erschien bei Generalintendanten Tietjen ein Beauftragter des Papstes und mitteilte in dessen direktem Auftrag, daß der Papst sich außerordentlich freuen würde, wenn die Möglichkeit bestünde, am Ende des Gastspiels der Berliner Staatsoper in Rom ein Konzert der Staatskapelle im Vatikan zu veranstalten, bei dem in Konzertform die letzte Szene des Musikdramas ‹Parsifal› aufgeführt würde. Der Papst ließ durch seinen Bevollmächtigten zum Ausdruck bringen, daß er die künstlerische Höhe der Leistungen der Staatsoper aus der Zeit kenne, in der er als Nuntius in Berlin gewirkt und die großen Wagner-Aufführungen unter der szenischen Leitung des Generalintendanten Tietjen oft zu bewundern Gelegenheit gehabt habe. ...»[1]

Am 6. März gibt Ribbentrop seine Zustimmung.[2] Das Konzert kann stattfinden.

Nur das Archiv des Vatikans kann Auskunft darüber geben, ob die Predigten des Bischofs Graf Galen von Münster, der im August 1941 öffentlich gegen die Tötung von Geisteskranken protestierte und Hitler drängte, diese Aktion abzubrechen, auf eine Weisung des Papstes zurückgingen oder der persönlichen Initiative des Bischofs zu danken waren. Das Archiv Wilhelmstraße gibt über diesen Punkt keine Auskunft.

1. Telegramm Mackensens an Ribbentrop Nr. 481 vom 4. 3. 1941, Archiv AA, StS: V.

2. Telegramm Ribbentrops an Mackensen Nr. 150 vom 6. 3. 1941, ebd.

III. Die politische Haltung des Heiligen Stuhls im Frühjahr 1941

Am 15. Februar schreibt Ribbentrop an Bergen:

«In einem mir zugegangenen vertraulichen Bericht ist folgende Bemerkung enthalten: ‹Außerordentlich optimistisch hat sich überraschenderweise in der letzten Zeit der Papst mehrfach über die deutschen Siegesaussichten geäußert. Er hat in Gesprächen mit hohem italienischen Adel keinen Zweifel darüber gelassen, daß sich jedermann in Italien an den Gedanken eines sicheren Sieges Deutschlands gewöhnen müsse.›

Ich bitte Sie hierzu um umgehenden ausführlichen Bericht.»[1]

Bergen erwidert:

«Der Botschaft sind wiederholt interessante Äußerungen des Papstes hinterbracht worden, die bei zwangloser Unterhaltung im Anschluß an feierliche Empfänge ... oder im Laufe von Privataudienzen gefallen ... sind. Soweit von Fall zu Fall eine Nachprüfung sich ermöglichen ließ, konnte meist festgestellt werden, daß die wiedergegebenen Bemerkungen aus dem Zusammenhang gerissen waren oder durch eine weniger objektive als phantasievolle Erzählung erheblich abgeändert weitergegeben wurden. Eine ähnliche Bewandtnis dürfte es mit den mir von Ihnen gütigst zur Kenntnis gebrachten Äußerungen haben. Ich halte sie in dieser Form für wenig wahrscheinlich, nicht etwa weil Pius XII. an unserem Endsieg Zweifel hegt oder gar das Gegenteil wünschen könnte, sondern weil er geradezu ängstlich darauf bedacht ist, als übernationales geistliches Oberhaupt der Katholiken aller Länder in Äußerungen über den mutmaßlichen Ausgang des Krieges Vorsicht und Zurückhaltung zu üben ...

... Zweifellos haben unsere gewaltigen militärischen und außenpolitischen Erfolge ihren Eindruck beim Papst und bei seiner Umgebung nicht verfehlt. Dies ergibt sich auch aus Äußerungen Pius' XII. besonders nahestehender Persönlichkeiten, die Deutsch-

1. Telegramm Ribbentrops an Bergen Nr. 58 vom 15. 2. 1941, ebd.

land mit Selbstverständlichkeit als den Präsumtivsieger in diesem Ringen bezeichnen ... Dabei ist zu bedenken, daß der Papst bei aller durch seine Stellung gebotenen Unparteilichkeit doch letzten Endes als Italiener empfindet und schon aus diesem Grunde rein gefühlsmäßig niemals eine Niederlage der Achsenmächte wünschen kann. Darüber hinaus aber steht der Papst seiner inneren Einstellung nach ganz zweifellos außer dem italienischen keinem anderen Volk näher als dem deutschen, für dessen große Eigenschaften er unverhohlene Bewunderung hegt; seine Ressentiments sind rein kirchenpolitischer und religiöser Natur. Ihn als ‹Franzosenfreund› abzustempeln, wie dies in Unkenntnis der Verhältnisse und deren Hintergründe auch von deutscher Seite oft geschieht, ist demnach durchaus abwegig.

Bei aller Sympathie für die Achsenmächte würde Pius XII. indes in der restlosen Vernichtung unserer Gegner oder in einer allzu langen Dauer des Kriegs die Gefahr weiteren Vordringens des Bolschewismus mit seinen antireligiösen Begleiterscheinungen erblicken.

Das Streben Pius' XII. geht daher nach wie vor dahin, zu einer möglichst baldigen Beendigung des Krieges beitragen zu können, wobei ihm wohl auch der Gedanke vorschwebt, zu gegebener Zeit – wenigstens hinter den Kulissen – eine Vermittlerrolle zu spielen. Es liegt auf der Hand, daß er durch unvorsichtige Äußerungen zugunsten der einen oder der anderen Partei jede Aussicht auf eine solche Rolle nur selbst präjudizieren würde.»[1]

Bergens Bericht bestätigt die von uns vorgetragenen Hypothesen zur Vermittlertätigkeit des Papstes im Juni 1940: Im Augenblick beunruhigt Pius XII. vor allem eine mögliche Ausdehnung des Kommunismus infolge des Krieges. Daher möchte er, obgleich ein im Jahre 1940 oder Anfang 1941 geschlossener Friede die Hegemonie des nationalsozialistischen Deutschland auf dem Kontinent besiegeln müßte, so bald wie möglich zur Einstellung der Feindseligkeiten beitragen können.

Wie einleuchtend die politischen Erwägungen des Papstes Bergen auch erscheinen mögen, in den Vereinigten Staaten versteht man sie weniger gut. Am 24. Mai schickt der deutsche Nachrichtendienst folgenden etwa am 10. Mai verfaßten Bericht an die Wilhelmstraße ab:

1. Telegramm Bergens an Ribbentrop Nr. 9 vom 15. 2. 1941, Archiv AA, StS: V.

«In vatikanischen politischen Kreisen herrscht lebhafte Besorgnis wegen eines Schriftwechsels zwischen dem Hl. Stuhl und dem New Yorker Erzbischof, der bevollmächtigt ist, in einer Friedensaktion zeitweilig die Verbindung zwischen dem Vatikan und der amerikanischen Regierung aufrechtzuerhalten. Der Erzbischof fordert vom Vatikan, daß von den kämpfenden Parteien als Grundlage für Friedensvorschläge die Anerkennung des ethnographischen Prinzips bei der Bestimmung der neuen Grenzen verlangt wird. Dies sei auch die Forderung der amerikanischen Regierung für eine gemeinsame Aktion. Ebenso wie der Erzbischof hat auch die polnische Delegation beim Vatikan unzweideutig erklärt, daß nur eine klare Haltung des Vatikans in dieser Beziehung bei den amerikanischen und polnischen Katholiken die Autorität des Papstes aufrechterhalten und gewisse Zweifel in eine unabhängige Politik des Hl. Stuhles zerstreuen kann, die infolge der unklaren Formulierungen aller Erklärungen des Papstes anläßlich der bisherigen großen Ereignisse entstanden seien. Im Vatikan wird über den Schriftwechsel mit dem Erzbischof von New York strengste Geheimhaltung geübt.»[1]

Der Heilige Stuhl befindet sich offensichtlich in einem Dilemma: für die Angelsachsen ist ein Friede nur vorstellbar, wenn die Unabhängigkeit Polens und eventuell der Tschechoslowakei wiederhergestellt wird. Das bedeutet in diesem Zusammenhang das Wort von der Beachtung der ethnographischen Prinzipien. Selbstverständlich sind für das Reich derartige Bedingungen ganz unannehmbar, und der Papst kann sich gegenüber Deutschland nicht die geringste Erklärung in diesem Sinne erlauben. Aber sein Schweigen schadet seinem moralischen Ansehen in den Vereinigten Staaten immer mehr und beeinträchtigt dadurch die Chancen seiner Vermittlungsversuche.

Ein merkwürdiger Bericht über die Beziehungen zwischen den Amerikanern und dem Vatikan erreicht im Juli 1941 die deutsche Abwehr. Der Bericht ist im Juni vor Beginn des Rußlandfeldzuges von einem Agenten verfaßt, der mit dem Heiligen Stuhl in Verbindung steht:

«Der Vertreter des amerikanischen Sondergesandten am Vatikan, Tittman, hatte vor einigen Wochen mehrere Gespräche mit dem Papst Pius XII. T. beschwerte sich beim Papst darüber, daß der Vati-

1. Bericht von Inf. III Nr. 139 vom 24. 5. 1941, Archiv AA, StS: V.

kan den Diktatoren gegenüber viel zu nachgiebig sei. Er wies bei dieser Gelegenheit auf folgende, in der Öffentlichkeit kaum bekannte, Tatsache hin: Schon vor dem Kriege befand sich der Vatikan in dauernder Geldverlegenheit; inzwischen sind die größten Zahler: Niederlande, Belgien, Frankreich, Österreich, Spanien ausgefallen; deshalb erhält der Vatikan seit Kriegsausbruch regelmäßig eine beträchtliche Geldsumme aus den USA, die als Sammlung der amerikanischen Katholiken bezeichnet wird, in Wirklichkeit aber aus Geheimfonds Roosevelts stammt. – Tittman pochte auf diese Geldzuwendungen der USA wie ein Bankier, der von seinem Schuldner Rechenschaft fordert. Der Papst antwortete trotz des ungewöhnlich scharfen Tones nachgiebig, das amerikan. Geld sei zum größten Teil zur Errichtung eines Netzes von V-Leuten in den verschiedensten Ländern angewendet worden; man müsse in USA die Haltung des Vatikans verstehen. Der Krieg Deutschland–Rußland stehe vor der Tür; der Vatikan werde alles tun, um den Kriegsausbruch zu beschleunigen und Hitler dazu sogar unter Zusage moralischer Hilfestellung ermuntern. Deutschland werde gegen Rußland siegen, aber es werde so erheblich geschwächt sein, daß man dann ihm gegenüber ganz anders auftreten könne.

Ähnliche Erklärungen hat der Papst auch dem polnischen Botschafter am Vatikan Dr. Papée gegeben, als dieser sich in einer Privataudienz über die fehlende Unterstützung Polens seitens des Vatikans beklagte. Der Papst betonte, das durch den Russenkrieg geschwächte Deutschland werde unter Druck dazu gebracht werden, Polen wiederaufzurichten.»[1]

Es erübrigt sich zu sagen, daß dieser Bericht mit großer Vorsicht zu lesen ist.

Am 22. Juni 1941 beginnen die Deutschen ihre Offensive gegen die Sowjetunion.

1. Aufzeichnung Amt Ausland/Abw. III Nr. 2143 vom 12.7. 1941, Archiv AA, Pol I M.

Der deutsche Angriff gegen die UdSSR. Der Kriegseintritt der Vereinigten Staaten. Die erste Phase der Judenvernichtung

Juni 1941 bis Dezember 1941

I. Der deutsche Angriff gegen die UdSSR

«Nach den mir von einem zuverlässigen Gewährsmann wiedergegebenen Äußerungen leitender Persönlichkeiten Staatssekretariats hat unser Einmarsch in Rußland im Vatikan nicht überrascht», schreibt Bergen am 24. Juni 1941.

«Kennzeichnend für die Aufnahme im Vatikan seien die beiden folgenden Bemerkungen:

1. Die Ausdehnung des Krieges auf Rußland werde erheblich zu der für die Neuordnung Europas notwendigen Klärung beitragen. Es sei zu befürchten gewesen, daß der Bolschewismus als Machthaber in Europa, ja in der ganzen Welt bis zum Ende des Krieges unberührt bleibt, ja sogar gestärkt aus ihm hervorgehen könne, während alle übrigen sozialen Kräfte in Mitleidenschaft gezogen würden. Durch eine Niederwerfung Rußlands sei zum mindesten eine erhebliche Schwächung des bolschewistischen Einflusses in der Welt unausbleiblich.

2. Das gottlose Rußland an der Seite der ‹Demokratien› nehme diesen Vorwand, von einem ‹Kreuzzug für das Christentum› zu sprechen. Der Vatikan habe schon bei früherer Gelegenheit ein solches Argument zur Rechtfertigung dieses Krieges zurückgewiesen.

In dem Vatikan nahestehenden Kreisen wird dieser neue Abschnitt des Krieges mit einem gewissen Aufatmen begrüßt und mit besonderem Interesse verfolgt.»[1]

Die von Bergen beschriebene Haltung des Vatikans kann kaum bezweifelt werden: sie entspricht den früheren Stellungnahmen des Heiligen

1. Telegramm Bergens an Berlin Nr. 40 vom 24. 6. 1941, Archiv AA, StS: V.

Stuhls gegenüber der bolschewistischen Gefahr und wird von den noch folgenden Dokumenten mehrfach bestätigt. Der negative Ton des Heiligen Stuhls gegenüber den Demokratien ist nicht erstaunlicher, denn diese gehören nunmehr zu den Verbündeten der Sowjetunion (tatsächlich wie Großbritannien oder potentiell wie die Vereinigten Staaten). Aber welche Position bezieht der Heilige Stuhl offiziell?

Die Deutschen können sich über eine indirekte Sympathiekundgebung freuen: bis zum 22. Juni 1941 erwähnt der Vatikansender häufig mehr oder weniger verschleiert das Schicksal der Kirche in Polen. Im Juni beschwert sich Bergen darüber beim Papst.[1] Seit dem Beginn des Rußlandfeldzuges verschwindet jede unfreundliche Anspielung auf das Deutsche Reich aus den Programmen des Vatikansenders. Am 26. Juni schreibt Weizsäcker:

«Der Nuntius fragte mich heute, ob wir wegen des Vatikan-Radios neue Beschwerden vorzubringen gehabt hätten. Ich habe das für die letzte Zeit verneint.»[2]

Und am 3. Juli:

«Der Nuntius fragte mich heute wieder, ob in der letzten Zeit der Vatikansender bei uns unangenehm aufgefallen sei. Ich erwiderte, ich hätte in der letzten Zeit Klagen über den Vatikansender nicht gehört.»[3]

Eine klare Stellungnahme des Heiligen Stuhls für die Aktion des Deutschen Reiches gegen die Sowjetunion bleibt jedoch aus.

Am 23. August analysiert Geschäftsträger Menshausen in einem langen Bericht die Haltung des Vatikans:

«Der Papst hat zu dem Kriege gegen die Sowjetunion in seinen öffentlichen Äußerungen bisher keine direkte Stellung genommen. Indes steht fest, daß sich eine Stelle in seiner Rundfunkansprache vom 29. Juni d. J. (Fest der Apostel Petrus und Paulus) auf den Kampf gegen den Bolschewismus bezieht. Es heißt dort nach der amtlichen deutschen Übersetzung (Drahtbericht Nr. 42 vom 29. Juni d. J.): ‹Gewiß, es fehlt mitten in dem Dunkel des Gewitters nicht an

1. Brief Bergens an Berlin vom 22. 6. 1941, DGFP D XII S. 1082.
2. Aufzeichnung Weizsäckers vom 26. 6. 1941, Archiv AA, StS: V.
3. Aufzeichnung Weizsäckers vom 3. 7. 1941, ebd.

Lichtblicken, die das Herz zu großen, heiligen Erwartungen erheben: Großmütige Tapferkeit zur Verteidigung der Grundlagen der christlichen Kultur und zuversichtliche Hoffnungen auf ihren Triumph …› Wie ich von unterrichteter Seite höre, hat Pius XII. hiermit der Hoffnung Ausdruck geben wollen, daß die großen Opfer, die dieser Krieg erfordert, nicht umsonst wären und nach dem Willen der Vorsehung zum Siege über den Bolschewismus führten. (Gegen den ‹bolschewistischen und atheistischen Kommunismus› hat sich Pius XI. in seiner Enzyklika *Divini Redemptoris* vom 19. März 1937 grundlegend geäußert – vgl. Bericht Nr. 72 vom 19. März 1937.)

An öffentlichen Äußerungen sonstiger vatikanischer Stellen ist nur eine Ansprache bekannt, die der Sekretär der Kongregation der Propaganda Fide, Erzbischof Costantini, bei einem Festgottesdienst in der Basilika von Concordia (Provinz Venedig) Anfang dieses Monats gehalten hat und worin er nach italienischen Pressemeldungen u. a. folgendes sagte: ‹Gestern auf spanischem Boden, heute im bolschewistischen Rußland selbst, in jenem unermeßlichen Land, wo Satan in den Oberhäuptern der Republiken seine Stellvertreter und besten Mitarbeiter gefunden zu haben schien, schlagen jetzt tapfere Soldaten auch unseres Vaterlandes die größte Schlacht. Wir wünschen von ganzem Herzen, daß diese Schlacht uns den abschließenden Sieg und den Untergang des auf Verneinung und Umsturz gerichteten Bolschewismus bringen möge.› – Zum Schluß rief Costantini den Segen Gottes auf die italienischen und deutschen Kämpfer herab, die ‹in dieser entscheidenden Stunde das Ideal unserer Freiheit gegen die rote Barbarei verteidigen›.

Über die Gründe, die den Vatikan zu seiner Zurückhaltung veranlaßt haben, dürfte der in der faschistischen Zeitschrift *Relazioni Internazionali* vom 2. August d. J. erschienene Artikel ‹Der Heilige Stuhl gegenüber den UdSSR› einen gewissen Aufschluß geben. Diese Zeitschrift wird bekanntlich von dem ‹Institut für die Studien internationaler Politik› (Mailand) herausgegeben und zuweilen vom italienischen Außenministerium als Sprachrohr benutzt. In hiesigen kirchlichen und diplomatischen Kreisen wird vielfach angenommen, daß dieser Artikel von zuständiger italienischer Seite veranlaßt und von einer Persönlichkeit verfaßt wurde, die mit den Gedankengängen des Vatikans vertraut ist. Der Inhalt deckt sich mit

Äußerungen, die mir ein dem Vatikan nahestehender Gewährsmann schon vor der Veröffentlichung des Artikels über die Einstellung des Vatikans gemacht hat.

Der Verfasser geht von der Feststellung aus, daß sich die internationale Presse seit Beginn der Feindseligkeiten gegen die UdSSR lebhaft dafür interessiert habe, welche Haltung der Heilige Stuhl einnehmen werde. In dem Maß, wie die militärischen Operationen vorangingen und in vielen Ländern Europas ‹eine ideale freiwillige Koalition gegen das bolschewistische Regime› entstand, habe die Erwartung, daß eine Klarstellung des vatikanischen Standpunktes erfolgen werde, von den journalistischen auf die politischen Kreise und sogar auf die Massen übergegriffen. Durch die amtliche Ankündigung, daß der Papst am Fest Peter und Paul im Radio über das Thema ‹Die göttliche Vorsehung in den heutigen Ereignissen› sprechen würde, sei die Erwartung noch gesteigert worden.

Die Rundfunkansprache vom 29. Juni habe jedoch keine spezifischen Erklärungen enthalten. Gleichwohl werde in den vatikanischen Kreisen darauf hingewiesen, daß die allgemeinen Wendungen, in denen die Rede gehalten sei, ‹Beweggründe und Grundsätze› hervortreten lasse, die geeignet wären, auf die Art und die Motive der Haltung des Vatikans im Kampf gegen Sowjetrußland ein Licht zu werfen.

Diese erkläre sich aus der ‹äußersten und doch wachsamen Zurückhaltung›, die der herkömmlichen Praxis des Heiligen Stuhls entspreche. Sie bedeute also keineswegs ein gleichgültiges Beiseitestehen oder eine etwa durch die Erwartung entscheidender Ereignisse bedingte Unschlüssigkeit.

Die römische Kirche habe ihren Standpunkt nicht nur gegenüber den Irrtümern der bolschewistischen ‹Mystik›, sondern auch gegenüber der bolschewistischen Regierung und dem Staat, der die Theorien in die Praxis umsetze, schon endgültig präzisiert. In der Enzyklika *Divini Redemptoris* zögere Pius XI. nicht – ein in der Geschichte der Kirche höchst seltener Fall –, sein Verdammungsurteil ausdrücklich und förmlich gegen das Regime und die Regierung zu schleudern: ‹Wir klagen das System an, seine Urheber und Förderer, die Rußland für das geeignetste Land hielten, dort ein seit Jahrzehnten ausgearbeitetes System praktisch anzuwenden, und die es von da aus unermüdlich in der ganzen Welt verbreiten!›

Daraus gehe klar hervor, daß nach Auffassung des Heiligen Stuhls der Bolschewismus als ein Übel angesehen werde, das nicht nur endemisch, sondern eine Gefahr für die ganze Welt sei und dessen erstes Opfer und sozusagen Grundlage für die künftige Ausdehnung in der Welt Rußland sei. Von dem in der Enzyklika dargelegten doktrinären und traditionellen Standpunkt der katholischen Kirche betrachtet, könne man die unbestreitbare Folgerung ziehen, daß der Heilige Stuhl die fortschreitende Zurückdrängung des atheistischen Bolschewismus bis zu seinem endgültigen Verschwinden nicht nur mit Wohlgefallen sehe, sondern geradezu wünsche und begünstige.

Unter diesen Umständen könne es niemandem entgehen, daß die reservierte und vorsichtige Haltung, die der Vatikan gegenüber dem bewaffneten Vorgehen gegen die UdSSR eingenommen habe, durch Erwägungen und Gründe von wesentlicher Bedeutung bestimmt sein müsse.

Ohne sich in Einzelheiten vertiefen zu wollen, deren genaue Kenntnis nur der höchsten kirchlichen Stelle vorbehalten sei, brauche man sich nur an die doktrinären Forderungen und die traditionellen Gepflogenheiten der Kirche zu halten, um die Hauptgesichtspunkte zu erkennen, die für die heutige Haltung des Vatikans gegenüber dem Kriege gegen die UdSSR richtunggebend seien.

In den vatikanischen Kreisen werde bemerkt, daß man vielfach von einem ‹Kreuzzug› spreche; allerdings könne die spontane, einmütige Teilnahme von Regierungen und Völkern an dem bewaffneten Kampf gegen den Bolschewismus an die christliche und katholische Bewegung erinnern, die im Mittelalter den bewaffneten Kampf gegen den Mohammedanismus aufnahm. Aber diese Bezeichnung habe in den Worten des Papstes keinen Widerhall gefunden. Wenn der Kampf gegen Sowjetrußland gewiß auch eine ideologische, ja religiöse Seite habe, so könne der Heilige Stuhl sie doch nicht als ausschließlich ansehen (wie es für ein Eingreifen seinerseits erforderlich wäre), weil sich mit diesem Moment, selbst wenn es primär sei, noch andere mehr zufälliger Natur – vor allem militärische und politische Interessen – verquickten. Hinzukomme, daß der Heilige Stuhl, so sehr er auch die bolschewistische Seuche ausgerottet sehen möchte, nicht habe wünschen können, daß dies um den Preis eines so gigantischen Kriegsgemetzels geschehe.

Der Artikel schließt folgendermaßen: ‹Wenn somit die antibolschewistische Haltung des Heiligen Stuhls – so bemerkt man im Vatikan – erwiesen ist und nicht bezweifelt werden kann, so muß man andererseits auch die besonderen Umstände verstehen, die ihn wegen seiner universalen Aufgaben und Ziele nötigten, auf einer ausschließlich geistigen und religiösen Ebene zu bleiben.›»[1]

Am 12. September vervollständigt Menshausen seinen im August abgesandten Bericht:

«In Ergänzung des Berichts vom 23. v. M. – A 479 –, betreffend Einstellung des Vatikans zum Kriege gegen die Sowjetunion, möchte ich Ihnen auf Grund von Unterhaltungen mit gut informierten, zum Teil auch maßgebenden Persönlichkeiten noch ein kleines Stimmungsbild geben:

Abgesehen von den in dem Bericht wiedergegebenen, mehr auf die Öffentlichkeit abgestellten Argumenten dürften die im Vatikan vorliegenden Nachrichten über die kirchenpolitischen Verhältnisse in Deutschland für die in unserem Kampf gegen das bolschewistische Rußland vom Papst bisher geübte Zurückhaltung mitbestimmend, wenn nicht ausschlaggebend gewesen sein. An hoher vatikanischer Stelle ließ man in verschiedenen Gesprächen, auf die Frage nach den Gründen dieser Zurückhaltung, durchblicken, daß nach der Entwicklung, die die Dinge in Deutschland und den in unserer Hand befindlichen Gebieten nähmen, zu befürchten sei, daß die katholische Kirche, ja das Christentum schlechthin nach Niederwerfung des Bolschewismus sozusagen vom Regen in die Traufe käme. Wenn der Papst jetzt gegen den Bolschewismus, gegen den sich der Heilige Stuhl ja wiederholt grundsätzlich geäußert habe, das Wort ergriffe, müsse er auch gegen ‹die antikirchlichen Maßnahmen und christentumsfeindlichen Tendenzen in Deutschland› Stellung nehmen; die im Vatikan hierüber ‹laufend eingehenden› Nachrichten lieferten ‹erdrückendes Material, um einen solchen Schritt zu rechtfertigen; das Schweigen des Papstes sei der beste Beweis, daß er alles verhüten möchte, was Deutschland zum Schaden gereichen könnte.

Eine mit der Stimmung im Vatikan vertraute, der italienischen Regierung nahestehende, hochgestellte Persönlichkeit schilderte in

1. Brief Menshausens an Berlin vom 23. 8. 1941, Archiv AA, StS: V.

vertraulicher Unterhaltung die Gründe für die Zurückhaltung des Papstes in unseren Kampf gegen das bolschewistische Rußland folgendermaßen: Pius XII. habe, als sich die kirchenpolitischen Maßnahmen im Reich zusehends verschärft hätten, geglaubt, ein längeres Schweigen hierzu nicht mehr verantworten zu können.[1] Von dem für notwendig erachteten Schritt habe er jedoch, als der Krieg gegen Sowjetrußland begann, Abstand genommen, um Deutschland und seinen Verbündeten in dieser für das Schicksal der Welt so entscheidenden Phase nicht zu schaden. Darüber hinaus in dem Kampf gegen Sowjetrußland öffentlich eindeutig Partei zu ergreifen, sei ihm deutscherseits unmöglich gemacht worden.

Mit seinem Herzen, so wird immer wieder versichert, stehe Pius XII. auf Seiten der Achsenmächte. Dabei wird auch auf die Worte hingewiesen, die er in seiner letzten Radioansprache vom 29. Juni d. J. an Italien richtete: ‹Mit dir (Rom) segnen Wir das ganze italienische Volk, das mit dem Vorzug, den Mittelpunkt der Einheit der Kirche umschließen zu dürfen, die offenkundigen Zeichen seiner göttlichen Sendung verbindet.› Im übrigen gäbe es Indizien genug, die die Einstellung des Vatikans kennzeichneten: Die Rede einer so prominenten Persönlichkeit, wie des Sekretärs der Kongregation der Propaganda Fide, Erzbischof Costantini (deren einschlägige Stellen in dem oben erwähnten Bericht wiedergegeben sind), sei in dieser Beziehung von besonderer Bedeutung, weil sie unmöglich ohne Einverständnis des Heiligen Stuhls gehalten worden sei. Auch die Kundgebungen des italienischen Klerus und zahlreiche in der katholischen Presse ganz Italiens erschienene Artikel, in denen die Bedeutung des Kampfes gegen den Bolschewismus beleuchtet wird, könne man auf vom Vatikan bzw. von der Katholischen Aktion gegebene Direktiven zurückführen.»[2]

Menshausens zweiter Bericht beschreibt anscheinend recht plausibel die Haltung Pius' XII. Daß der Papst den Sieg des Deutschen Reiches über

1. Die von Menshausen zitierte Persönlichkeit spielt wahrscheinlich auf die Maßnahmen der Deutschen gegen die Kirche in Polen an, von dem das Reich einen Teil, den «Warthegau», annektiert hatte (daher die Formulierung: «Maßnahmen im Reich»). Die Akten der Wilhelmstraße geben keine weitere Auskunft über die Absicht Pius' XII., 1940 oder Anfang 1941 seine Zurückhaltung aufzugeben; darüber könnte uns das Archiv des Vatikans Aufschluß geben.

2. Brief Menshausens an Weizsäcker vom 12. 9. 1941, Archiv AA, StS: V.

die Sowjetunion wünschte, ist möglich; daß eine offene Stellungnahme für Deutschland nicht möglich war, solange es die Kirche verfolgte, ist nicht weniger klar, vor allem, wenn man bedenkt, zu welchen Reaktionen eine solche Stellungnahme bei allen Katholiken in den besetzten Ländern und bei den amerikanischen Katholiken hätte führen müssen.

Zwei Dokumente, die sich auf Zeugnisse aus spanischer Quelle stützen, bestätigen die Haltung des Papstes gegenüber dem deutschen Angriff auf die UdSSR. Am 4. Oktober 1941 schreibt Weizsäcker:

«Der spanische Botschafter, der soeben aus Madrid hierher zurückgekehrt ist, übermittelte mir im Auftrage von Serrano Suñer den Inhalt zweier gleichlautender Gespräche, die der Nuntius in Madrid und der Nuntius [in Vichy] mit dem spanischen Botschafter in Vichy – also offenbar auftragsgemäß – geführt haben. Die beiden Vertreter der Kurie führten aus, dem Papst sei zugetragen worden, der Führer habe in Hendaye zu Franco gesagt, Papst Pius XII. sei ein Feind des Führers. Falls solche Worte gefallen wären, oder falls sie gar der Anschauung des Führers entsprächen, so bedauere dieses der Papst. Pius XII. habe freundschaftliche Gefühle für das Reich. Er wünsche dem Führer nichts sehnlicher als einen Sieg über den Bolschewismus. Nach einer entscheidenden Niederlage Sowjetrußlands werde der Moment vielleicht gekommen sein, wo der Friede sich ankündige. Der Papst würde es beklagen, wenn gerade nach dieser Leistung des Führers und des Dritten Reiches so unrichtige Vorstellungen von seinen Gefühlen bei uns in Deutschland herrschten. Suñer hat dem Madrider Nuntius gleich erwidert, die dem Papst zugetragene Information sei falsch. Der Führer habe im Gegenteil zu Franco geäußert, er lege Wert auf ein gutes Verhältnis zur Kurie, da er selbst ja in den Grenzen des Reiches 40 Millionen Katholiken beherberge ...»[1]

Das zweite vom 17. November datierte Dokument folgt unmittelbar auf das vorhergehende. Bergen schreibt an die Wilhelmstraße:

«Spanischer Botschafter beim Heiligen Stuhl Yanguas Messia, der nach viermonatlichem Urlaub aus Spanien zurückgekehrt ist und dieser Tage vom Papst in Privataudienz empfangen wurde, er-

1 Aufzeichnung Weizsäckers Nr. 666 vom 4. 10. 1941, Archiv AA, StS: V.

zählte mir, er habe Pius XII. im Auftrage Francos mitgeteilt, daß die dem Papst zugegangene Information, wonach der Führer in Hendaye zum Caudillo gesagt habe, Pius XII. wäre ein Feind des Führers, unzutreffend sei. Der Papst habe erwidert, er freue sich aufrichtig über diese Mitteilung, denn er hege nach wie vor nicht nur wärmste Sympathie für Deutschland, sondern auch Bewunderung großer Eigenschaften des Führers.»[1]

II. Der Kriegseintritt der Vereinigten Staaten

Trotz der offiziellen Zurückhaltung des Heiligen Stuhles gegenüber dem deutschen Angriff gegen die UdSSR lassen die deutschen Berichte vermuten, daß die amerikanischen Katholiken Pius XII. immer stärker eine Haltung zum Vorwurf machen, die einer Begünstigung der sogenannten Achsenmächte Deutschland, Italien und Japan gleichkommt. Am 18. Juli 1941 übermittelt der deutsche Geheimdienst der Wilhelmstraße folgende Information:

«... Im Vatikan wird die unangenehme Polemik zwischen dem Staatssekretär Maglione und dem katholischen Erzbischof von New York ... noch immer sorgfältig geheimgehalten. In einem seiner Briefe an den Vatikan hat sich der Erzbischof u. a. dahin geäußert, daß das Ansehen des Papstes angesichts seiner unklaren Erklärungen über die Verantwortlichkeit der einen oder anderen Seite der Kriegführenden in Amerika sinke und daß die amerikanischen Katholiken der Meinung des Papstes infolge seiner italienischen Herkunft nicht vertrauten. Man hege dort nicht ohne Grund den Verdacht, daß der Papst trotz allem mit den imperialistischen Bestrebungen Italiens sympathisiere, er könne deshalb bei den Massen der Gläubigen in USA nicht seine Autorität als geistiger Vater der katholischen Kirche bewahren. Der Staatssekretär hat hierauf geantwortet, daß er dem Papst diesen beleidigenden Brief nicht einmal zeigen könne, daß der Erzbischof nicht nur an die Heiligkeit der Meinung des Papstes glauben, sondern auch seine Autorität in den Augen der amerikanischen Katholiken verteidigen müsse. Der

1. Telegramm Bergens an Berlin Nr. 98 vom 17. 11. 1941, ebd.

Papst nimmt angeblich eine ganz klare Haltung im Streit der beiden kämpfenden Parteien ein; er verurteilt den Angriff Deutschlands und seine antikatholische Politik, aber mißbilligt gleichzeitig auch die Bestrebungen der reichen Völker England und Frankreich, die nicht bereit waren, einen Teil der von ihnen zufällig erworbenen kolonialen Reichtümer den verarmten Völkern Deutschland und Italien zu überlassen ... Die Verschlechterung der Beziehungen zwischen der Vatikanstadt und den amerikanischen Katholiken ist nicht mehr zu verbergen.»[1]

Im September kommt der Sonderbotschafter Präsident Roosevelts beim Heiligen Stuhl in einer kurzen Mission zum Vatikan. Er führt mehrere Gespräche mit dem Papst. Die deutschen Diplomaten beim Heiligen Stuhl geben zu, daß sie über diese Gespräche nur teilweise unterrichtet sind. Menshausen vermutet, der Präsident der Vereinigten Staaten habe sich noch einmal bemüht, eine Stellungnahme des Heiligen Stuhls zum Krieg gegen Hitler zu erlangen, und gleichzeitig versucht, die materielle Hilfe der Vereinigten Staaten an die Sowjetunion zu rechtfertigen, indem er unterstrich, diese habe soeben wieder Religionsfreiheit gewährt.[2]

Am 30. September schreibt der deutsche Botschafter in Madrid nach Berlin, der japanische Botschafter in der spanischen Hauptstadt habe ihn über den Inhalt der Gespräche zwischen dem Papst und Taylor informiert und ihn unterrichtet, er besitze dokumentarische Belege für seine Informationen:

«... Bei der ersten Mission Myron Taylors nach Rom habe dieser dem Papst im Auftrage Roosevelts die Parallelität der Interessen der USA und des Heiligen Stuhls hinsichtlich der Nichtweiterausbreitung des Krieges und der Wiederherstellung des Friedens dargelegt. Der Papst habe durch Note vom 7. Januar 1940 geantwortet, daß er gleicher Ansicht sei und daß durch Ausbreitung des Krieges alles für Glaube und Zivilisation verloren sein könne.

Dieses Mal habe Myron Taylor Auftrag von Roosevelt gehabt, dem Papst klarzumachen, warum die USA sich zu einer wenigstens kriegsähnlichen Stellungnahme und Teilnahme am Konflikt gezwungen gesehen hätten. Der Papst habe hierfür kein großes Ver-

1. Inf. III vom 18. 7. 1941, Archiv AA, StS: V.
2. Telegramm Menshausens an Berlin Nr. 57 vom 13. 9. 1941, ebd.

ständnis gezeigt und erneut betont, daß die Ausdehnung des Krieges das größte Verhängnis sein würde; er freue sich, daß die USA trotz dem allen noch neutral seien, da sie nur so für die Wiederherstellung des Friedens mit dem Heiligen Stuhl zusammen wirken könnten ...

Der japanische Gesandte betonte wiederholt, daß diese Information unbedingt zuverlässig sei.»[1]

Am 7. Dezember 1941 greifen die Japaner Pearl Harbor an, und die Vereinigten Staaten werden in den Konflikt hineingezogen. Am 11. Dezember schreibt Bergen nach Berlin:

«In maßgebenden vatikanischen Kreisen werde das Verhalten Roosevelts unverhohlen stark kritisiert. Der Präsident habe sich nicht nur nicht bemüht, die Erweiterung des Krieges auf andere Länder zu verhüten, sondern schließlich auch sein eigenes Land in den Krieg hineinmanövriert. Dieses Vorgehen sei um so mehr zu verurteilen, als er den Kontakt mit dem Vatikan zu Weihnachten 1939 auf Grundlage eines Programms aufgenommen habe, das nach seinen eigenen Erklärungen gerade darauf gerichtet gewesen sei, Ausdehnung des Krieges zu verhüten und auf jede Weise Friedensmöglichkeiten zu fördern.»[2]

Am 15. Dezember schickt Bergen einen ausführlicheren Bericht:

«Das Urteil über Roosevelt nimmt im Vatikan immer schärfere Formen an ... Das Urteil an maßgebender vatikanischer Stelle geht eindeutig dahin, daß es Roosevelt von vornherein an Aufrichtigkeit gefehlt und daß er ein falsches Spiel getrieben habe.

Zu dieser Beurteilung dürfte auch die Berichterstattung des Generaldirektors des vatikanischen Wirtschaftsdienstes Galeazzi – einer der engsten Vertrauten des Papstes – über seine Eindrücke während seines kürzlichen Aufenthalts in den Vereinigten Staaten (vgl. Bericht vom 25. Nov., A. 793) beigetragen haben. Wie ich zuverlässig höre, hat sich Galeazzi, der zu leitenden amerikanischen Persönlichkeiten gute Beziehungen unterhielt, sehr abfällig über die dortigen Verhältnisse geäußert. Trotz der Scharfmacherei der leitenden Stellen gegen die Achsenmächte habe er das Land denkbar un-

1. Telegramm Stohrers an Berlin Nr. 3383 vom 30. 9. 1941, Archiv AA, StS: V.
2. Telegramm Bergens an Berlin Nr. 113 vom 11. 12. 1941, ebd.

vorbereitet für den Kriegsfall gefunden. Die Streiks in wichtigen Industriezweigen hatten ihm geradezu den Eindruck einer Sabotierung der Rooseveltschen Politik gemacht. Die völlige Disziplinlosigkeit, die er auf allen Gebieten, auch im Gebaren des einzelnen Amerikaners, beobachtet habe, sei ihm im Gegensatz zu dem Ernst, mit dem die ihm auf der Reise begegneten Engländer den (fehlt eine Gruppe) des Krieges gegenüberstehen, besonders kraß aufgefallen.»[1]

Die Haltung des Vatikans gegenüber dem Kriegseintritt der Vereinigten Staaten hatte einen Erfolg, der nicht uninteressant ist. Im Januar bemühte sich Washington auf der Konferenz von Rio de Janeiro, die südamerikanischen Republiken zum Bruch ihrer Beziehungen mit Deutschland, Italien und Japan zu bewegen. Die nordamerikanische Aktion hatte keinen vollen Erfolg. Am 21. März übermittelt Bergen der Wilhelmstraße darüber folgende Information:

«Wie ich geheim erfahre, hat Heiliger Stuhl, anscheinend auf Betreiben italienischer Regierung, tatsächlich durch seinen diplomatischen Vertreter auf die an Konferenz von Rio de Janeiro beteiligten Länder im Sinne Beibehaltung Neutralität vor Zusammentritt Konferenz eingewirkt. Durch Meldung United Press habe er sich jedoch zu Dementi durch Apostolischen Delegaten in Washington gezwungen gesehen, um Vorwurf Einmischung oder Parteinahme zu vermeiden.»[2]

III. Die Gesetze gegen die Juden, die Konzentration und Vernichtung der Juden (Erste Phase)

In der Nacht zum 10. November 1938 töteten die Nationalsozialisten, um den Tod des Botschaftsrats vom Rath zu rächen, den der junge polnische Jude Grynszpan ermordet hatte, mehrere Dutzend Juden, brachten über 20 000 ins Konzentrationslager und steckten fast zweihundert Synagogen in Brand. Das war die berühmte «Kristallnacht». Im ganzen Deutschen Reich erhob nur ein einziger Priester seine Stimme zum Protest, Propst Lichtenberg in der St. Hedwigs-Kathedrale in Berlin:

1. Telegramm Bergens an Berlin vom 15. 12. 1941, ebd.
2. Telegramm Bergens an Berlin Nr. 61 vom 21. 3. 1942, Archiv AA, StS: V.

«Was gestern war, wissen wir, was morgen ist, wissen wir nicht, aber was heute geschehen ist, das haben wir erlebt: Draußen (außerhalb der Kirche) brennt der Tempel – das ist auch ein Gotteshaus.»[1]

Nach Hitlers Machtübernahme hatten viele deutsche Kirchenvertreter die antisemitischen Maßnahmen des neuen Regimes gutgeheißen und sie bisweilen aktiv unterstützt.[2] Der deutsche Episkopat akzeptierte die Rassegesetze, und 1935 konnte der Freiburger Erzbischof Gröber schreiben:

«Weil jedes Volk für seinen glücklichen Bestand die Verantwortung selbst trägt und die Hereinnahme vollkommen fremden Blutes für ein geschichtlich bewährtes Volkstum immer ein Wagnis bedeutet, so darf keinem Volk das Recht abgesprochen werden, seinen bisherigen Rassenstand ungestört zu bewahren und zu diesem Zweck Sicherungen anzubringen. Die christliche Religion verlangt nur, daß die angewandten Mittel nicht gegen die sittlichen Vorschriften und die natürliche Gerechtigkeit verstoßen.»[3]

Als man knapp zwei Jahre nach Kriegsbeginn in den direkt oder indirekt der deutschen Gewalt unterstehenden westlichen Ländern die ersten größeren Maßnahmen gegen die Juden ergreift, variiert die Haltung des katholischen Klerus von Land zu Land, ja sogar von Diözese zu Diözese.

Im besetzten Teile Frankreichs werden seit 1940 verschiedene Maßnahmen gegen die Juden ergriffen, die Ausnahmegesetzgebung wird zum System, als die Regierung Marschall Pétains am 29. März 1941 Xavier Vallat zum Kommissar für die Juden ernennt. Am 22. Juli verfügt die Vichyregierung die «Arisierung» der jüdischen Unternehmen und die Kontrolle über allen jüdischen Grundbesitz.

Am 31. Juli richtet der Referent des Großrabbiners Weill, Rabbiner Kaplan, einen Brief an Vallat, in dem er zu beweisen versucht, daß die Maßnahmen gegen die Juden im Widerspruch zu den Forderungen des Christentums stehen; er fragt, ob Jesus und seine Apostel keine Juden gewesen seien. Anscheinend ruft der Brief Rabbiner Kaplans bei der Vichyregierung einige Verlegenheit hervor, wie die sehr zurückhaltende

1. Alfons Erb, Bernhard Lichtenberg, Dompropst von St. Hedwig zu Berlin (Berlin 1946) S. 44.

2. Guenter Lewy a. a. O. Kap. 10.

3. Erzbischof Dr. Conrad Gröber, Handbuch der religiösen Gegenwartsfragen (Freiburg i. Br. 1937) S. 536.

Antwort von Vallats Kanzleichef vermuten läßt.[1] Am 7. August bittet daher Marschall Pétain seinen Botschafter beim Heiligen Stuhl, Léon Bérard, sich über die Haltung des Vatikans zu dieser Frage zu informieren.

Der Botschafter antwortet ihm am 2. September. Wir weichen von unserem gewöhnlichen Verfahren ab und bringen aus diesem bereits veröffentlichten Text[2] nur diejenigen Abschnitte, die in einem ganz unmittelbaren Zusammenhang mit unserem Thema stehen.

A) Die Kirche und die Rassenlehre

«Es besteht ein grundlegender und unauflöslicher Widerspruch zwischen der Lehre der Kirche und den ‹Rassentheorien›. Die Kirche, die ihrer Definition nach allgemein ist, bekennt sich zur Einheit des Menschengeschlechts. Derselbe Erlöser ist für alle Menschen gestorben; das Evangelium richtet sich und wird verkündet an ‹jegliches Geschöpf›. Jedes menschliche Wesen besitzt eine unsterbliche Seele, der dieselbe Gnade beisteht und die zum gleichen Heil berufen ist wie die Seele aller Wesen seiner Art. Deshalb besitzt es seine Menschenwürde; dies ist die Grundlage seiner Rechte, deren Maßstab seine Pflichten sind. Alle diese Sätze sind unvereinbar mit einer Anschauung, die die Befähigung und Berufung der Völker aus der Schädelform und aus der Art des Blutes ableitet und schließlich eine Hierarchie der Rassen aufstellt, an deren Spitze eine reine und königliche, die sogenannte ‹arische› Rasse, steht.

In seiner Enzyklika *Mit brennender Sorge* vom 14. März 1937, die den Nationalsozialismus und die Lage der Kirche in Deutschland behandelt, schreibt Pius XI.: ‹Wer die Rasse oder das Volk oder den Staat oder die Staatsform, die Träger der Staatsgewalt oder andere Grundwerte menschlicher Gemeinschaftsgestaltung – die innerhalb der irdischen Ordnung einen wesentlichen und ehrengebietenden Platz behaupten – aus dieser ihrer irdischen Wertskala herauslöst, sie zur höchsten Norm aller, auch der religiösen Werte macht und sie mit Götzenkult vergöttert, der verkehrt und fälscht

1. Vgl. dazu Raoul Hilberg, The Destruction of the European Jews (Chicago 1961) S. 398 f.
2. J. Nobécourt a. a. O. Anhang.

die gottgeschaffene und gottbefohlene Ordnung der Dinge. Ein solcher ist weit von wahrem Gottesglauben und einer solchem Glauben entsprechenden Lebensauffassung entfernt.›

Die Kirche hat also den Rassenwahn verurteilt, so wie sie den Kommunismus verurteilt hat.

Aus diesen Lehren über die Rassenideen darf man aber nicht ableiten, daß sie notwendig jede besondere Maßnahme dieses oder jenes Staates gegen die sogenannte jüdische Rasse verurteilt. Ihre Gedanken über diesen Punkt enthalten beachtenswerte Unterscheidungen und Nuancen. Man darf dieses Thema keineswegs über einen Kamm scheren wollen.»

B) Die Kirche, das Judenproblem und der Antisemitismus

«Es wäre ein vergebliches Bemühen, wenn man aus dem kanonischen Recht, der Theologie und den päpstlichen Akten eine Sammlung von Vorschriften ableiten wollte, die einer Gesetzgebung über das Judentum und die jüdische Religion entspräche. Man fände dort nicht einmal ohne Mühe einen Grundbestand fest umrissener Lehren über dieses Thema.

Der erste und gewisseste Grundsatz ist offenbar, daß in den Augen der Kirche ein Jude, der gültig die Taufe empfangen hat, kein Jude mehr ist und in der ‹Herde Christi› aufgeht. Doch darf man hieraus nicht den übereilten Schluß ableiten, für die Kirche sei die Religion das einzige Unterscheidungsmerkmal zwischen Israel und den anderen Völkern. Sie ist durchaus nicht der Ansicht, daß die Juden einfach eine ‹geistliche Familie› bilden, wie sie bei uns zum Beispiel die Katholiken und die ‹reformierten› Christen darstellen. Sie erkennt an, daß zu den Merkmalen der israelitischen Gemeinschaft nicht *rassische*, aber *ethnische* Besonderheiten zählen. Dies unterscheidet sie seit langem und berücksichtigt es immer.

Wir wissen aus der allgemeinen Geschichte, daß die Kirche die Juden häufig vor der Gewalttätigkeit und Ungerechtigkeit ihrer Verfolger geschützt und sie gleichzeitig in die Ghettos eingesperrt hat. Einer ihrer größten Lehrer, der heilige Thomas von Aquin, hat Thesen hinterlassen, die diese Einstellung bekunden. Er hat die Judenfrage nur beiläufig, doch mit sehr deutlichen Worten in der zehnten Quaestio der Secunda Secundae, Artikel 9, 10, 11 und 12 behandelt. Ich gebe ein Resümee seiner Lehre: Man muß den Juden gegenüber in Sachen der Ausübung ihrer Religion tolerant sein; sie sollen vor Religionszwang geschützt sein; man soll ihre Kinder nicht mit Gewalt und ohne die Einwilligung ihrer Eltern taufen. Andererseits empfiehlt der heilige Thomas, obwohl er jede Politik einer Unterdrückung der Juden verwirft, nichtsdestoweniger ihnen gegenüber geeignete Maßnahmen, um ihre Tätigkeit innerhalb der Gesellschaft einzuschränken und ihren Einfluß zu begrenzen. Es wäre unangebracht, ihnen in einem christlichen Staat die Ausübung der Regierung zu überlassen und dadurch die Katholiken unter ihre Botmäßigkeit zu bringen. Daher ist es legitim, ihnen den Zugang zu öffentlichen Ämtern zu verwehren; es ist ebenfalls legitim, sie nur in einem bestimmten Umfang zu den Universitäten (*numerus clausus*) und zu den freien Berufen zuzulassen.»

C) Schwierigkeiten zwischen dem Heiligen Stuhl und Italien wegen der Judengesetzgebung der Faschisten

«Den Maßnahmen der faschistischen Regierung ist nicht nur keinerlei Verhandlung und keinerlei Übereinkunft zwischen dem Heiligen Stuhl und ihr vorausgegangen, sondern sie haben auch zu herber Kritik von Seiten der päpstlichen Autorität geführt. Es ist sehr wichtig, die Natur und den Gegenstand dieser Meinungsverschiedenheiten genau herauszuarbeiten …

… Das faschistische Judengesetz enthält Bestimmungen, die die rechtlichen Normen über die eheliche Verbindung verletzen. Es verbietet unter bestimmten Umständen die Heirat zwischen arischen Italienern und Personen jüdischer Rasse, selbst wenn diese der katholischen Religion angehören. Die Kirche selber betrachtet nicht allein die Ehen zwischen konvertierten und getauften Juden, sondern auch vor einem katholischen Priester kanonisch geschlossene Ehen zwischen Katholiken und nichtkonvertierten Juden als durchaus gültig, sofern ihnen von der kirchlichen Obrigkeit eine als ‹Dispens› bezeichnete Genehmigung zuteil geworden ist. Die dadurch eingeführte Neuerung in der italienischen Gesetzgebung wäre allein bereits ein Grund für die Mißbilligung von Seiten der päpstlichen Gewalt gewesen. Diese ist entsprechend einer ihrer ältesten und festesten Traditionen der Ansicht, daß die Ehe ihrem Wesen nach ein Sakrament ist, daß sie daher primär der geistlichen Ordnung angehört und daß infolgedessen alles, was sich auf das Zustandekommen und die Gültigkeit des Ehebandes bezieht, nach dem Gesetz der katholischen Religion zu regeln ist.

Aber es gab noch einen anderen und praktisch wichtigeren Grund dafür, daß das neue faschistische Gesetz vom Vatikan ungünstig aufgenommen wurde. Indem der faschistische Staat Bestimmungen über Ehen zwischen Ariern und Nichtariern erließ, verstieß er gegen das am 11. Februar 1929 zwischen dem Heiligen Stuhl und Italien geschlossene Konkordat. Artikel 34 dieses Abkommens bestimmt: ‹Da der italienische Staat dem Institut der Ehe, als der Grundlage der Familie, wieder die Würde geben will, die den katholischen Überlieferungen seines Volkes entspricht, erkennt er dem vom kanonischen Recht geregelten Sakrament der Ehe die bürgerlichen Wirkungen zu.›

Es ist hinreichend klar, daß der italienische Staat mit seiner Zustimmung zu diesem Vertrag, der Herrn Mussolinis Unterschrift trägt, auf eine ‹Säkularisierung› der Ehe verzichtet hat …»

D) Welche Widersprüche sind zwischen der kirchlichen Lehre und dem französischen Gesetz vom 2. Juni 1941 zum Judenstatut festzustellen?

«Im Interesse größerer Einfachheit und Klarheit empfiehlt es sich meines Erachtens, dieses Gesetz zunächst nach seinem eigentlichen Zweck und seiner praktischen Bedeutung zu betrachten, nämlich in Gestalt der darin enthaltenen Bestimmungen, die Aussperrungen, Beschränkungen und Verbote für die Juden vorsehen. Zumindest sofern sie nicht in der Lage sind, die im Gesetzestext vorgesehenen Ausnahmebestimmungen für sich in Anspruch zu nehmen, sind die Juden von einer großen Anzahl öffentlicher Ämter ausgeschlossen. Andererseits wird ihnen die Ausübung bestimmter gehobener Berufe, die namentlich genannt sind, untersagt; auch sind sie zu bestimmten anderen Berufen nur unter noch durch Erlaß zu bestimmenden Sperrklauseln und Beschränkungen zugelassen.

Im Prinzip enthalten diese Maßnahmen nichts, das vom Standpunkt des Heiligen Stuhls aus Kritik erregen könnte. Dieser vertritt die Ansicht, daß der Staat, wenn er derartige Vorschriften erläßt, von seiner Macht einen legitimen Gebrauch macht und daß die geistliche Gewalt bei derartigen Fragen sich nicht in die innere Politik der Staaten einzumischen hat. Andererseits hat die Kirche niemals erklärt, man müsse allen Bürgern die gleichen Rechte zugestehen und zuerkennen. Sie hat unaufhörlich die Würde der menschlichen Person und den Respekt vor ihr gelehrt. Aber sie versteht diese Dinge, dessen darf man gewiß sein, im strengen Sinne nicht genauso wie die geistigen Erben Rousseaus oder Condorcets. Um darüber urteilen zu können, braucht man sich lediglich an alles das zu erinnern, was in dem Dogma von der Erbsünde den Dogmen widerspricht, die diese Philosophen uns hinterlassen haben: natürliche Güte des Menschen, unendlicher Fortschritt des menschlichen Geistes und eine individualistische Auffassung des Rechtes und der gesellschaftlichen und politischen Organisation.

Bleibt übrig, daß das Gesetz vom 2. Juni 1941 von einer Rechtsdefinition des Juden ausgeht, in welcher der Gesetzgeber ausdrücklich auf den ‹Rasse›-Begriff Bezug nimmt. Wenn ein Jude beweist, daß er vor dem 25. Juni 1940 dem katholischen Bekenntnis oder dem calvinistischen beziehungsweise lutherischen Bekenntnis angehört hat, wird er unter der zusätzlichen Voraussetzung, daß er nicht mehr als zwei Großeltern jüdischer Rasse hat, nicht länger ‹als Jude angesehen›. In diesen Fällen verknüpft das Gesetz also Rechtsfolgen mit der ‹Konversion›. Es bleibt bestehen, daß ein Israelit, selbst wenn er regelrecht konvertiert und getauft ist, als Jude betrachtet wird, sofern er von mindestens drei Großeltern jüdischer Rasse abstammt, das heißt, von solchen, die der judaischen Religion angehörten.

Man muß zugestehen, daß hier ein Widerspruch zwischen dem französischen Gesetz und der Lehre der Kirche besteht.»

E) Praktische Bedeutung dieses Widerspruchs. Schluß.

«Ich habe soeben den einzigen Punkt aufgezeigt, an dem sich das Gesetz vom 2. Juni 1941 im Widerstreit mit einem Prinzip befindet, das die römische Kirche vertritt. Aus diesem Unterschied der Lehren folgt durchaus nicht, daß der französische Staat, ich will nicht sagen, von einem Streit wie dem, der seinerzeit zwischen dem Heiligen Stuhl und der faschistischen Regierung entbrannte, sondern auch nur von einer Zensur oder Mißbilligung bedroht ist, die der Heilige Stuhl wegen des Judenstatuts in der einen oder anderen Form zum Ausdruck bringen könnte.

... Wie mir am Vatikan von maßgeblicher Seite erklärt worden ist, wird man wegen des Judenstatuts keinerlei Beschwerde erheben. Doch wurden mir gegenüber von den Vertretern des Heiligen Stuhls zwei dringende Wünsche ausgesprochen, offensichtlich mit dem Begehren, daß sie dem französischen Staatschef unterbreitet werden:

1. daß in das Gesetz über die Juden keine Bestimmung bezüglich der Ehe eingeführt wird. Man war am Vatikan sehr darüber betroffen, daß Rumänien in diesem entscheidenden Punkt Rechtsnormen angewendet hat, die von der faschistischen Gesetzgebung inspiriert sind oder sie nachahmen;

2. daß man bei der Anwendung des Gesetzes die Vorschriften der Gerechtigkeit und der Liebe beachtet. Meine Gesprächspartner schienen mir dabei vor allem an die Stillegung der Geschäfte zu denken, an denen Juden beteiligt sind.»[1]

Die Analyse der Haltung des Vatikans zur Ausnahmegesetzgebung bezüglich der Juden ist in der von Léon Bérard vorgelegten Form mit großer Vorsicht zu lesen. Gewiß muß man feststellen, daß eine Anzahl kirchlicher Würdenträger sich nicht der Versuchung des Antisemitismus zu entziehen wußte; daß aber, wie Bérard erklärt, der Heilige Stuhl 1941 eine Art Blankovollmacht für antisemitische Maßnahmen gegeben haben soll, sofern sie von der christlichen Liebe gemildert werden, ist anscheinend schwerer zu beweisen.

1. J. Nobécourt a. a. O. Anhang.

Léon Bérard verrät nicht den Namen der Persönlichkeit am Vatikan, die ihm versichert haben soll, der Heilige Stuhl habe keine Einwände gegen das von Vichy ausgearbeitete Judenstatut. Diese Unterlassung wirkt um so sonderbarer, als die namentliche Erwähnung eines hohen kirchlichen Würdenträgers das Gewissen Marschall Pétains wahrscheinlich nachhaltiger beruhigt hätte als eine theologische Untersuchung, wie sie der Botschafter anstellt.

Unbeschadet dieser Vorbehalte darf man sagen, daß die letzten Abschnitte von Bérards Bericht einen bezeichnenden Einblick in die Haltung des Heiligen Stuhls zur Judengesetzgebung gewähren.

Während Léon Bérard Einzelheiten dessen nach Vichy übermittelt, was er für die Haltung des Heiligen Stuhls zu den Ausnahmegesetzen der französischen Regierung hält, sind die deutschen Einsatzgruppen gegen die jüdische Bevölkerung der von der Wehrmacht besetzten Teile der UdSSR in Aktion getreten: im Herbst 1941 wird mehr als eine halbe Million Juden ermordet. Gleichzeitig ist die Konzentration von über zwei Millionen Juden in den polnischen Ghettos abgeschlossen. Alles steht zur «Endlösung» bereit.

Was weiß man beim Heiligen Stuhl genau von dem, was im Sommer 1941 im Osten vorgeht? Kein Dokument enthüllt es. Man kann allenfalls sagen, daß der Vatikan von der Verschleppung der Juden nach Osteuropa wußte, denn sie scheint öffentlich bekannt gewesen zu sein, wie die soeben berichtete Stellungnahme Mgr. Lichtenbergs vermuten läßt. Aber man kann nicht behaupten, daß der Heilige Stuhl oder Lichtenberg um diese Zeit Genaueres darüber wußten.

Am 11. November 1941 übermittelt Legationsrat Haidlen folgende Aufzeichnung an Weizsäcker:

«Über die Verhaftung des Dompropstes Lichtenberg hat der Sachbearbeiter der Geheimen Staatspolizei folgendes mitgeteilt:

Lichtenberg habe in den öffentlichen Abendandachten in der Hedwigs-Kathedrale mehrfach für die Juden, und zwar nicht nur für die getauften Juden, sowie für die Gefangenen in den Konzentrationslagern und ‹für die Millionen von Menschen gebetet, die durch den Krieg obdachlos geworden seien›. Er habe sich gleichzeitig als einen grundsätzlichen Gegner des Nationalsozialismus bekannt und erklärt, er wolle das Los der nach dem Osten verschickten Juden teilen, um dort für sie zu beten.»[1]

Ein nicht unterzeichnetes und undatiertes Schriftstück, das wahrscheinlich von Woermann abgefaßt wurde, folgt im Ordner des Staatssekretariats auf Haidlens Schreiben. Es lautet folgendermaßen:

«Es ist möglich, daß der Nuntius auf die Verhaftung des Dompropstes der hiesigen Hedwigs-Kathedrale, Lichtenberg, zu sprechen kommt. Als Grund für die Verhaftung wird angegeben, daß Lichtenberg anläßlich der letzten Judenverschickung ein Gebet für die Juden gesprochen habe.»[2]

Dieses letzte Dokument verdient Beachtung: sein Verfasser erwartete eine Anfrage des Nuntius wegen der Verhaftung Lichtenbergs und bemühte sich nicht um eine allgemeine Entschuldigung wie «feindselige Äußerungen gegen das Regime» oder «Unruhestiftung», sondern schlug vor, Mgr. Orsenigo einfach wie eine Selbstverständlichkeit zu erklären, Lichtenberg sei verhaftet worden, weil er für die Juden gebetet habe. Die Deutschen dachten anscheinend, eine solche Antwort werde Mgr. Orsenigo und daher dem Papst persönlich genügen.

In Wirklichkeit hat Mgr. Orsenigo wegen der Verhaftung Lichtenbergs nie eine Frage gestellt. Er begnügt sich später damit, unter Bezugnahme auf Lichtenbergs schlechten Gesundheitszustand um eine Beschleunigung des Verfahrens gegen den eingekerkerten Priester zu bitten.[3] Lichtenberg stirbt auf dem Weg nach Dachau.

Anfang Dezember verbreitet Radio London die Nachricht, der Nuntius in Berlin habe Anweisung erhalten, wegen der an den Häftlingen in den Konzentrationslagern begangenen Grausamkeiten bei den Deutschen zu intervenieren. Bergen kann diese Nachricht dementieren:

«Unterstaatssekretär Monsignore Tardini, dem die Londoner Sendung über angebliche Weisung an den Berliner Nuntius betreffend polnische Konzentrationslager zur Kenntnis gebracht wurde, bezeichnete Nachrichten als unzutreffend.»[4]

1. Aufzeichnung Haidlens für Weizsäcker vom 11. 11. 1941, Archiv AA, StS: V.
2. Aufzeichnung ohne Unterschrift und Datum, ebd.
3. Aufzeichnung Weizsäckers vom 10. 3. 1942, ebd.
4. Telegramm Bergens an Berlin Nr. 119 vom 18. 12. 1941, Archiv AA, StS: V.

IV. Die Geiselerschießungen

Am 5. Dezember führte Weizsäcker mit Nuntius Orsenigo folgendes Gespräch:

«Der Nuntius tastete sich heute bei mir an das bekannte Geisel-Thema heran, um festzustellen, ob ein Gespräch zwischen ihm und mir in der Frage der Erschießung von Geiseln, und zwar neuerdings in Serbien, ersprießlich wäre. Ich habe dem Nuntius erwidert, unter all den mit der Frage befaßten ausländischen Stellen hätte sich die Kurie am klügsten benommen, indem sie nach meinem an den Nuntiaturrat Colli auf gesellschaftlichem Boden gegebenen flüchtigen Hinweis sich nicht mehr gerührt habe. Würde die Kurie sich bewogen fühlen, nun doch noch darauf zurückzukommen, so müßte ich dem Nuntius die gleiche Antwort geben, wie sie Haiti, Mexiko und andere erhalten hätten.

Der Nuntius sah dies vollkommen ein und stellte fest, daß er das Thema überhaupt nicht berührt habe und nicht berühren wolle. Auch war es ihm durchaus geläufig, wie die jetzt zur Intervention geneigten Fremdstaaten sich keineswegs in ihren humanitären Gewissen verletzt gefühlt haben, wenn etwa auf Seiten unserer Gegner Anlaß zu Demarchen gleicher Art geboten wurde.»[1]

1. Aufzeichnung Weizsäckers Nr. 798 vom 5. 12. 1941, ebd.

FÜNFTES KAPITEL

Die «Endlösung»

Die Phase von 1942 bis Anfang 1943

Im Januar 1942 beschließen die Deutschen die «Endlösung» der Judenfrage, das heißt, die Ausrottung der Juden in den Gebieten, die ihrer Kontrolle unterstehen.[1] Das Protokoll der Wannsee-Konferenz erklärt, die «Endlösung» der Judenfrage müsse auf etwa 11 Millionen Personen Anwendung finden.

I. Die Informationen des Vatikans Anfang 1942

Welche exakten Informationen bezüglich der Ausmerzung der Juden erhielt der Heilige Stuhl ab Anfang 1942? Das ist eine der wesentlichen Fragen, die wir in unserer Untersuchung beantworten möchten. Die uns verfügbaren Dokumente erlauben freilich nur Vermutungen. Auch hier kann man nur hoffen, daß das Archiv des Vatikans dem Forscher bald ermöglicht, zu einer endgültigen Antwort zu gelangen.

Zwei Dokumente sind interessante Indizien und vermitteln den Eindruck, daß der Heilige Stuhl vielleicht schon Anfang 1942 gewisse Vermutungen hatte.

Ein Mitglied der deutschen Gesandtschaft in Preßburg, Hans Gmelin, hat im Juni 1948 unter Eid erklärt, der Apostolische Nuntius in der Slowakei habe im Februar 1942 in einem Schreiben an Mgr. Tuka, den Präsidenten des Slowakischen Rates, erklärt, es sei ein Irrtum zu glauben, die Juden würden nach Polen verschickt, um dort zu arbeiten; in Wirklichkeit würden sie dort vernichtet.[2]

Am 9. Februar macht Weizsäcker folgende Notiz über ein Gespräch mit Nuntius Orsenigo:

«... Der Nuntius bat dann darum, doch zu erwägen, ob man nicht die im Konzentrationslager Auschwitz internierten katholi-

1. Die Quellen dieses Kapitels stammen im wesentlichen aus dem Zionistischen Archiv und amerikanischen Dokumenten, aber auch aus wichtigen deutschen Dokumenten.
2. Affidavit Hans Gmelins vom 15. Juni 1948, NG-5291.

schen Priester nach Dachau bringen könne. Für ihn als Vertreter der Kurie sei dieses gewiß eine bescheidene Bitte.»[1]

Möglicherweise hatte diese Anfrage den Grund, daß der Nuntius bestimmte Informationen über den Unterschied zwischen einem «Konzentrationslager» (Dachau) und einem «Vernichtungslager» (Auschwitz) besaß.

II. Das Eingreifen der jüdischen Organisationen

Am 18. März 1942 schickten Vertreter der Jewish Agency, des Jüdischen Weltkongresses und der Schweizer Israelitischen Gemeinschaft nach einer Unterredung mit dem Apostolischen Nuntius in Bern, Mgr. Bernardini, an diesen folgendes Schreiben und Aide-mémoire:

«Exzellenz,
nach der Audienz, die Euer Exzellenz uns gestern freundlicherweise gewährte, erlauben wir uns, Ihnen beiliegend entsprechend Ihrer freundlichen Bitte ein kurzes Memorandum (in doppelter Ausfertigung) zur Situation der Juden in den Ländern Mittel- und Osteuropas zuzusenden.

Wir nehmen uns die Freiheit, ganz besonders auf den Fall der Slowakei, Kroatiens, Ungarns und des unbesetzten Frankreichs hinzuweisen, wo die bislang getroffenen oder gegenwärtig laufenden Maßnahmen möglicherweise durch eine Intervention des Heiligen Stuhls, die wir uns bei Eurer Exzellenz anzuregen erlaubten, noch rückgängig gemacht oder gemildert werden könnten.

Wir möchten Ihnen bei dieser Gelegenheit unseren tief empfundenen Dank für die wohlwollende und verständnisvolle Aufnahme zum Ausdruck bringen, welche Sie freundlicherweise der Delegation der jüdischen Organisationen gewährten, die gestern die Ehre hatte, Sie aufzusuchen ...».[2]

1. Aufzeichnung Weizsäckers Nr. 68 vom 9. 2. 1942, Archiv AA, StS: V.
2. Brief Lichtheims und Riegners an Bernardini vom 18. 3. 1942, Zionistisches Archiv Jerusalem.

Es folgt der Text des Memorandums:

«1. Die vielfältigen von einem gewalttätigen Antisemitismus diktierten Maßnahmen, die gegen die in *Deutschland und den von Deutschland annektierten Gebieten* wohnhaften Juden in den letzten Jahren ergriffen wurden, sind der öffentlichen Meinung mehr oder weniger bekannt. Sie bestehen in der völligen Ausschaltung der Juden aus allen Berufen, aus allen Gewerben und allgemein aus jeder wirtschaftlichen Tätigkeit, wenn man von der Eingliederung in das Zwangsarbeitssystem für die Erfordernisse des Krieges absehen will. Sie bestehen ebenfalls in der Konfiszierung fast ihres gesamten Vermögens und in unzähligen Fällen in Verfolgungsmaßnahmen wie der Verhaftung, Internierung in Konzentrationslagern oder Massenaustreibung der Juden, die man vorher ihres gesamten Besitzes beraubt hat, sei es in Polen, sei es in den Konzentrationslagern in Frankreich. Infolge der Zwangsemigration bis zum Beginn des Krieges und durch die von ihnen erlittenen Entbehrungen und Verfolgungen ist die Zahl der deutschen und österreichischen Juden von rund 800 000 auf rund 200 000 zurückgegangen.

Der Rest der jüdischen Bevölkerung in der früheren Tschechoslowakei, der im *Protektorat Böhmen-Mähren* ansässig ist und dessen Zahl sich auf rund 70 000 beläuft, wurde seit der Besetzung des Landes von ähnlichen Maßnahmen betroffen und soll gegenwärtig in seiner Gesamtheit in einem bei Theresienstadt errichteten Ghetto konzentriert werden.

2. Ähnliche und in manchen Fällen weniger harte, aber in anderen Fällen noch härtere Maßnahmen haben die Juden in allen während des Krieges von der deutschen Wehrmacht besetzten Gebieten betroffen, zum Beispiel in *Belgien*, in *Holland*, im *besetzten Teile Frankreichs*, in *Jugoslawien*, in *Griechenland*, im *Baltikum* und besonders in *Polen*, wo die Konzentration der jüdischen Massen in von undurchdringlichen Mauern umgebenen Ghettos unsagbares Elend geschaffen und Epidemien hervorgerufen hat, die diese Bevölkerungsteile im Augenblick buchstäblich dezimieren.

3. Unter Nachahmung des von Deutschland gegebenen Beispiels haben seine Verbündeten denselben Weg beschritten und eine antisemitische Gesetzgebung eingeführt oder gewaltsame Verfolgungen eingeleitet, die auf die völlige Enteignung oder gar die physische

Vernichtung der Juden hinauslaufen. Das gilt besonders für *Rumänien*, die neugebildeten Staaten *Kroatien* und die *Slowakei* und in gewissem Umfang auch für *Ungarn*, wo man gegenwärtig die Eingliederung aller Juden zwischen 18 und 50 Jahren in Zwangsarbeitsformationen vorbereitet.

4. Von den hervorstechendsten Beispielen zur Veranschaulichung dieser Verfolgungen nennen wir folgende:

a) Im *besetzten Frankreich* die Einrichtung der Repressalienlager in Drancy und in Compiègne bei Paris, wo annähernd 6000 bis 7000 im letzten August auf der Straße oder in ihren Wohnungen verhaftete Juden buchstäblich Hungers sterben und den Militärbehörden als Geiseln dienen.

b) Die Errichtung von Konzentrationslagern im *nichtbesetzten Frankreich*, zum Beispiel in Gurs, in Récébédou, in Noé, in Le Vernet, in Rivesaltes u. a., wo mehrere zehntausend Juden aller Nationalitäten, die seinerzeit in Frankreich lebten oder wegen des Vormarsches der deutschen Truppen in Belgien nach Frankreich flohen, in schmutzigen von Stacheldraht umgebenen Baracken eingepfercht wurden, und zwar Kinder und Frauen von ihren Männer und Vätern getrennt; dort vegetieren sie seit über zwei Jahren in unbeschreiblichem Elend. In diese Lager hat Deutschland auch 9000 deutsche Juden eingeliefert, die seit Jahrhunderten in Baden und in der Pfalz ansässig waren.

Außer diesen Lagern gibt es noch ‹Fremdarbeiterkommandos› und ‹Zentren zur sozialen Neueingliederung›, die unter verschiedenen Bezeichnungen der Zwangsarbeit von Juden dienen; ein großer Teil von diesen hat im Krieg unter französischer Fahne gedient.

c) An Grausamkeiten, die in den von den Deutschen besetzten Ländern begangen wurden, erwähnen wir das Beispiel mehrerer hundert junger *holländischer* Juden, die, ohne daß irgend etwas gegen sie vorlag, in die Konzentrationslager Buchenwald in Deutschland und Mauthausen in Österreich eingeliefert wurden, wo sie fast sämtlich in wenigen Wochen zugrunde gingen.

d) Abgesehen von der allmählichen und stetigen Vernichtung der Juden durch das Ghettosystem in ganz Polen wurden Tausende von Juden in Polen und den von Deutschland besetzten Gebieten Rußlands von den deutschen Truppen exekutiert.

e) 18000 Juden, die sich in Ungarn befanden (zum Teil ungarische Juden, zum Teil Juden unterschiedlicher Nationalität), wurden auf Anweisung der Regierung vertrieben, unter empörenden Umständen nach Ostgalizien transportiert und dort den deutschen Behörden übergeben, die sie fast ausnahmslos füsilierten.

f) Anfang des letzten Jahres wurden während des Aufstandes der Eisernen Garde in *Rumänien* auf den Straßen der rumänischen Ortschaften mehrere tausend Juden massakriert. Allein in Bukarest wurden fast 2000 Personen: Intellektuelle, Bedienstete der jüdischen Einrichtungen, angesehene Kaufleute und Industrielle getötet. Empörende Szenen spielten sich vor allem im Bukarester Schlachthof ab, in den die Eiserne Garde die Juden schleppte, um sie wie Vieh dahinzuschlachten.

g) Die Mehrheit der Juden in der *Bukowina*, deren Zahl sich auf 170000 belief, wurde zum Verlassen ihres Wohnsitzes gezwungen und Anfang des Winters in offenen Waggons bis nach Rußland transportiert. Beim Erreichen der russischen Grenze war bereits ein Viertel von ihnen tot. Die Überlebenden wurden gezwungen, sechs Tage lang in Richtung Mohilew zu marschieren. Wer nicht marschieren konnte, wurde füsiliert.

h) Im Laufe der Wiederbesetzung *Bessarabiens* durch die deutschen und rumänischen Truppen wurden 92000 Juden erschossen. Dazu sagt ein glaubwürdiger Bericht: In jeder Stadt oder Ortschaft wurden die Juden an einer Stelle zusammengetrieben, Männer, Frauen, Kinder, Greise, Kranke, selbst Kranke, die in Krankenhäusern lagen, und füsiliert, nachdem man sie mehrere Tage gequält und ausgehungert hatte. Unter den Opfern befand sich der Großrabbiner von Kischinew.

i) In *Kroatien*, wo nach der Aufteilung Jugoslawiens 30 000 Juden lebten, wurden mehrere tausend Familien entweder auf verlassene Inseln an der dalmatinischen Küste deportiert oder in die Konzentrationslager gesperrt. Einige Zeit später wurden alle *männlichen* Juden Kroatiens (entsprechend den Vorgängen in dem von den Deutschen besetzten Serbien) in Arbeitslager eingeliefert, wo sie zu Dränage- und Sanierungsarbeiten herangezogen werden und infolge der unmenschlichen Behandlung und des Mangels an Lebensmitteln und Kleidung in großer Zahl zugrunde gingen. Die kroatische Regierung hat nicht einmal gestattet, ihnen Hilfe zukommen zu lassen, und es ist beinahe unmöglich, mit den Internierten Verbindung aufzunehmen. Gleichzeitig wurden ihre Frauen und ihre Kinder in ein anderes Lager eingeliefert, in dem sie ebenfalls die schwersten Entbehrungen leiden.

j) In der *Slowakei* wurde im Laufe des letzten Jahres ein antisemitisches Gesetzeswerk erlassen, das wie die deutsche Gesetzgebung alle Einzelheiten des Lebens der Juden regelt. Anfang dieses Monats brachen große antisemitische Unruhen aus. Gleichzeitig erließ die Regierung neue Verfügungen zur ‹Konzentration› der gesamten jüdischen Bevölkerung der Slowakei, die 90 000 Seelen zählt. Nach Berichten aus den letzten Tagen hat die Konzentration unter folgenden Bedingungen zu erfolgen: jeder Jude ist berechtigt, einen Anzug, ein Hemd und ein Paar Schuhe mitzunehmen, während ihr gesamter sonstiger Besitz von der Hlinka-Garde eingezogen wird. Es sind Vorbereitungen getroffen, um bis zum 23. März die jüdische Bevölkerung in Lager oder Ghettos an der polnischen Grenze einzuliefern. Es steht zu befürchten, daß sie von da aus unmittelbar nach Polen geschickt wird und dort dasselbe Schicksal erleidet wie die aus Rumänien vertriebenen jüdischen Volksmassen.

5. Es sei gestattet, darauf hinzuweisen, daß unter den Juden aus Ungarn, Rumänien und der Slowakei mehrere hundert Familien im Besitze von Einwanderungspapieren für Palästina oder amerikanische Länder sind. Abgesehen von möglichen Demarchen zur Erleichterung des Schicksals der verfolgten und bedrohten jüdischen Bevölkerungsteile im allgemeinen wäre es äußerst dringlich, auch Demarchen bei den zuständigen Behörden und besonders (für den Fall einer Emigration nach Amerika) bei der italienischen Regierung zu unternehmen, um Transitvisen oder eventuell in speziell aufgestellten Konvois Transportmöglichkeiten zu erhalten, damit die Emigranten ihren Einschiffungshafen erreichen können.»[1]

Dieses Dokument, das Mgr. Bernardini ohne Zweifel an den Vatikan weiterleitete, bestätigt unbedingt die Informationen aus anderen Quellen, die wir am Anfang dieses Kapitels vermuteten. Der Heilige Stuhl ist sich möglicherweise bewußt, daß die Deutschen eine umfassende Aktion begonnen haben, die rasch auf alle ihrer Kontrolle unterstehenden

1. Brief Lichtheims und Riegners an Bernardini vom 18. 3. 1942, Zionistisches Archiv Jerusalem.

Länder übergreifen wird. Was ist seine Reaktion? 1942 erwähnen die deutschen Dokumente abgesehen von der Intervention des Nuntius in der Slowakei eine Intervention des Apostolischen Nuntius in Frankreich bei der Regierung Marschall Pétains und Interventionen Mgr. Orsenigos, deren Art wir unten beschreiben werden.

III. Die Verschleppung der französischen Juden

Im Juli 1942 beginnt die Verschleppung der französischen Juden. Schon ein Dokument gibt ein hinlänglich genaues Bild von der Situation. Am 6. Juli schickt SS-Hauptsturmführer Dannecker folgenden Bericht ans Reichssicherheitshauptamt:

«Die Verhandlungen mit der französischen Regierung haben inzwischen zu folgendem Ergebnis geführt:

Sämtliche staatenlose Juden der besetzten und unbesetzten Zone werden für den Abschub bereitgestellt.

Präsident Laval hat vorgeschlagen, beim Abschub jüdischer Familien aus dem unbesetzten Gebiet auch die unter 16 Jahre alten Kinder mitzunehmen. Die Frage von im besetzten Gebiet zurückbleibenden Judenkindern interessiert ihn nicht ...

Abschließend sei noch bemerkt, daß, um die Aktion überhaupt in Gang zu bringen, vorläufig nur von staatenlosen bzw. fremdstaatigen Juden gesprochen werden konnte. In der zweiten Phase wird dann an die nach 1919 bzw. nach 1927 in Frankreich naturalisierten Juden herangegangen werden.»[1]

Da interveniert der Heilige Stuhl über seinen Nuntius Valerio Valeri bei der Regierung Marschall Pétains, um eine Milderung der vorgesehenen Maßnahmen zu erreichen. Am 18. August 1942 schreibt von Bergen:

«Wie ich streng vertraulich höre, hat Heiliger Stuhl sich durch Vermittlung des Nuntius bei Vichy-Regierung für Milderung der gegen Juden in Frankreich ergriffenen Maßnahmen eingesetzt. Vatikan habe damit einem von verschiedenen Seiten an ihn herangetragenen Wunsch entsprochen. Dem Schritt sei jedoch keine weit-

1. Fotokopie bei Joseph Billig, Le Commissariat général aux Questions Juives (Paris 1955) Bd. I S. 371 f.

tragendere Bedeutung beizumessen als anderen ähnlichen Schritten, die er aus Humanitätsgründen in Erfüllung ihm gegenüber geäußerten Bitten, von welcher Seite sie auch kommen mögen, unternommen habe ...»[1]

Zehn Tage später bringt der deutsche Botschafter in Paris, Abetz, noch folgende ergänzende Einzelheiten:

«Die von der deutschen Botschaft Vatikan zugegangene vertrauliche Mitteilung über eine Intervention des Nuntius in Vichy gegen die in Frankreich ergriffenen Judenmaßnahmen entbehren nicht jeder Grundlage. – Valerio Valeri hat diese Angelegenheit vor einigen Wochen gesprächsweise und ohne einen Auftrag aus Rom zu erwähnen, bei Laval angeschnitten, welcher jedoch nicht darauf eingegangen ist. – Gestern teilte Laval weiter mit, daß der Erzbischof von Toulouse am Ende der vergangenen Woche eine Weisung an die Geistlichen seiner Diözese hat ergehen lassen, nach der diese in schärfster Form von den Kanzeln gegen die Judenabschiebung protestieren sollten. Als Laval hiervon Kenntnis erhielt, hat er sogleich den Vertreter des abwesenden Nuntius, Monsignore Rocco, zu sich gebeten, den er nachdrücklichst darauf hingewiesen hat, den Papst und den Kardinalstaatssekretär Maglione darauf aufmerksam zu machen, daß sich die französische Regierung eine derartige Einmischung der Kirche in die Angelegenheiten des französischen Staates nicht gefallen lasse. Laval hat Rocco insbesondere darauf aufmerksam gemacht, daß, wenn der Klerus etwa seine Hand dazu bieten würde, die von der Abschiebungsmaßnahme betroffenen Juden in den Kirchen und Klöstern zu verbergen, er sich nicht scheuen würde, sie von dort mit der Polizei herauszuholen. Im übrigen bedeuteten ja antijüdische Maßnahmen auch für die Kirche nichts Neues, denn die Päpste seien es einmal gewesen, die zuerst den gelben Hut für die Kenntlichmachung der Juden eingeführt hätten. – Die Botschaft des Erzbischofs von Toulouse ist am vergangenen Sonntag nur in einem Teil der Kirchen verlesen worden. Etwa die Hälfte der Geistlichen habe Laval zufolge die Weisung nicht befolgt, sondern die Präfekturen auf die staatswidrigen Absichten des Erzbischofs aufmerksam gemacht.»[2]

1. Telegramm Bergens an Berlin Nr. 212 vom 18. 8. 1942, Archiv AA, StS: V.
2. Telegramm Abetz' an Berlin Nr. 3732 vom 28. 8. 1942, Archiv AA, StS: V.

Schließlich meldet Bergen am 14. September die letzten Einzelheiten nach Berlin, die er zu dieser Angelegenheit erfahren hat:

«Aus dem Vatikan nahestehenden Kreisen geht mir folgende vertrauliche Mitteilung zu: Die in Frankreich gegen die Juden ergriffenen Maßnahmen haben das katholische und das geistliche Element des Landes in starke Erregung gebracht.

Als die Regierung Pétain nach dem Waffenstillstand die ersten Schritte gegen die Juden unternahm, fand sie einstimmig Beifall. Damals handelte es sich hauptsächlich um Ausweisung der aus Polen, Rumänien und anderen Ländern eingewanderten Flüchtlinge, die zum größten Schaden Frankreichs unterschiedslos Aufnahme gefunden hatten.

Jetzt hingegen werden die eigentlichen französischen Juden aus dem besetzten, wie aus dem unbesetzten Frankreich ausgewiesen und an Deutschland ausgeliefert. Diese Maßnahme ist von den kirchlichen Behörden vor allem auch wegen der Art und Weise der Ausführung mißbilligt worden. Die Erzbischöfe von Paris und Lyon und verschiedene andere Bischöfe erhoben Einspruch. Die Proteste wurden der Öffentlichkeit im Rahmen des Möglichen zur Kenntnis gebracht; irgendwelche Hinweise auf den Vatikan enthielten sie nicht.

Die französische Regierung hat die Verhaftung derjenigen Geistlichen angeordnet, die die Juden dem gegen sie ergangenen Ausweisungsbefehl durch Gewährung von Unterkunft und ähnlichem zu entziehen versuchen. So sind bereits einige Priester der Diözese Lyon verhaftet worden, teils weil sie den Protest ihrer Erzbischöfe weiter verbreiteten, teils weil sie auch sich weigerten, die ihrem Asyl und Hospiz anvertrauten Kinder jüdischer Rasse auszuliefern.

Der vom Heiligen Stuhl bei der französischen Regierung unternommene Schritt zwecks Milderung der Maßnahmen gegen die Juden ist bisher ohne Ergebnis geblieben. Im Vatikan ist man nach wie vor durch die dort eingehenden Nachrichten sehr beeindruckt.»[1]

Unter den verhafteten Priestern befindet sich der Jesuitenprovinzial von Lyon, Pater Chaillet, der beschuldigt wird, er habe achtzig jüdische Kinder versteckt.[2]

1. Telegramm Bergens an Berlin Nr. 232 vom 14. 9. 1942, Archiv AA, StS: V.
2. Raoul Hilberg a. a. O. S. 409.

Ein Teil des französischen Episkopates und Klerus wendet sich mutig gegen die Verfolgung der Juden.

Schon im Dezember 1941 richtete Bischof Théas von Montauban folgenden Brief an den Rabbiner seiner Stadt:

«... Die Kränkung, die brutale Verfolgung Ihrer Glaubensgenossen ruft den Protest des christlichen Gewissens und alles dessen hervor, was an der Menschheit anständig ist.

Ich lege Wert darauf, Sie meiner lebhaftesten Sympathie und meines Gebetes zu versichern. Die Stunde der göttlichen Gerechtigkeit wird schlagen. Wir wollen Vertrauen haben.»[1]

Am 14. Juni 1942 forderte Pfarrer Dillard in der stark besuchten Kirche Saint-Louis zu Vichy seine Gläubigen auf, für die Kriegsgefangenen zu beten, «aber auch für die 80000 Franzosen, die man dadurch verunglimpft, daß man sie einen gelben Stern tragen läßt». Pfarrer Dillard stirbt in Dachau.[2]

Am 30. August läßt Erzbischof Saliege von Toulouse in allen Kirchen seiner Diözese den Hirtenbrief verlesen, den Abetz in seinem Telegramm erwähnt:

«Meine sehr lieben Brüder,
es gibt eine christliche Moral, es gibt eine menschliche Moral, die Pflichten auferlegt und Rechte anerkennt. Diese Pflichten und diese Rechte stammen aus der menschlichen Natur.

Sie stammen von Gott. Man kann sie verletzen. Kein Sterblicher hat die Macht, sie zu unterdrücken. Daß man Kinder, daß man Frauen, Väter und Mütter wie eine Herde niedrigen Viehs behandelt, daß man Angehörige einer und derselben Familie auseinanderreißt und mit unbekanntem Ziel verlädt, dieses traurige Schauspiel blieb unserer Zeit vorbehalten. Weshalb besteht das Asylrecht in unseren Kirchen nicht mehr? Weshalb sind wir Besiegte? Herr, hab Erbarmen mit uns. Mutter Gottes, bitte für Frankreich. In unserer Diözese haben sich in den Lagern Noé und Récébédou schreckliche Szenen abgespielt. Die Juden sind Männer. Die Jüdinnen sind Frauen. Die Ausländer sind Männer, die Ausländerinnen sind Frauen. Nicht alles darf man ihnen antun, diesen Männern und die-

1. Zitiert bei Léon Poliakov, Le IIIe Reich et les juifs (Paris 1959) S. 417.
2. Jacques Nobécourt a. a. O. S. 212.

sen Frauen, diesen Familienvätern und Familienmüttern. Sie gehören zum menschlichen Geschlecht. Sie sind unsere Brüder wie so viele andere auch. Das darf ein Christ nicht vergessen. Frankreich, liebes Vaterland, Frankreich, das im Gewissen aller seiner Kinder die Tradition der Achtung vor der menschlichen Person einpflanzt, du ritterliches und edles Frankreich, ich zweifle nicht daran: du bist für diese Greuel nicht verantwortlich.»[1]

An demselben Tag läßt Mgr. Théas folgenden Hirtenbrief verlesen:

«Ich lasse den empörten Protest des christlichen Gewissens ertönen, und ich verkünde, daß alle Menschen, Arier oder Nichtarier, Brüder sind, weil Gott sie geschaffen hat; daß alle Menschen, was immer ihre Rasse oder ihre Religion sein mag, ein Recht auf die Achtung der Individuen und der Staaten haben. Die augenblicklichen antisemitischen Maßnahmen sind aber ein Hohn auf die menschliche Person, eine Verletzung der heiligsten Rechte der Person und der Familie.»[2]

Damals gab es zahlreiche öffentliche Proteste von Priestern im besetzten Gebiet, zum Beispiel den Geistlichen von Saint-Lambert und Saint-Étienne-du-Mont in Paris. Wir zitieren als Beispiel eine kurze Predigt, die ein anderer Pariser Priester, der Pfarrer der Gemeinde Saint-Piere-du-Gros-Caillou, im August 1942 hielt:

«Ihr fragt mich, was die Haltung der Katholiken ist? Ihr sollt wissen, daß man sogar das Unmögliche getan hat, um eine Milderung des ursprünglich Vorgesehenen zu erreichen.
Meine Predigt ist kurz: ich weiß, sie kann mich ins Konzentrationslager bringen. Aber ich habe die Pflicht, es noch einmal zu sagen: Papst Pius XI. hat den Rassenwahn verurteilt. So sei es.»[3]

Doch bekräftigen um die gleiche Zeit die Bischöfe von Nizza, Fréjus und Monaco sowie die Äbte von Leyrins und Frigolet telegrafisch ihre Treue zum Marschall und erklären, daß sie nicht mit den unvaterländischen Christen solidarisch sind, deren angebliche Sorge um die Juden nur ihre mangelnde Treue zum Regime verbirgt.[4]

1. Zitiert bei Léon Poliakov a. a. O. S. 418.
2. Zitiert bei Jacques Nobécourt a. a. O. S. 213.
3. Zionistisches Archiv Jerusalem.
4. Eugen Weber, L'Action française (Paris 1964) S. 507.

IV. Die Demarchen der Alliierten beim Heiligen Stuhl

Am 8. August 1942 schickt Gerhardt Riegner, der Vertreter des Jüdischen Weltkongresses in Genf, über die Botschaft der Vereinigten Staaten in Bern folgende Meldung nach New York:

«Erhielt alarmierenden Bericht, wonach im Führerhauptquartier Plan zur schlagartigen Vernichtung aller Juden in von Deutschland kontrollierten besetzten Ländern, Anzahl 3½ bis 4 Millionen, nach Verschleppung und Konzentration im Osten besprochen wurde. Aktion wird für Herbst vorbereitet. Mittel zur Durchführung noch strittig. Man spricht von Blausäure. Übermitteln Information mit allem Vorbehalt, da wir Exaktheit nicht überprüfen können, und bitten zu betonen, daß Informant vermutlich enge Verbindungen zu höchsten deutschen Behörden hat und seine Berichte im allgemeinen zuverlässig sind.»[1]

Dies war der erste Bericht über die «Endlösung». Andere Informationen, die über die in Polen und in der UdSSR angewandten Vernichtungsmethoden berichten, gelangen seit Anfang Sommer 1942 in die alliierten Hauptstädte. Da versuchen die Vertreter der Demokratien, den Vatikan zu einer offenen Stellungnahme zu bewegen.

Am 30. Juli 1942 schickte Harold Tittman, amerikanischer Vertreter beim Heiligen Stuhl in Abwesenheit Myron C. Taylors, folgendes Telegramm an das State Department:

«In meinen jüngsten Berichten an das Department wies ich darauf hin, daß das Ausbleiben jedes öffentlichen Protestes seitens des Heiligen Stuhls gegen die nationalsozialistischen Grausamkeiten dessen moralisches Ansehen in Gefahr bringt und das Vertrauen zur Kirche und zur Person des Heiligen Vaters selber untergräbt. Ich habe im Vatikan mehrfach außeramtlich auf diese Gefahr hingewiesen; einige meiner Kollegen taten dasselbe, doch ohne Erfolg. Die Antwort blieb unverändert, der Papst habe schon in seinen Ansprachen die Verletzungen der Moral zur Kriegszeit verurteilt, und spezifischere Äußerungen könnten die Lage nur verschlechtern.

1. Archiv des Jüdischen Weltkongresses Genf.

Gestern suchte mich der Botschafter Brasiliens beim Heiligen Stuhl auf und fragte mich, ob ich bereit sei, mich einer abgesprochenen (nicht gemeinsamen, aber gleichzeitigen) Demarche anzuschließen, die den Papst zu einer öffentlichen Verurteilung der nationalsozialistischen Grausamkeiten in den von den Deutschen besetzten Gebieten mit konkreten Äußerungen überreden solle. Herr Accioly sagte mir, er habe bereits von seiner Regierung die erforderlichen Instruktionen zur Teilnahme an einer solchen Demarche erhalten, und er bemühe sich um die Mitarbeit der Vertreter Großbritanniens, Polens, Belgiens, Jugoslawiens und möglichst vieler südamerikanischer Länder. Der Botschafter Belgiens hat schon sein Einverständnis erklärt, und der britische Gesandte hat wie der Botschafter Polens telegrafisch um Instruktionen gebeten. Der Botschafter Polens fügte hinzu, er habe den Eindruck, daß seine Regierung neuerdings bei bestimmten alliierten Regierungen Sondierungen in diesem Sinne unternommen habe.

Obgleich ich stark bezweifle, daß man den Papst dazu bewegen kann, die gewünschte Initiative zu ergreifen, sehe ich nicht, wie eine solche Demarche schaden könnte, und denke, daß sie dazu dienen kann, die bislang erfolgten Einzelersuchen zu unterstreichen.

Falls das Department meine Beteiligung an einer solchen Demarche für wünschenswert erachtet, wäre ich für baldige Instruktionen dankbar.»[1]

Am 4. August erwidert Staatssekretär Cordell Hull:

«Wenn sich der Botschafter Brasiliens darum bemüht, den Papst zu einer öffentlichen Verurteilung der nationalsozialistischen Grausamkeiten in den von Deutschland besetzten Gebieten zu bewegen, und wenn Sie über einen solchen Schritt informiert sind, sind Sie ermächtigt, eine unabhängige, doch gleichzeitige Demarche beim Staatssekretariat des Vatikans zu unternehmen und auf die allgemeine Verurteilung hinzuweisen, die diese unglaublichen Greuel bei allen freien Völkern hervorgerufen haben. Sie dürfen ebenfalls auf die heilsame Wirkung einer solchen Verurteilung von seiten des

1. Telegramm Tittmans an Washington vom 30. 7. 1942, Foreign Relations of the United States 1942 (im folgenden FRUS) III S. 772 f.

Papstes mit dem Ziele hinweisen, die Taten der nationalsozialistischen Streitkräfte auch nur ein wenig zu zügeln.»[1]

Einige Tage später berichtet der amerikanische Unterstaatssekretär Sumner Welles über eine Unterredung, die er soeben mit dem britischen Gesandten in Washington geführt hat:

«Sir Ronald Campbell besuchte mich heute morgen auf eigene Bitte.

Der Gesandte erklärte, der Gesandte Großbritanniens beim Vatikan habe die Erlaubnis erhalten, sich auf Veranlassung des Botschafters Brasiliens gleichzeitig mit anderen Vertretern der Vereinten Nationen an den Kardinalstaatssekretär mit der Bitte zu wenden, der Vatikan möge alles in seinen Kräften Stehende unternehmen, um die Ermordung und Mißhandlung Unschuldiger durch die Deutschen in den besetzten Gebieten zu verhindern. Ich sagte dem Gesandten, der amerikanische Vertreter Mr. Tittman habe bereits dieselbe Erlaubnis erhalten.»[2]

Daraufhin sendet Tittman am 14. September folgende Note an Kardinal Maglione:

«Im Auftrag seiner Regierung hat der Geschäftsträger der Vereinigten Staaten beim Heiligen Stuhl die Ehre, Seine Eminenz, den Herrn Kardinalstaatssekretär, auf die grausame und unmenschliche Behandlung aufmerksam zu machen, die die Streitkräfte Hitlers der Zivilbevölkerung in den von den Deutschen besetzten Gebieten angedeihen lassen. Er wünscht hervorzuheben, daß diese unglaublichen Grausamkeiten auf allgemeine Verurteilung gestoßen sind und daß alle freien Völker diese Verurteilung zum Ausdruck gebracht haben.

Der Geschäftsträger ist gleichfalls ermächtigt, hervorzuheben, daß eine ähnliche Verurteilung dieser Grausamkeiten durch den Heiligen Vater den Taten der Streitkräfte des nationalsozialistischen Regimes ein wenig Einhalt gebieten könnte.»[3]

1. Telegramm Hulls an Tittman vom 4. 8. 1942, ebd. S. 773.
2. Aufzeichnung Sumner Welles' vom 18. 8. 1942, ebd.
3. Aufzeichnung Tittmans für Maglione vom 14. 9. 1942, FRUS III S. 774.

Brasilien, Großbritannien, Belgien, Polen, Uruguay und Jugoslawien schicken im wesentlichen gleichlautende Noten an den Staatssekretär.[1] Wenige Tage später läßt Myron C. Taylor dem Staatssekretär eine sehr viel deutlichere Note übermitteln:

«Vatikanstaat, den 26. September 1942.

Sehr verehrter Herr Kardinal Maglione, ich habe die Ehre, die Aufmerksamkeit Eurer Eminenz auf das Memorandum zu lenken, das meine Regierung soeben erhalten hat:

Das Folgende erhielt das Genfer Büro der Jewish Agency for Palestine in einem Brief, der vom 30. August 1942 datiert. Dieses Büro erhielt diesen Bericht von zwei durchaus glaubwürdigen Augenzeugen (Ariern), von denen der eine am 14. August aus Polen eintraf.

1. Die Liquidierung des Warschauer Ghettos geht gerade vor sich. Alle Juden werden ohne irgendeinen Unterschied und ohne Rücksicht auf ihr Alter oder ihr Geschlecht gruppenweise aus dem Ghetto deportiert und exekutiert. Ihre Leichen werden zur Fettherstellung und die Knochen zur Düngerherstellung verwendet. Zu diesem Zwecke werden sogar Leichen ausgegraben.

2. Diese Massenexekutionen finden nicht in Warschau statt, sondern in eigens zu diesem Zwecke eingerichteten Lagern, von denen eines Belzek ist. Rund 50 000 Juden wurden in Lemberg im Laufe des vergangenen Monats an Ort und Stelle exekutiert. Nach einem anderen Bericht wurden in Warschau 100 000 abgeschlachtet. Im ganzen ostpolnischen Gebiet einschließlich dem besetzten Rußland gibt es keinen lebenden Juden mehr. Ebenfalls wird berichtet, daß die gesamte jüdische Bevölkerung von Sewastopol ermordet worden ist. Um nicht die Aufmerksamkeit des Auslandes zu erregen, erfolgte die Abschlachtung der polnischen Juden nicht zu einem und demselben Zeitpunkt.

3. Die aus Deutschland, Belgien, Holland, Frankreich und der Slowakei deportierten Juden werden vernichtet, während die aus Holland und Frankreich nach Osten deportierten Arier tatsächlich zu Arbeiten herangezogen werden.

4. Da derartige Massaker im Westen zuviel Aufmerksamkeit erregen würden, müssen die Juden vorher nach Osten transportiert

1. Telegramm Tittmans an Hull vom 14. 9. 1942 ebd.

werden, wo außenstehende Personen weniger Gelegenheit haben zu erfahren, was dort vorgeht.

Im Laufe der letzten Wochen wurde bereits ein großer Teil der nach Litauen und Lublin deportierten jüdischen Bevölkerung exekutiert. Das ist wahrscheinlich der Grund, weshalb die Deportierten mit niemandem korrespondieren durften. Eine große Anzahl deutscher Flüchtlinge wurde nach Theresienstadt deportiert. Dieser Ort bildet jedoch lediglich eine Durchgangsstation, und den Leuten, die sich dort aufhalten, ist dasselbe Schicksal (wie den anderen) bestimmt.

5. Man hat Maßnahmen für neue Deportationen ergriffen, sobald die Exekutionen genügend Platz geschaffen haben. Häufig sieht man Karawanen von Deportierten, die auf Viehwaggons transportiert werden. Auf jeden Waggon kommen ungefähr vierzig Personen ...

Ich wäre besonders dankbar, wenn Euer Eminenz mich unterrichten könnten, ob der Vatikan über Informationen verfügt, die die in diesem Memorandum enthaltenen Berichte bestätigen könnten. Wenn das der Fall sein sollte, wüßte ich gern, ob der Heilige Vater praktische Maßnahmen anregen kann, wie man die Kräfte der zivilisierten öffentlichen Meinung einsetzen könnte, um eine Fortsetzung dieser Grausamkeiten zu verhindern.»[1]

Am 6. Oktober unterrichtet Tittman das State Department, daß sich weitere lateinamerikanische Länder der Initiative des brasilianischen Botschafters Accioly angeschlossen haben. Der Geschäftsträger fügt noch hinzu:

«Hinter den Bemühungen Herrn Acciolys scheint die volle und aktive Unterstützung der Jesuiten zu stehen.

Ich glaube zu wissen, daß der Papst der Frage ernste Aufmerksamkeit schenkt, und man hat allgemein den Eindruck, er werde im geeigneten Augenblick etwas sagen. Darüber, ob Acciolys Demarche klug war, scheint man im Vatikan geteilter Meinung zu sein.

Der Heilige Stuhl ist anscheinend noch überzeugt, eine offene Anprangerung der nationalsozialistischen Grausamkeiten durch

1. Brief Myron C. Taylors an Kardinal Maglione vom 26.9. 1942, FRUS III S. 775 f.

den Papst könne, zumindest was Polen anbelangt, nur den Tod von noch viel mehr Personen zur Folge haben.

Jedoch erklärte mir Mgr. Montini, es könne der Augenblick kommen, in dem der Heilige Vater sich trotz so bedrohlicher Aussichten zum Sprechen verpflichtet fühle.

... Ein weiteres und möglicherweise noch wichtigeres unter den Motiven, die die Abneigung des Papstes gegen eine Anprangerung der nationalsozialistischen Grausamkeiten bestimmen, ist seine Furcht, das deutsche Volk könne ihm, wenn sie jetzt erfolge, später in der Bitterkeit der Niederlage den Vorwurf machen, er habe, wenn auch nur indirekt, zu dieser beigetragen. Man gab mir zu verstehen, die Deutschen hätten nach dem letzten Kriege wegen gewisser Äußerungen, die Benedikt XV. während der Feindseligkeiten ... getan hatte, derartige Vorwürfe gegen den Heiligen Stuhl erhoben. Wenn man bedenkt, daß Pius XII. lange Jahre seiner Ausbildung in Deutschland verbrachte, erscheint es keineswegs undenkbar, daß er für derartige Argumente besonders empfänglich ist.»[1]

Am 10. Oktober leitet Tittman die Antwort des Staatssekretärs weiter:

«Der Heilige Stuhl hat heute auf Herrn Taylors Brief über die Leiden der Juden in Polen mit einer nichtoffiziellen und nichtunterzeichneten Erklärung geantwortet, die mir der Kardinalstaatssekretär übergab», schreibt Tittman.

«Nachdem die Note Botschafter Taylor dafür gedankt hat, daß er den Heiligen Stuhl auf die Frage aufmerksam machte, erklärt sie, daß ebenfalls Berichte aus anderer Quelle über harte Maßnahmen gegen Nichtarier zum Heiligen Stuhl gelangt sind, daß es aber bis zum gegenwärtigen Augenblick nicht möglich war, diese auf ihre Genauigkeit hin zu überprüfen. Doch ist es wohlbekannt, fügt die Note hinzu, daß der Heilige Stuhl jede sich bietende Gelegenheit zur Milderung der Leiden der Nichtarier ergreift.

Ich bedaure, daß sich der Heilige Stuhl nicht ermutigender äußern konnte, aber es war auf Grund der Haltung des Kardinalstaatssekretärs klar ersichtlich, daß er keine praktischen Anregungen zu geben hatte. Ich halte es für möglich, daß man der Ansicht ist, es gebe wenig Hoffnung, den Grausamkeiten der Nationalso-

1. Telegramm Tittmans an Washington vom 6. 10. 1942, FRUS III S. 776 f.

zialisten auf andere Weise als durch Gewalt von außen Einhalt zu gebieten.»[1]

Am 17. Dezember verurteilen alle alliierten Nationen offiziell die Vernichtung der Juden durch die Nationalsozialisten und kündigen an, daß die Verantwortlichen ihrer Strafe nicht entgehen werden:

«Die ... (alliierten) ... Regierungen und das Französische Nationalkomitee sind auf zahlreiche Berichte aus Europa aufmerksam gemacht worden, denen zufolge die deutschen Behörden sich nicht damit begnügen, Personen jüdischer Rasse in allen ihrer barbarischen Herrschaft unterworfenen Gebieten die elementarsten Menschenrechte zu verweigern, sondern jetzt die oft wiederholte Absicht Hitlers verwirklichen, die jüdische Bevölkerung in Europa auszurotten. Aus allen besetzten Ländern werden Juden unter abstoßend grauenhaften und brutalen Bedingungen nach Osteuropa transportiert. In Polen, das zum wichtigsten nationalsozialistischen Schlachthof gemacht worden ist, werden aus den durch die deutschen Invasoren errichteten Ghettos alle Juden bis auf einige hochqualifizierte, für die Kriegsindustrie benötigte Arbeiter entfernt. Von keinem dieser Weggeführten hört man jemals wieder etwas. Die Arbeitsfähigen werden in Arbeitslagern langsam zu Tode geschunden. Die Schwachen werden dem Kälte- und Hungertod ausgesetzt oder in Massenexekutionen planvoll hingemordet. Die Zahl der Opfer dieser blutigen Grausamkeiten wird auf viele Hunderttausende vollkommen unschuldiger Männer, Frauen und Kinder geschätzt.

Die oben genannten Regierungen und das Französische Nationalkomitee verurteilen aufs schärfste diese bestialische Politik einer kaltblütigen Ausrottung. Sie erklären, daß solche Vorkommnisse nur den Entschluß aller freiheitsliebenden Völker bestärken können, die barbarische Hitler-Tyrannei zu stürzen. Sie bekräftigen noch einmal ihren feierlichen Beschluß, dafür Sorge zu tragen, daß die für diese Verbrechen Verantwortlichen ihrer Strafe nicht entgehen, und die zur Erreichung dieses Zieles erforderlichen praktischen Maßnahmen durchzusetzen.»[2]

1. Telegramm Tittmans an Hull vom 10. 10. 1942, ebd. S. 777 f.

2. Text im U. S. Department of State Bulletin, Bd. VII (Washington 1942) S. 1009.

Da versucht die amerikanische Regierung noch einmal, den Heiligen Stuhl zu einer offenen Stellungnahme zu bewegen. Am Heiligen Abend schickt Tittman folgendes Telegramm an Hull:

«Im Laufe einer neulich stattgefundenen Unterredung mit dem Kardinalstaatssekretär bezog ich mich auf die gemeinsame Erklärung der Vereinten Nationen zur Massenvernichtung der Juden in den von Deutschland besetzten Gebieten und fragte ihn, ob der Heilige Stuhl nicht etwas in demselben Sinne unternehmen könne. Er erwiderte wie früher, der Heilige Stuhl könne nicht konkrete Grausamkeiten anprangern, habe aber häufig die Grausamkeiten im allgemeinen verurteilt. Er fügte hinzu, im stillen sei alles unternommen worden, um dem Unglück der Juden abzuhelfen. Obgleich er die Grausamkeiten beklage, auf die man ihn aufmerksam gemacht habe, könne der Heilige Stuhl die Berichte der Alliierten über die Zahl der vernichteten Juden usw. nicht überprüfen.

Gewissen Gerüchten zufolge wird der Papst in seiner Weihnachtsbotschaft in dieser Frage eine energische Haltung einnehmen, aber ich fürchte, jeder Verzicht auf den Ausdruck der in seinen letzten Botschaften enthaltenen Allgemeinheiten ist unwahrscheinlich.»[1]

Möglicherweise empfing der Heilige Stuhl Ende 1942 einen noch genaueren Bericht als den der jüdischen Organisationen oder der Alliierten, nämlich den Bericht des SS-Obersturmführers Gerstein.

V. Der Gerstein-Bericht

Das Drama «Der Stellvertreter» von Rolf Hochhuth hat die Gestalt des Obersturmführers Kurt Gerstein berühmt gemacht, der in die SS eintrat, um zu «sehen», was dort vorging, und dann die Welt davon in Kenntnis zu setzen.

Im August 1942 bemüht sich Gerstein, der gerade an Vergasungsaktionen teilgenommen hat, um eine Unterredung mit Nuntius Orsenigo; man weist ihn ab. Da übergibt er dem Rechtsberater des Bischofs Graf Preysing von Berlin einen Bericht und bittet um dessen Weiterleitung an

1. Telegramm Tittmans an Hull (übermittelt von Harrisson am 26. 12. 1942), FRUS 1942 I S. 70f.

den Heiligen Stuhl.[1] Es besteht kein Grund zu der Annahme, daß der Text nicht nach Rom geschickt worden ist.

Gersteins Bericht von 1942 ist wahrscheinlich mit dem vom 4. Mai 1945 identisch, in dem derselbe Vorgang beschrieben wird; allerdings ist anzunehmen, daß sich der Obersturmführer 1942 noch besser an Einzelheiten erinnern konnte als drei Jahre später. Die Glaubwürdigkeit der Äußerungen Gersteins zieht kein Historiker ernstlich in Zweifel.

Es empfiehlt sich, hier einen kurzen Auszug aus dem Bericht von 1945 zu veröffentlichen. Da nämlich der Heilige Stuhl bis heute nicht dementiert hat, daß er den Gerstein-Bericht im Krieg erhielt, darf man vermuten, daß Ende 1942 dem Papst ein mit dem hier zitierten im wesentlichen übereinstimmender Text durch Bischof von Preysing übersandt worden ist.

Gerstein befindet sich im Lager Belsen:

«... Tatsächlich kam nach einigen Minuten der erste Zug von Lemberg aus an. 45 Waggons mit 6700 Menschen, von denen 1450 schon tot waren bei ihrer Ankunft. Hinter den vergitterten Luken schauten, entsetzlich bleich und ängstlich, Kinder durch, die Augen voll Todesangst, ferner Männer und Frauen. Der Zug fährt ein: 200 Ukrainer reißen die Türen auf und peitschen die Leute mit ihren Lederpeitschen aus den Waggons heraus. Ein großer Lautsprecher gibt die weiteren Anweisungen: Sich ganz auszuziehen, auch Prothesen, Brillen usw. Die Wertsachen am Schalter abgeben, ohne Bons oder Quittung. Die Schuhe sorgfältig zusammenbinden (wegen der Spinnstoffsammlung), denn in dem Haufen von reichlich 25 Meter Höhe hätte sonst niemand die zugehörigen Schuhe wieder zusammenfinden können. Dann die Frauen und Mädchen zum Friseur, der mit zwei, drei Scherenschlägen die ganzen Haare abschneidet und sie in Kartoffelsäcken verschwinden läßt. ‹Das ist für irgendwelche Spezialzwecke für die U-Boote bestimmt, für Dichtungen oder dergleichen!› sagt mir der SS-Unterscharführer, der dort Dienst tut.

Dann setzt sich der Zug in Bewegung. Voran ein bildhübsches junges Mädchen, so gehen sie die Allee entlang, alle nackt, Männer, Frauen, Kinder, ohne Prothesen. Ich selbst stehe mit dem Hauptmann Wirth oben auf der Rampe zwischen den Kammern. Mütter

1. Augenzeugenbericht zu den Massenvergasungen, Vierteljahrshefte für Zeitgeschichte 1. Jg. (1953) S. 193.

mit ihren Säuglingen an der Brust, sie kommen herauf, zögern, treten ein in die Todeskammern! – An der Ecke steht ein starker SS-Mann, der mit pastoraler Stimme zu den Armen sagt: ‹Es passiert euch nicht das geringste! Ihr müßt nur in den Kammern tief Atem holen, das weitet die Lungen, diese Inhalation ist notwendig wegen der Krankheiten und Seuchen.› Auf die Frage, was mit ihnen geschehen würde, antwortet er: ‹Ja, natürlich, die Männer müssen arbeiten, Häuser und Chausseen bauen, aber die Frauen brauchen nicht zu arbeiten. Nur wenn sie wollen, können sie im Haushalt oder in der Küche mithelfen.› – Für einige von diesen Armen ein kleiner Hoffnungsschimmer, der ausreicht, daß sie ohne Widerstand die paar Schritte zu den Kammern gehen – die Mehrzahl weiß Bescheid, der Geruch kündet ihnen ihr Los! – So steigen sie die kleine Treppe herauf und dann sehen sie alles. Mütter mit Kindern an der Brust, kleine nackte Kinder, Erwachsene, Männer und Frauen, alle nackt – sie zögern, aber sie treten in die Todeskammern, von den anderen hinter ihnen vorgetrieben oder von den Lederpeitschen der SS getrieben. Die Mehrzahl, ohne ein Wort zu sagen. Eine Jüdin von etwa 40 Jahren mit flammenden Augen ruft das Blut, das hier vergossen wird, über die Mörder. Sie erhält 5 oder 6 Schläge mit der Reitpeitsche ins Gesicht, vom Hauptmann Wirth persönlich, dann verschwindet auch sie in der Kammer. – Viele Menschen beten. Ich bete mit ihnen, ich drücke mich in eine Ecke und schreie laut zu meinem und ihrem Gott. Wie gern wäre ich mit ihnen in die Kammern gegangen, wie gern wäre ich ihren Tod mitgestorben. Sie hätten dann einen uniformierten SS-Offizier in ihren Kammern gefunden – die Sache wäre als Unglücksfall aufgefaßt und behandelt worden und sang- und klanglos verschollen. Noch also darf ich nicht, ich muß noch zuvor künden, was ich hier erlebe! – Die Kammern füllen sich. Gut vollpacken – so hat es der Hauptmann Wirth befohlen. Die Menschen stehen einander auf den Füßen. 700–800 auf 25 Quadratmetern, in 45 Kubikmetern! Die SS zwängt sie physisch zusammen, soweit es überhaupt geht. – Die Türen schließen sich. Währenddessen warten die anderen draußen im Freien, nackt. Man sagt mir: ‹Auch im Winter genauso!› ‹Ja, aber sie können sich ja den Tod holen!» sagte ich. – ‹Ja, grad for das sinn se ja doh!› sagt mir ein SS-Mann darauf in seinem Platt. – Jetzt endlich verstehe ich auch, warum die ganze Einrichtung Heckenholt-Stiftung heißt.

Heckenholt ist der Chauffeur des Dieselmotors, ein kleiner Techniker, gleichzeitig der Erbauer der Anlage. Mit den Dieselauspuffgasen sollen die Menschen zu Tode gebracht werden. Aber der Diesel funktioniert nicht! Der Hauptmann Wirth kommt. Man sieht, es ist ihm peinlich, daß das gerade heute passieren muß, wo ich hier bin. Jawohl, ich sehe alles! Und ich warte. Meine Stoppuhr hat alles brav registriert. 50 Minuten, 70 Minuten – der Diesel springt nicht an! Die Menschen warten in ihren Gaskammern. Vergeblich. Man hört sie weinen, schluchzen ... Der Hauptmann Wirth schlägt mit seiner Reitpeitsche dem Ukrainer, der dem Unterscharführer Heckenholt beim Diesel helfen soll, 12–13mal ins Gesicht. Nach 2 Stunden 49 Minuten – die Stoppuhr hat alles wohl registriert – springt der Diesel an. Bis zu diesem Augenblick leben die Menschen in diesen 4 Kammern, viermal 750 Menschen in viermal 45 Kubikmetern! – Von neuem verstreichen 25 Minuten. Richtig, viele sind jetzt tot. Man sieht das durch das kleine Fensterchen, in dem das elektrische Licht die Kammer einen Augenblick beleuchtet. Nach 28 Minuten leben nur noch wenig. Endlich, nach 32 Minuten ist alles tot!»

Ferner schreibt Gerstein in seinem Bericht von 1945:

«Ich versuchte ... dem Päpstlichen Nuntius in Berlin Bericht zu erstatten. Dort wurde ich gefragt, ob ich Soldat sei. Daraufhin wurde jede weitere Unterhaltung mit mir abgelehnt, und ich wurde zum Verlassen der Botschaft Seiner Heiligkeit aufgefordert ... Ich habe dann alles dies Hunderten von Persönlichkeiten berichtet, u. a. dem Syndikus des katholischen Bischofs von Berlin, Herrn Dr. Winter, mit der ausdrücklichen Bitte um Weitergabe an den päpstlichen Stuhl.»[1]

Man könnte einwenden, daß der Gerstein-Bericht, selbst wenn er bis zum Heiligen Stuhl gedrungen wäre, wegen der sonderbaren Persönlichkeit seines Verfassers nicht hätte überzeugen können: wie soll man einem SS-Offizier Glauben schenken, der angeblich so regimefeindlich ist, daß er derartige Geheimnisse verbreitet? Ist er nicht geistesgestört? In Wirklichkeit leuchtet ein solcher Einwand schwerlich ein, denn der Gerstein-Bericht unterstrich und bestätigte nur die Berichte der jüdi-

1. Augenzeugenbericht zu den Massenvergasungen, Vierteljahrshefte für Zeitgeschichte 1. Jg. (1953) S. 190ff.

schen Organisationen, der Alliierten und schließlich mehrerer deutscher Offiziere, von denen mindestens einer eigens von der Ostfront kam, um Kardinal Faulhaber von den Vorgängen, deren Zeuge er geworden war, in Kenntnis zu setzen.[1]

Wir wollen abschließend noch anmerken, daß Erzbischof Sapieha von Krakau sich am 8. November 1942 bei Generalgouverneur Frank darüber beschwerte, daß auch polnische Arbeiter bei der Vernichtung der Juden hinzugezogen worden seien.[2]

VI. Die Weihnachtsbotschaft Pius' XII. von 1942

Harold Tittman schrieb im Dezember 1942, «bestimmten Gerüchten zufolge werde der Papst in seiner Weihnachtsbotschaft eine energische Haltung einnehmen», fügte allerdings hinzu: «Ich fürchte, jegliche Abkehr von der Verkündigung der in seinen letzten Botschaften enthaltenen Allgemeinheiten ist unwahrscheinlich.»

Tatsächlich sagt Pius XII. einiges, und anscheinend glaubt er (wie die im folgenden von uns vorgelegten Dokumente vermuten lassen), er sei sehr deutlich geworden. Wir können hier nicht den vollständigen Text dieser sehr langen Weihnachtsbotschaft abdrucken und wollen uns mit der Wiedergabe der vierundzwanzigsten von ihren 26 Seiten begnügen, auf der die fragliche Stelle steht:

«Wollen die Völker dieser verhängnisreichen Entwicklung (des Krieges) tatenlos zusehen? Müssen nicht vielmehr gerade über den Trümmern einer Gemeinschaftsordnung, die ihre Unfähigkeit zur Schaffung des Volkswohls so traurig unter Beweis gestellt hat, alle Hochherzigen und Gutgesinnten sich zusammenfinden in dem Gelöbnis, nicht zu rasten, bis in allen Völkern und Ländern die Zahl derer Legion geworden ist, die entschlossen sind, das Gemeinschaftsleben zum unverrückbaren Mittelpunkt seines Kreislaufes, zum göttlichen Gesetz zurückzuführen, die bereit sind, der Persönlichkeit und der in Gott geadelten Gemeinschaft zu dienen?

1. Vgl. den Beitrag Thomas Dehlers, zitiert bei Fritz J. Raddatz, Summa iniuria oder Durfte der Papst schweigen? (Reinbek bei Hamburg 1963) S. 231 f.

2. Zitiert bei Léon Poliakov in: The Vatican and the Jewish Question, Commentary, November 1950, S. 442. Man beachte die schreckliche Zweideutigkeit des Ausdrucks bei Mgr. Sapieha, auf die auch Poliakov hinweist.

Dieses Gelöbnis schuldet die Menschheit den zahllosen Toten, die im Boden der Schlachtfelder ruhen; das Opfer ihres Lebens bei Erfüllung ihrer Pflicht ist dargebracht für eine bessere Gemeinschaftsordnung.

Dieses Gelöbnis schuldet die Menschheit der unabsehbaren Trauerschar von Müttern, Witwen und Waisen, denen das Licht, der Trost und die Stütze ihres Lebens geraubt wurde.

Dieses Gelöbnis schuldet die Menschheit den unzähligen Verjagten, die der Sturmwind des Krieges aus ihrem Heimatboden entwurzelt und in fremde Länder verweht hat, wo sie mit dem Propheten klagen könnten: ‹Unser angestammtes Erbe ist den Fremden zuteil geworden, unsere Häuser den Unbekannten.›

Dieses Gelöbnis schuldet die Menschheit den Hunderttausenden, die persönlich schuldlos bisweilen nur um ihrer Volkszugehörigkeit oder Abstammung willen dem Tode geweiht oder einer fortschreitenden Verelendung preisgegeben sind (von mir kursiv, d. Verf.).

Dieses Gelöbnis schuldet die Menschheit den vielen Tausenden von Nichtkämpfern, Frauen, Kindern, Kranken und Greisen, denen der Luftkrieg – Wir haben vor seinen Schrecken von Anfang an wiederholt Unsere warnende Stimme erhoben – mit seiner unterschiedslosen oder nicht hinreichend überprüften Anwendung Leben, Besitz, Gesundheit, die Stätten der Caritas und des Gebetes geraubt hat.»

Die Anspielung auf jene, die bloß wegen ihrer Rasse dem Tod oder der allmählichen Ausrottung verfallen, ist anscheinend den meisten Zuhörern des Papstes und vor allem den Deutschen entgangen; keins der Dokumente aus der Wilhelmstraße, die der Analyse der päpstlichen Botschaft gewidmet sind, hebt diesen Punkt hervor.

Harold Tittman hat kurz nach Weihnachten eine Unterredung mit dem Papst:

«Was die Weihnachtsbotschaft anbelangt, so machte der Papst mir den Eindruck, daß er aufrichtig glaubt, er habe sich klar genug geäußert, um alle, die im Vergangenen darauf bestanden, er solle einige Worte zur Verurteilung der nationalsozialistischen Grausamkeiten sagen, zufriedenzustellen. Er schien überrascht, als ich ihm sagte, nicht alle Leute seien derselben Ansicht.

Er sagte mir, seines Erachtens sei es für alle Welt klar, daß er die Polen, die Juden und die Geiseln meinte, als er von Hunderttausenden von Menschen sprach, die man getötet oder gefoltert habe, ohne ihnen irgendwelche Schuld beilegen zu können, ja manchmal nur auf Grund ihrer Rasse oder ihrer Nationalität.

Er sagte mir, er habe, als er von diesen Grausamkeiten sprach, nicht die Nationalsozialisten nennen können, ohne die Bolschewisten ebenfalls zu nennen, das aber hätte seiner Meinung nach den Alliierten wahrscheinlich nicht gefallen.

Er erklärte, er fürchte, die Berichte der Alliierten über die Grausamkeiten seien fundiert, obgleich er mir zu verstehen gab, daß seiner Ansicht nach ein wenig Übertreibung zu Propagandazwecken im Spiele sei. Im großen und ganzen meinte er, seine Botschaft müsse vom amerikanischen Volk gut aufgenommen werden, und ich sagte ihm, ich stimmte mit ihm überein.»[1]

Die Äußerungen des Papstes sind unter den gegebenen Umständen besonders schwer zu verstehen: die Äußerung «Übertreibung zu Propagandazwecken» ist nicht besonders klar, wenn man berücksichtigt, daß 1942 wahrscheinlich zahlreiche übereinstimmende Berichte den Heiligen Stuhl erreichten. Worauf bezieht sich der Papst, wenn er die bolschewistischen Grausamkeiten erwähnt? Das Ereignis aus den Jahren von 1939 bis 1944, an das man hier denken muß, ist die Ermordung der 30 000 polnischen Offiziere in Katyn, für die man allgemein die Russen verantwortlich macht. Aber die ersten Nachrichten darüber wurden von den Deutschen, die doch an einer solchen Veröffentlichung am meisten interessiert waren, erst im April 1943 verbreitet, also mehrere Monate nach Tittmans Begegnung mit dem Papst. Deshalb bezieht sich der Papst wahrscheinlich nicht auf einen konkreten Fall, sondern gibt eine allgemeine Verurteilung der Sowjetunion.

Wir berühren damit am Rande das, was wahrscheinlich seit 1943 die Hauptsorge des Heiligen Stuhls gewesen ist: die bolschewistische Bedrohung.[2] Wenn sich der Papst auf bolschewistische Grausamkeiten beruft, die sich wahrscheinlich für Januar 1943 schwer präzisieren lassen, und dieses Argument bemüht, um sein Schweigen zur Ermordung der Juden zu erklären, erweckt er möglicherweise den Eindruck, daß zwischen diesem Schweigen und der Furcht vor der bolschewistischen Bedrohung ein Zusammenhang besteht. Tatsächlich hätte eine Verurteilung der Deutschen das Deutsche Reich als den Schutzwall gegen den Bol-

1. Telegramm Tittmans an Hull vom 30. 12. 1942, FRUS 1943 II S. 911 ff.
2. Vgl. unten das siebte Kapitel.

schewismus geschwächt. Natürlich handelt es sich hier lediglich um eine Hypothese, die kein einziger Text ausdrücklich bestätigt.

Wir möchten abschließend bemerken, daß wir bereits über zwei Erklärungen des Heiligen Stuhls zur Rechtfertigung seines Schweigens verfügen: diejenige Kardinal Magliones, die zu verstehen gibt, daß der Papst keine konkreten Grausamkeiten anprangern darf, und diejenige Pius' XII., die hervorhebt, er könne nicht die deutschen Grausamkeiten anprangern, ohne mit den bolschewistischen dasselbe zu tun. Der Papst führt im April 1943 in einem Schreiben an Bischof von Preysing und im Juni desselben Jahres in einer Ansprache vor dem Kardinalskollegium noch weitere Erklärungen an.

VII. Brief des Papstes an Bischof von Preysing und Ansprache an das Kardinalskollegium

Am 30. April 1943 richtet Pius XII. an den Berliner Bischof Graf von Preysing folgendes Schreiben:

«Zunächst sprechen Wir Dir, ehrwürdiger Bruder, innigsten Dank aus für die guten Wünsche, die Du persönlich wie im Namen Deines Klerus und Deiner Diözesanen Uns bei verschiedenen Gelegenheiten, noch im Dezember zu den heiligen Festen um die Jahreswende und zuletzt zum Jahrestag Unserer Wahl zum Obersten Hirten der Kirche ausgesprochen hast. Wir wissen, aus welch treuem und von Glaubensgeist erfülltem Herzen sie kommen. Wir danken Dir und Deiner Herde besonders für Euer frommes Gebet. In Deinem Schreiben vom 27. Februar d. J. versicherst Du Uns Eurer inständigen Fürbitte aus dem Bewußtsein heraus, ‹daß wohl selten im Anfang eines Pontifikats einem Papste eine so schwere Last von Gott aufgebürdet worden ist› wie Uns ‹durch den furchtbaren Weltkrieg und all das, was er an Schmerzlichem und Sündhaftem im Gefolge hat›. Es ist gewiß immer Vorsicht geboten, wenn man die Gegenwart mit der Vergangenheit vergleichen will, und es liegt Uns fern, die Sorgen und Nöte, die auf die Schultern Unserer Vorgänger gedrückt haben, zu unterschätzen. Aber sicher ist der ehrliche Wille der Päpste, in weittragenden und erschütternden Auseinandersetzungen unter den Mächten dieser Erde allen mit voller Unparteilichkeit zu begegnen, gleichzeitig aber auch die Belange der heiligen

Kirche sorgsam zu wahren, selten einer Belastungsprobe ausgesetzt gewesen, wie der Heilige Stuhl sie gegenwärtig zu bestehen hat. Was indes noch mehr bedrückt, ist, wie Du richtig sagst, ‹all das, was der Krieg an Schmerzlichem und Sündhaftem im Gefolge hat›. Die hemmungslos steigende sachliche Grausamkeit der Kriegstechnik macht den Gedanken an eine noch lange Dauer des gegenseitigen Mordens unerträglich; was Uns seit Jahr und Tag an Unmenschlichkeiten zu Ohren kommt, die ganz und gar außerhalb der ernsthaften Kriegsnotwendigkeiten liegen, wirkt nachgerade lähmend und schaudererregend. Die Flucht in das Gebet zum allwissenden Gott und zu dem Erlöser im Tabernakel geben allein die sittliche Kraft, dem Eindruck solchen Geschehens seelisch zu widerstehen.»

Die nationalsozialistische Einstellung gegenüber den Bemühungen des Papstes, die Unmenschlichkeit des Krieges zu mildern

«Auch Ihr habt die Schrecken des Krieges in der unsagbar schweren Form der Luftangriffe erfahren müssen. Wir sprechen Dir und Deinen Diözesanen nochmals Unser teilnehmendes tiefes Bedauern zum Einsturz der Hedwigskathedrale infolge des letzten Angriffs auf Berlin aus. Die Gläubigen sollen wissen, daß Wir täglich im besonderen für die beten und denen Unseren Segen spenden, die an diesem Tage auf der einen oder anderen Seite von Luftangriffen heimgesucht werden. Wir tun zur Minderung der Kriegsleiden, was in Unseren Kräften steht, und haben, ohne Uns von der geringen Aussicht auf Erfolg abhalten zu lassen, Uns immer wieder für möglichste Schonung der Zivilbevölkerung eingesetzt. Es ist nicht Unsere Schuld, daß eine nach allen Seiten gleichmäßige Behandlung der Kriegsfragen Uns nötigt, jetzt, wo Deutschland der unter den Luftangriffen am stärksten leidende Teil geworden ist, bei Vermittlungen umsichtig zu Werke zu gehen – ganz abgesehen davon, daß deutsche amtliche Stellen anläßlich der Anwesenheit des Erzbischofs von New York in Rom, oder besser anläßlich der Gerüchte, die um seinen Rombesuch gingen, die Öffentlichkeit haben wissen lassen, Deutschland sei an Bemühungen des Papstes um eine Humanisierung des Krieges nicht interessiert. Unsere Schritte für Menschlichkeit im Kriege gelten in gleicher Sorge allen Kriegsopfern, allen materiell oder seelisch unter der Kriegsnot Leidenden – und diese hoffen in Deutschland ebenso auf Unsere Hilfe wie in der übrigen Welt.

Auch Unseren Nachrichtendienst für Kriegsgefangene hätten Wir sehr gerne Deutschland ebenso zugute kommen lassen wie anderen Ländern. Der Nachrichtendienst hat sich aus den an den Heiligen Stuhl herantretenden Anfragen und Bitten um Vermittlung, denen vielfach von anderen Stellen gar nicht hätte entsprochen werden können, ganz von selbst zu dem entwickelt, was er jetzt ist. Zusammen mit Unserer übrigen Kriegshilfe hat er – Wir sagen das mit tiefem Dank gegen Gott – viel und umfassend Gutes schaffen können. Es ist Uns unerfindlich, welche sachlichen Gründe die deutschen Behörden veranlaßt haben könnten, dem Päpstlichen Hilfswerk den Eingang nach Deutschland zu sperren. Die deutsche Sperre für Gefangenennachrichten von hier hat sich u. a. fühlbar gemacht, als es sich darum handelte, einige tausend Meldungen von deutschen Kriegsgefangenen, die Unserem Nachrichtendienst zugegangen waren, an die Angehörigen in Deutschland weiterzuleiten. Es ist schließlich gelungen, aber nur auf Umwegen und mit größten Schwierigkeiten. Seit Herbst 1942 kommen aus Deutschland, und zwar in immer steigender Zahl, Anfragen über Vermißte oder Gefangene, deren letzter Standort an der russischen Front, meistens bei Stalingrad, war. Es spricht eine erschütternde Not aus diesen Anfragen. Von Unserer Seite wird jeder nur mögliche Versuch gemacht, um Mitteilungen über die in Rußland lebenden Kriegsgefangenen zu erhalten, bis jetzt leider ohne Erfolg.»

Die Hirtenbriefe der deutschen Bischöfe

«Wir sind Dir, ehrwürdiger Bruder, dankbar für die klaren und offenen Worte, die Du bei verschiedenen Gelegenheiten an Deine Gläubigen und damit an die Öffentlichkeit gerichtet hast; Wir denken u. a. an Deine Ausführungen vom 28. Juni 1942 über die christliche Rechtsauffassung; vom Totensonntag im vergangenen November über das Recht auf Leben und Liebe, das jedem Menschen zusteht; Wir denken besonders an Deinen Adventhirtenbrief, der ja auch für die westdeutschen Kirchenprovinzen bestimmt war, über die Herrschaftsrechte Gottes, die Rechte des einzelnen und der Familie.

Man wende nicht ein, daß bischöfliche Kundgebungen, die mutvoll der eigenen Regierung gegenüber für die Rechte der Religion, der Kirche, der menschlichen Persönlichkeit, für Schutzlose, von der öffentlichen Macht Vergewaltigte eintreten, gleichviel ob die Betroffenen Kinder der Kirche oder Außenstehende sind – daß solche Kundgebungen Eurem Vaterland in der Weltöffentlichkeit schaden. Jenes mutvolle Eintreten für Recht und Menschlichkeit stellt Euer Vaterland nicht bloß, wird Euch und ihm vielmehr in der Weltöffentlichkeit Achtung schaffen und kann sich in Zukunft sehr zu seinem Besten auswirken.

Als Oberster Hirt der Gläubigen sorgen Wir Uns auch darum, daß Eure Katholiken ihre Überzeugungen und deren Bekenntnis rein halten von einem Sichabfinden mit Grundsätzen und Taten, die dem Gesetz Gottes und dem Geiste Christi widerstreiten, ja ihnen mehr als einmal Hohn sprechen. Es hat Uns, um ein naheliegendes Beispiel zu nehmen, getröstet, zu hören, daß die Katholiken, gerade auch die Berliner Katholiken, den sogenannten Nichtariern in ihrer Bedrängnis viel Liebe entgegengebracht haben, und Wir sagen in diesem Zusammenhang ein besonderes Wort väterlicher Anerkennung wie innigen Mitgefühls dem in Gefangenschaft befindlichen Prälaten Lichtenberg.

Aber schon der Gedanke, es könnten allmählich, vielleicht fast unvermerkt, jene Auffassungen durch die Macht der Gewöhnung und unter Wirkung ihrer unaufhörlichen Verbreitung Eingang auch in die Gedankenwelt der Katholiken, besonders ihrer jungen Generation, finden, schon dieser Gedanke schmerzt Uns. Du weißt, daß der Heilige Stuhl die Vorgänge bei Euch auf liturgischem Gebiet für wichtig genug gehalten hat, um sich mit ihnen zu befassen. Wir gestehen aber, daß Uns die Reinerhaltung der christlichen Überzeugung von aller ihr drohenden Vergiftung noch ungleich mehr am Herzen liegt als jene liturgischen Fragen. Was würde ein noch so schöner Gottesdienst im Kirchenraum bedeuten, wenn draußen im Leben Denken und Tun der Gläubigen dem Gesetz und der Liebe Christi entfremdet wären!»

«Den an Ort und Stelle tätigen Oberhirten überlassen Wir es, abzuwägen, ob und bis zu welchem Grade die Gefahr von Vergeltungsmaßnahmen und Druckmitteln im Falle bischöflicher Kundgebungen sowie andere vielleicht durch die Länge und Psychologie des Krieges verursachten Umstände es ratsam erscheinen lassen, trotz der angeführten Beweggründe, ad maiora mala vitanda Zurückhaltung zu üben. Hier liegt einer der Gründe, warum Wir selber Uns in Unseren Kundgebungen Beschränkung auferlegen; die Erfahrung, die Wir im Jahre 1942 mit päpstlichen, von Uns aus für die Weitergabe an die Gläubigen freigestellten Schriftstücken gemacht haben, rechtfertigt, soweit Wir sehen, Unsere Haltung.

Wir haben diese Fragen ausführlicher mit Dir besprochen, nicht als ob Du Unserer Ermunterung zum Handeln bedürftest, sondern, im Gegenteil, weil Wir einerseits Dein starkes Empfinden für die Ehre der heiligen Kirche und Deinen Mut kennen, andererseits wissen, daß Du die Gesamtlage mit umsichtiger Nüchternheit beurteilst. Für den Stellvertreter Christi wird der Pfad, den er gehen muß, um zwischen den sich widerstreitenden Forderungen seines Hirtenamtes den richtigen Ausgleich zu finden, immer verschlungener und dornenvoller.

Wir haben die gegen die Kirche gerichteten Maßnahmen vor Augen, von denen Deine Schreiben Uns Mitteilung machten: Einziehung von Kirchengut, Wegnahme deines Bischöflichen Seminars Hedwigshöhe, Einschränkung oder Unterbindung der Seelsorge an den nach Deutschland verbrachten Polen, auch des Religionsunterrichtes für polnische Kinder, Eheverbot für die Polen usw., alles immer wieder nur Teilstücke aus dem größeren Rahmen und umfassenderen Plan einer Drosselung der kirchlichen Lebenskraft im deutschen Machtraum. Am härtesten getroffen ist, wie Du weißt, die katholische Kirche im Warthegau. Wir leiden schwer unter der namenlosen Not der Gläubigen dortselbst, um so mehr, als jeder Versuch, für sie bei den Regierungsstellen zu vermitteln, auf schroffste Ablehnung gestoßen ist. Die Rücksichtnahmen, von denen weiter oben die Rede war, im Sonderfall des Warthegaus vor allem die

Befürchtung, den Rest von Seelsorge, der dort noch besteht, auch zu gefährden, haben Uns bis jetzt davon zurückgehalten, die dortigen kirchlichen Zustände offen zur Sprache zu bringen.

Über die Lage und das Schicksal der in Konzentrationslager verbrachten Priester, unter denen die Polen weitaus an erster Stelle stehen, sind Wir verhältnismäßig gut unterrichtet. Wenn sich irgendwie Gelegenheit bietet, möge man jene Priester wie ihre Mitgefangenen immer wissen lassen, daß ihnen Unser innigstes Mitgefühl gehört, daß in dieser von Leid und Grauen erfüllten Zeit Uns wenige Schicksale so nahe gehen wie das ihre, und daß Wir viel und täglich für sie beten.

Der Wortlaut der Denkschrift, die der deutsche Episkopat an die höchsten Stellen des Reiches gelangen ließ, liegt Uns vor. Nun wißt Ihr ja selbst, wie geringe Aussicht auf Erfolg ein Schriftstück hat, das als vertrauliche Eingabe an die Regierung gerichtet ist; doch wird die Denkschrift auf alle Fälle den Wert einer Rechtfertigung des Episkopates vor der Nachwelt haben.»

Die Aktion des Heiligen Stuhles zur Unterstützung der Juden

«Für die katholischen Nichtarier wie auch für die Glaubensjuden hat der Heilige Stuhl caritativ getan, was nur in seinen Kräften stand, in seinen wirtschaftlichen und moralischen. Es hat von seiten der ausführenden Organe Unseres Hilfswerkes eines Höchstmaßes von Geduld und Selbstentäußerung bedurft, um den Erwartungen, man muß schon sagen den Anforderungen der Hilfesuchenden zu entsprechen, wie auch der auftauchenden diplomatischen Schwierigkeiten Herr zu werden. Von den sehr hohen Summen, die Wir in amerikanischer Währung für Übersee-Reisen von Emigranten ausgeworfen haben, wollen Wir nicht sprechen; Wir haben sie gerne gegeben, denn die Menschen waren in Not; Wir haben um Gotteslohn geholfen, und haben gut daran getan, irdischen Dank nicht in Rechnung zu stellen. Immerhin ist dem Heiligen Stuhl auch von jüdischen Zentralen wärmste Anerkennung für sein Rettungswerk ausgesprochen worden.

Zu dem, was im deutschen Machtraum zur Zeit gegen die Nichtarier vor sich geht, haben Wir in Unserer Weihnachtsbotschaft ein

Wort gesagt. Es war kurz, wurde aber gut verstanden. Daß den nichtarischen oder halbarischen Katholiken, die Kinder der Kirche sind wie alle anderen, jetzt, im Zusammenbruch ihrer äußeren Existenz und in ihrer seelischen Not, Unsere Vaterliebe und Vatersorge in erhöhtem Maße gilt, brauchen Wir nicht erst zu versichern. So wie die augenblickliche Lage ist, können Wir ihnen leider keine andere wirksame Hilfe zukommen lassen als Unser Gebet. Wir sind aber entschlossen, je nach dem, was die Umstände heischen oder erlauben, von neuem Unsere Stimme für sie zu erheben.»

Die nationalsozialistische Erziehung

«Über die beharrliche Treue der deutschen Katholiken zu ihrem Glauben und ihrer Kirche haben Wir gerade in diesen Tagen wieder sehr Trostvolles gehört. Hinter allem Bedrückenden und Erhebenden der Gegenwart steht für Uns jedoch die eine schwere Zukunftsfrage: Wie soll die katholische Jugend, wie die kommenden Generationen, einmal ganz erfaßt von dem geschlossenen System christentumsfremder Beeinflussung und Erziehung, das durch die Parteiorganisationen, die neue Schule und die schon bekannten Bestimmungen des zu erwartenden Volksgesetzbuches gebildet wird, wie sollen sie ihren katholischen Glauben unverfälscht bewahren und weitergeben? Wir können Uns vorerst nur trösten mit der Verheißung der Heiligen Schrift: ‹Gott ist treu. Er wird euch nicht über eure Kräfte versuchen lassen, sondern mit der Versuchung auch den guten Ausgang schaffen, daß ihr bestehen könnt› (1. Kor. 10, 13).

Als Unterpfand dieses ‹guten Ausgangs› erteilen Wir – doppelt und dreifach ‹im Zeichen des Kreuzes›, wie Du es in Deinem Hirtenwort zum letzten Papstsonntag sagst – Dir selbst, ehrwürdiger Bruder, Deinen Mitarbeitern im Apostolat und allen Deinen Diözesanen in väterlicher Liebe und aus der Fülle des Herzens den erbetenen Apostolischen Segen.»[1]

Schließlich brachte der Papst am 2. Juni 1943 in einer geheimen Ansprache vor dem Kardinalskollegium das Problem der Judenvernichtung zur

1. Der Text dieses Briefes ist veröffentlicht bei Walter Adolph, Verfälschte Geschichte, Antwort an Rolf Hochhuth (Berlin 1963) S. 39 ff.

Sprache und begründete noch einmal seine außerordentliche Zurückhaltung:

«Wundert euch nun nicht, geliebte Brüder und Söhne, wenn Wir mit besonders inniger und bewegter Anteilnahme den Bitten derjenigen Gehör schenken, die sich mit angsterfülltem Herzen flehend an Uns wenden. Es sind dies diejenigen, die wegen ihrer Nationalität oder wegen ihrer Rasse von größerem Unheil und stechenderen und schwereren Schmerzen gequält werden und auch ohne eigene Schuld bisweilen Einschränkungen unterworfen sind, die ihre Ausrottung bedeuten ... Jedes Wort, das Wir in diesem Anliegen an die zuständigen Behörden richteten, und jede Unserer öffentlichen Kundgebungen mußte von Uns ernstlich abgewogen und abgemessen werden im Interesse der Leidenden selber, um nicht ungewollt ihre Lage noch schwerer und unerträglicher zu gestalten. Leider entsprechen die sichtlich erreichten Besserungen nicht dem Ausmaß der mütterlichen Bemühung der Kirche zugunsten dieser Einzelgruppen, die härtestem Schicksal preisgegeben sind. Und wie Jesus von seiner Stadt schmerzvoll ausrufen mußte: ‹Quoties volui ... et noluisti!› – ‹wie oft habe ich es versucht ... du aber hast nicht gewollt›, so stand auch sein Stellvertreter, mochte er auch nur Mitgefühl und aufrichtige Rückkehr zu den einfachen Normen des Rechts und der Menschlichkeit fordern, bisweilen vor Türen, die kein Schlüssel zu öffnen vermochte.»[1]

In seinem Brief an Bischof von Preysing spielt der Papst vor allem auf die materielle Unterstützung der Juden durch den Heiligen Stuhl in den ersten Kriegsjahren an. Die verfügbaren Informationen zu dieser Frage sind freilich widerspruchsvoll und erlauben es nicht, sich von dem Umfang dieser Unterstützung ein Bild zu machen: die Zahlen und Einzelheiten variieren nach Verfassern, und diese – sei es Pater Leiber, Guenter Lewy oder ein anderer – berufen sich ihrerseits nicht auf genaue dokumentarische Quellen. Doch nicht darin liegt der für die Judenfrage entscheidende Punkt des Briefes Pius' XII. an Bischof von Preysing, sondern die Gründe, die der Papst für seine eigene Zurückhaltung anführt und für die Entscheidungsfreiheit, die er den Bischöfen läßt, verdienen größte Beachtung.

1. Ebd. S. 75 f.

Es steht uns im Rahmen dieser Untersuchung nicht zu, darüber zu befinden, ob die Gründe, mit denen der Papst die Gewährung der Handlungsfreiheit sowie seine eigene Zurückhaltung erklärt, a posteriori stichhaltig sind oder nicht. Doch könnten einige Hinweise bei einem solchen Urteil hilfreich sein. Zum Beispiel nahm um dieselbe Zeit die orthodoxe Kirche in der Frage der Handlungsfreiheit der Bischöfe anscheinend eine andere Haltung ein. Nach Informationen von seiten des Großrabbiners von Palästina gab der orthodoxe Patriarch von Konstantinopel an alle seine Bischöfe auf dem Balkan und in Mitteleuropa schriftliche Anweisung, die Juden mit allen Mitteln zu unterstützen und in den Kirchen zu verkünden, das Verstecken von Juden sei eine heilige Pflicht.[1] Dies könnte unter Umständen die paradoxe Tatsache erklären, daß in einem fast völlig katholischen Land wie der Slowakei mehr Juden durch ihre ‹Konversion› zum orthodoxen Glauben als durch ihre ‹Konversion› zur katholischen Religion der Verschleppung entgehen konnten.[2] Der Unterschied in der Haltung der Bischöfe hat dabei anscheinend eine wichtige Rolle gespielt.

Die Gründe, die der Papst für seine eigene Zurückhaltung anführt, nimmt er in seiner Ansprache an das Kardinalskollegium wieder auf. Allerdings erweckt dieser Text den Eindruck, der Papst habe sich an die Deutschen gewandt, bevor er sich mit seinem Schweigen abfand, freilich ohne das bescheidenste Ergebnis: der Stellvertreter Christi stand damals «vor einer Tür, die kein Schlüssel zu öffnen vermochte».[3] Nun enthält das Archiv der Wilhelmstraße abgesehen von den drei Interventionen des Nuntius Orsenigo, die unten noch zu erwähnen sind, kein Dokument, das von einer Unterredung zwischen dem Papst und einem deutschen Botschafter oder zwischen dem Kardinalstaatssekretär und den deutschen Diplomaten über die Judenfrage berichtet. Möglicherweise hat sich Mgr. Orsenigo direkt an Hitler gewandt, und das Protokoll seiner Unterredung ist wie die meisten Akten der Reichskanzlei verlorengegangen.[4] Man kann nur hoffen, daß das vatikanische Archiv, falls eine solche Unterredung stattgefunden hat, bald deren Inhalt bekanntgibt.

1. Zalman Shragai, Die Rettungsreise des Großrabbiners Herzog (Jerusalem 1947) S. 6 (das Buch ist auf hebräisch verfaßt).

2. Raoul Hilberg a. a. O. S. 466.

3. Eine andere mögliche Erklärung dieses Ausdrucks s. u. S. 119.

4. P. Riquet spielt auf eine Begegnung dieser Art im *Osservatore della Domenica* vom 28. Juni 1964 an, freilich ohne genaue Quellenangabe.

VIII. Die Interventionen Mgr. Orsenigos

Am 15. Oktober 1942 schreibt Woermann:

«Der Nuntius brachte heute mit einiger Verlegenheit und ohne Nachdruck vor, daß beim Vatikan mehrfach Anfragen von Juden eingegangen seien, die sich nach dem Schicksal von Angehörigen erkundigten, die zum Verlassen ihres bisherigen Wohnortes veranlaßt worden seien. Solche Anfragen beträfen Juden aus Frankreich und aus Lemberg.

Ich habe dem Nuntius gesagt, daß ich ihm in dieser Frage keine Auskunft geben könne.

Der Nuntius sagte, er werde alsdann nach Rom berichten, er habe die Angelegenheit hier vorgebracht, aber keine Auskünfte erhalten können.»[1]

Die zweite Intervention findet einige Wochen später statt. Am 6. November notiert Weizsäcker folgende Unterredung mit Mgr. Orsenigo:

«Der Nuntius erwähnte heute bei mir beim Weggehen beiläufig Gerüchte über eine bevorstehende Verschärfung der gesetzlichen Bestimmungen für Mischehen. Der Nuntius wollte gehört haben, daß solche Mischehen in Zukunft aufgelöst werden müßten. Ohne sich auf das Dogmatische der katholischen Kirche zu verlegen, wünschte er mir nahezulegen, auf diese bevorstehende Gesetzgebung ein Auge zu haben.

Ich habe mich auf das Thema sachlich nicht eingelassen.»[2]

Die letzte Intervention Mgr. Orsenigos findet im August 1943 statt. Der Apostolische Nuntius überreicht Staatssekretär Steengracht (der Weizsäcker abgelöst hat) eine Verbalnote bezüglich einer vierundsiebzigjährigen Jüdin in Amsterdam namens Fanny Adler, die aller Existenzmittel entblößt ist und um Erlaubnis bittet, zu ihrem Sohn nach London auszureisen. Steengracht berichtet über die Art, wie der Nuntius intervenierte, mit folgenden Worten:

1. Aufzeichnung Woermanns vom 15. 10. 1942, Archiv AA, StS: V.
2. Aufzeichnung Weizsäckers Nr. 659 vom 6. 11. 1942, ebd.

«Heute suchte mich der Nuntius auf, er übergab mir eine Verbalnote, zu der er sogleich bemerkte, daß er für diese Angelegenheit eigentlich nicht zuständig sei und sich ohne weiteres damit abfinden würde, falls in der Angelegenheit nichts gemacht werden könne.»[1]

Als sich der Papst im Juni 1943 an das Kardinalskollegium wendet, sind bereits über drei Millionen Juden ermordet. Die fünf Gaskammern in Auschwitz sind in Aktion getreten.

Kein bisher bekanntes Dokument gestattet die Annahme eines sicheren Zusammenhanges zwischen der Zurückhaltung des Heiligen Stuhls angesichts der Vernichtung der Juden Ende 1942 und 1943 und der Entwicklung der religionsfeindlichen Politik der Deutschen oder der internationalen Lage um die gleiche Zeit. Es ist jedoch wesentlich, die Judenfrage in dem allgemeinen Zusammenhang der Ereignisse zu betrachten, die um diese Zeit den Vatikan beunruhigten. Das wird das Ziel der nächsten beiden Kapitel unserer Untersuchung sein.

1. Aufzeichnung Steengrachts Nr. 376 vom 5. 8. 1943, ebd.

SECHSTES KAPITEL

Der Heilige Stuhl und die religionsfeindliche Politik des Deutschen Reichs

1942 bis Sommer 1943

I. Die ersten Schwierigkeiten

Als Pius XII. sein Pontifikat antrat, hatte er gehofft, zu einem *modus vivendi* mit dem Deutschen Reich zu gelangen, der die verschiedenen religionsfeindlichen Machenschaften der Berliner Regierung beenden sollte. Seit Kriegsbeginn wurden diese Hoffnungen durch immer härtere Maßnahmen der Deutschen gegen den polnischen Klerus und die polnischen Gläubigen enttäuscht.[1]

Im Reichsgebiet tasten willkürliche Entscheidungen den Vermögensstand der Kirche an. So notiert Weizsäcker am 28. November 1940 Einzelheiten einer Unterredung, die er soeben mit dem Nuntius über diese Angelegenheit geführt hat:

«Der Nuntius brachte mir heute, ähnlich wie schon bei seinem letzten Besuch, eine große Zahl von Klagen darüber vor, daß bei der gegenwärtigen umfassenden Umsiedlungsaktion[2] viele kirchliche Institute, Klöster usw. usw. mit Beschlag belegt oder sogar ganz geräumt würden. Die Nachrichten, welche an den Nuntius gelangt wären und aus welchen er mir etwa ¼ Stunde lang vorlas, bezogen sich auf Ostpreußen und insbesondere auf Schlesien. Kardinal Bertram habe sich am 9. ds. Mts. an die Volksdeutsche Mittelstelle, am 10. an den Reichsführer SS unter Nr. 7313 und an Reichsminister Lammers am 20. ds. Mts. unter Nr. 7565 gewandt, ohne jedoch bisher Antworten erhalten zu haben. Der Nuntius bat mich, bei den beteiligten Stellen dahin zu wirken, daß die betreffenden Dienststellen dem Kardinal Bertram antworteten ...»[3]

1. Siehe oben Kap. II und III.

2. Viele Deutsche waren aus polnischen oder baltischen Gebieten sowie aus Südtirol in Gegenden mit hauptsächlich deutscher Bevölkerung umgesiedelt worden.

3. Aufzeichnung Weizsäckers Nr. 861 vom 28. 11. 1940, Archiv AA, StS: V.

Zu Beginn des Rußlandfeldzugs will Hitler wahrscheinlich innere Streitigkeiten vermeiden und gibt Befehl, die Konfiszierung kirchlichen Eigentums zu beenden. Am 7. Juli 1941 richtet Parteisekretär Bormann an alle Gauleiter folgendes Rundschreiben:

«Der Führer hat angeordnet:
Ab sofort haben Beschlagnahmen von kirchlichem und klösterlichem Vermögen bis auf weiteres zu unterbleiben. Selbständige Maßnahmen der Gauleiter dürfen auch dann unter keinen Umständen stattfinden, wenn besondere Umstände in Einzelfällen dringend eine Inanspruchnahme kirchlichen oder klösterlichen Besitzes auf Grund der gesetzlichen Vorschriften erfordern. Hält ein Gauleiter im besonderen Fall diese Voraussetzungen für gegeben, muß zunächst dem Führer zu meinen Händen Bericht erstattet werden.»[1]

Im August 1941 hat Bischof von Galen in Münster seine berühmten Predigten gegen die Tötung der Geisteskranken gehalten. Am 30. September notiert der Chef der Abteilung für vatikanische Angelegenheiten im Außenamt:

«Auf meine Frage, ob gegen den Bischof von Münster in letzter Zeit irgendwelche Maßnahmen ergriffen worden sind, hat der Sachbearbeiter des Kirchenministeriums mitgeteilt, daß das Kirchenministerium wegen der bekannten Predigten des Bischofs bei der Reichskanzlei angeregt habe, dem Bischof die Dotation zu entziehen. Der Führer habe jedoch dieser Tage dahin entschieden, daß vorläufig nichts gegen den Bischof veranlaßt werden solle ...»[2]

Die Tötung der Geisteskranken hört ebenfalls auf. In seinen Gesprächen gibt Hitler denselben Wunsch nach Versöhnung *für die Dauer des Krieges* zu erkennen:

«Ich habe noch viele Probleme zu lösen», erklärt er am 25. Oktober 1941, «an die ich heute nicht denken kann. Aber das heißt nicht, daß ich sie vergesse. Ich schreibe sie auf. Die Zeit wird kommen, wo das große Buch herausgeholt wird! ...

1. Führerbefehl vom 7.7. 1941 (unterzeichnet von Bormann), Archiv AA, StS: V.
2. Aufzeichnung Haidlens vom 30.9. 1941, ebd.

Es hat gar keinen Sinn, die augenblicklichen Schwierigkeiten unnütz zu vermehren. Man handelt viel klüger, wenn man seine Zeit abwartet. Wenn ich die Reden eines Mannes wie Galen lese, dann sage ich mir, daß es keinen Zweck hat, Nadelstiche auszuteilen, und daß es im Augenblick besser ist, zu schweigen.»[1]

Am 13. Dezember dieselbe Äußerung:

«Der Krieg wird eines Tages zu Ende sein. Die letzte große Aufgabe meines Lebens wird es dann sein, das Kirchenproblem zu lösen. Erst dann wird die deutsche Nation ganz gesichert sein.»[2]

Aber in eben diesen Wochen spitzen sich die Beziehungen zwischen dem Vatikan und dem Deutschen Reich von neuem zu. Anscheinend trägt dafür Alfred Rosenberg, einer der fanatischsten Gegner der katholischen Kirche unter den nationalsozialistischen Führern, die Hauptverantwortung; er ist soeben zum Minister für die besetzten Ostgebiete (UdSSR) ernannt worden. Katholischen Priestern (mit Ausnahme von Militärgeistlichen) aus dem Reich oder anderen Ländern wird die Einreise in die neubesetzten Gebiete untersagt.

Die Kirche hatte jedoch gehofft, man werde ihr gestatten, in den vom Bolschewismus zurückeroberten Gebieten tätig zu werden. Man glaubt in Berlin zu wissen, daß seit vielen Jahren Priester im *Collegium Russicum* in Rom eine Spezialausbildung für ihre eventuelle Tätigkeit im befreiten Rußland empfangen.[3] Was aber dem Heiligen Stuhl unannehmbar erscheint, sind die von den Deutschen bewilligten Ausnahmegenehmigungen zugunsten orthodoxer Priester: bevor ein katholischer Zivilgeistlicher die Einreiseerlaubnis erhält, sind schon über zwanzig orthodoxe Geistliche zugelassen; der Nuntius führt darüber am 11. November bei Weizsäcker energische Beschwerde.[4] Im Ministerium für die Ostgebiete gibt man Weizsäcker folgende Erklärung: die Einreise orthodoxer Priester ist nur in einigen Ausnahmefällen gestattet worden. Es gibt im altsowjetischen Gebiet im übrigen keine Katholiken mehr. Des-

1. Adolf Hitler, Libres Propos sur la Guerre et la Paix (Paris 1954) Bd. I S. 89 f. (Rückübersetzt, da der deutsche Originalwortlaut unveröffentlicht ist; Anm. d. Übers.)
2. Ebd. S. 140.
3. Aufzeichnung Haidlens vom 15. 10. 1941, Archiv AA, StS: V.
4. Aufzeichnung Weizsäckers vom 11. 11. 1941, ebd.

halb erblickt man keinerlei Rechtfertigung für eine Tätigkeit des katholischen Klerus.[1]

Als die direkten Demarchen ergebnislos bleiben, bedient sich der Heilige Stuhl der Dienste des Botschafters Attolico: am 29. November erklärt der italienische Diplomat seinem Kollegen von Bergen, das Reich täte gut daran, in diesem besonderen Falle nachzugeben, denn

«es handele sich nicht um das eigentliche Rußland, sondern, wie ich von Anfang an vermutete, um die Ukraine; hier finde sich der Boden für eine Annäherung zwischen Reich und katholischer Kirche; letztere wäre ein entschiedener Feind des Bolschewismus, und in der Bekämpfung desselben liege eine Gleichartigkeit der Interessen Deutschlands und Roms. Von einer Richtigstellung der dem Vatikan zugegangenen Nachrichten, etwa durch entsprechende Informierung des Kardinalstaatssekretärs, verspreche er sich eine starke Wirkung, vor allem auf den Papst.»[2]

II. Der Heilige Stuhl und die religionsfeindliche Politik des Deutschen Reichs Anfang 1942

Am 24. Dezember 1941 hat der Papst in seiner Weihnachtsbotschaft deutlich auf die Verfolgung der Kirche durch die Deutschen angespielt.

Botschafter von Bergen hat die Warnung nicht überhört, die in der päpstlichen Botschaft liegt, und beschließt am 21. Februar 1942, den Beziehungen zwischen dem Deutschen Reich und dem Heiligen Stuhl eine gründliche Untersuchung zu widmen:[3]

«Die Lage der römisch-katholischen Kirche in Deutschland und die Gestaltung der Beziehungen zwischen dem Großdeutschen Reich und dem Heiligen Stuhl bilden dauernd den Gegenstand lebhaftesten Interesses weiter Kreise der katholischen Länder, insbesondere in Italien und Spanien. Von diesen geht eine starke Ausstrahlung mit stimmungsmäßigen Auswirkungen nach Südamerika.

1. Aufzeichnung Fischers vom 4. 12. 1941, ebd.
2. Telegramm Bergens an Berlin Nr. 107 vom 29. 11. 1941, ebd.
3. Die wichtigsten Stellen der Papstansprache werden in Bergens Telegramm zitiert.

Kaum ein diplomatischer Vertreter hat es bisher unterlassen – oft bereits beim Antrittsbesuch nach Übergabe des Beglaubigungsschreibens an den Papst –, das Gespräch auf diese Themata zu bringen und mit größerer oder geringerer Indiskretion Erkundigungen einzuziehen. Der kürzlich verstorbene Botschafter Attolico hat sich oft mit mir über kirchenpolitische Fragen unterhalten; er informierte mich wiederholt über die Beschwerden und Befürchtungen des Vatikans mit dem erkennbaren Wunsch, zu einer Besserung der deutsch-vatikanischen Beziehungen beizutragen. Sein Vorgänger, der jetzige Botschafter in Berlin, Alfieri, empfahl mir noch bei dem Abschiedsbesuch, den er mir vor Antritt seiner Reise auf den neuen Posten abstattete, den baldigen Abschluß eines modus vivendi mit der Kurie, wenigstens für die Dauer des Krieges. Er bemerkte dabei: Wie auch immer die Einstellung des einzelnen und des Staates zur römischen Kirche wäre, kein Einsichtiger vermöchte die Tatsache ihrer Macht sowie ihres weitgehenden Einflusses zu übersehen und die Zweckmäßigkeit eines friedlichen Zusammengehens mit ihr, insbesondere in den gegenwärtigen schwierigen Zeiten zu verkennen. Ich habe dem Botschafter erwidert, daß auch ich einen Ausgleich wünsche, daß es mir aber zweckmäßiger erschiene, die Beendigung des Krieges abzuwarten, um dann in geringeren Spannungen und größerer Ruhe die Behandlung des sehr umfangreichen und komplizierten Fragenkomplexes in Angriff zu nehmen. Eine Vorwegnahme von Einzelfragen könne sich nur störend auswirken.»

Bergen betont dann, daß die spanischen Diplomaten sowie die Vertreter zahlreicher anderer den Achsenmächten wohlgesonnener Länder die Entwicklung besorgt verfolgen. Nach einem Hinweis auf die gefährliche Spannung, die unter dem Pontifikat Pius' XI. zwischen dem Heiligen Stuhl und dem Reich entstand, schildert der deutsche Botschafter die Grundzüge der Haltung Pius' XII.:

«Bald nach der Thronbesteigung des jetzigen Papstes habe ich darauf hingewiesen, daß Pius XII., dem nach einer alten Weissagung die Benennung ‹Pastor Angelicus› zugefallen wäre, den Wunsch hege, in die Geschichte als ein ‹großer Papst›, wie Leo XIII., einzugehen, und zwar als Künder und Vollbringer des Friedens auf der Grundlage der Gerechtigkeit, als Befrieder der Welt. Die ersten

Regierungsakte wären von diesem Gesichtspunkt aus mit zu beurteilen und zu bewerten.»

Danach erinnert Bergen an die verschiedenen Schritte zur Erhaltung des Friedens, die Pius XII. am Vorabend des Krieges unternommen hat (wir haben sie im ersten Kapitel unserer Untersuchung erwähnt), darunter seine Bemühungen während der polnischen Krise, um den Preis der Rückkehr Danzigs zum Reich den Frieden zu retten, und seine Friedensappelle nach Ausbruch der Feindseligkeiten, besonders in seinen Weihnachtsansprachen. Der Botschafter beschreibt die Haltung des Papstes gegenüber Deutschland, führt seine einschlägigen Telegramme von 1939 auf (wir haben sie im ersten Kapitel unserer Untersuchung erwähnt) und fährt dann fort:

«Pius XII. hat zu lange in Deutschland gelebt, Deutschland nach allen Richtungen bereist und gesehen, er kennt die deutsche Sprache, Literatur, Geschichte und Art zu gut, er hat zu viele persönliche Beziehungen nach Deutschland hin, als daß er dem heutigen Deutschland fremd und verständnislos gegenüberstehen könnte.

Schon als Nuntius in Deutschland hat der jetzige Papst darauf hingearbeitet, klare und gute Beziehungen zwischen Kirche und Staat zu schaffen. Wenn die Regelung der Beziehungen zwischen Staat und Kirche in Deutschland das Lebenswerk des Nuntius und Kardinal Pacelli darstellt, so wird er als Pius XII. alles daran setzen, dieses Lebenswerk fortzuführen, selbst wenn er es in etwas andere Formen umsetzen müßte.

Die freundlichen, vielleicht sogar herzlichen Beziehungen Pius' XII. zu diesen oder jenen Männern des öffentlichen Lebens auch solcher Länder und Staaten, die der Deutschland feindlichen Mächtegruppe angehören, darf kein Grund sein, um Mißtrauen zu hegen. Der Heilige Stuhl, ganz besonders der jetzige Papst, wird immer bestrebt sein, wenn möglich, mit allen Staaten in guten Beziehungen zu stehen. Das liegt in dem übernationalen Charakter der katholischen Kirche. Aber gerade deshalb gilt für die vatikanische Diplomatie der strenge Grundsatz, die kirchenpolitischen Fragen aus der Politik, den nationalen und politischen Gegensätzen ganz herauszuhalten. Im Vatikan wird großes Gewicht auf die Feststellung gelegt, daß man hinsichtlich Deutschlands diesen Grundsatz stets strikt eingehalten habe. Pius XII. wird ihn mit erhöhter

Gewissenhaftigkeit befolgen. Es besteht auch keine Gefahr, daß sich etwa französische Einflüsse in der deutschen Kirchenfrage Geltung verschaffen könnten.»

Weiterhin erinnert Bergen daran, daß der Heilige Stuhl gegenüber den verschiedenen Regierungsformen eine Haltung zurückhaltender Neutralität einnimmt und führt die Äußerungen des Papstes auf dem Eucharistischen Kongreß zu Budapest an (dieses Thema kam bereits in einem im ersten Kapitel zitierten Telegramm Bergens zur Sprache). Der Botschafter behandelt darauf die unmittelbaren Ursachen der Spannung zwischen dem Heiligen Stuhl und dem Reich und zählt die lange Liste der Beschwerden des Vatikans auf – von der Unterdrückung der Bekenntnisschulen oder der Kruzifixe in den öffentlichen Gebäuden in Bayern bis zu den Maßnahmen gegen die Kirche in Polen. Erst danach zitiert Bergen die Weihnachtsbotschaft des Papstes. Der deutsche Botschafter gibt aus ihr folgende Stellen wieder:

«5.) Im Rahmen einer sittlich begründeten neuen Ordnung ist kein Platz für Verfolgung von Religion und Kirche. Dem lebendigen Glauben an einen persönlichen, überweltlichen Gott entströmt echte, widerstandsfähige sittliche Kraft, die dem Ganzen Form und Richtung gibt. Der Glaube ist ja nicht nur eine Tugend, es ist die göttliche Pforte, durch die jegliche Tugend in den Tempel der Seele Zutritt erhält. Er formt feste und starke Charaktere, die standhalten in den Versuchungen gegen Vernunft und Gerechtigkeit. Gilt das immer schon, um wieviel mehr muß es sich bewähren, wenn ein Höchstmaß sittlicher Kraft vom führenden Staatsmann bis zum letzten Volksgenossen gefordert wird, wenn es heißt, auf den Trümmern, die dieser Weltkrieg mit seiner Gewalttätigkeit, seinem Haß und seiner Entfremdung aufgehäuft hat, ein neues Europa und seine neue Welt aufzubauen.»

Nachdem er auf den Passus der Ansprache eingegangen ist, in dem von sozialen Fragen die Rede ist, zitiert Bergen den wichtigsten Teil der päpstlichen Botschaft:

«Gott ist Uns Zeuge, wie sehr Wir alle Völker ohne jegliche Ausnahme mit der gleichen Liebe umfassen. Um auch den Schatten einseitiger Parteinahme zu meiden, haben Wir Uns bisher äußerste Zurückhaltung auferlegt. Allein die kirchenfeindlichen Maßnahmen und die Ziele, die sie verfolgen, sind derart, daß Wir Uns verpflichtet fühlen, im Namen der Wahrheit ein offenes Wort zu sprechen, schon um einer möglichen Verwirrung unter den eigenen Gläubigen zu begegnen.»

Nach diesem Zitat geht Bergen zur Kommentierung über; er setzt sein Telegramm mit folgenden Worten fort:

«Es ist hier bekannt, daß aus verschiedenen Lagern starke Kräfte dauernd am Werke sind, dem Papst zu einer ostentativ gegen uns gerichteten, Deutschland ausdrücklich benennenden Kundgebung nach dem Vorbilde seiner Vorgänger zu veranlassen, um die angebliche Kirchenverfolgung in Deutschland zu kennzeichnen und zu brandmarken. Als Grund wird die bereits unter Pius XI. sattsam geltend gemachte Behauptung vorgebracht, das Schweigen des Papstes würde wenn nicht als Billigung, so doch als unverständliche Duldung gedeutet und müsse im Gewissen zahlloser Gläubiger nicht wieder auszugleichende Verheerungen anrichten. An diesem Treiben sind auch Kardinäle und Geistliche in der Umgebung des Papstes beteiligt. Diesem ständigen und wachsenden Druck hat der Papst zum weitverbreiteten Unwillen bisher nicht nachgegeben. Die mir zugegangenen Nachrichten lassen indes erkennen, daß die unaufhörlichen Klagen über die Lage der Kirche und der Gläubigen in Deutschland und den besetzten Gebieten den Papst tief deprimieren und daß die Meldungen über Absichten der Partei, nach dem siegreichen Kriege zu einem Generalangriff gegen die römische Kirche überzugehen, ihn äußerst beunruhigen. Ohne die Friedenshoffnungen aufzugeben, finge er an, Abwehrstellungen zu beziehen und sich auf einen etwaigen Kampf vorzubereiten.

Theoretisch haben auch die angeführten Ausführungen zur Religion allgemeine Geltung und würden in erster Linie den Bolschewismus treffen. Unbegreiflicherweise haben indes die von Roosevelt freudigst aufgenommenen und propagandistisch unterstützten Erklärungen Stalins über die Religionsfreiheit in Rußland hier wie Morphium gewirkt und dazu geführt, daß die Zulassung polnischer Jesuiten zur Seelsorge in Moskau der deutschen Sperrung der Ukraine gegen die römisch-katholischen Geistlichen und der angeblich angeordneten Beseitigung der Kreuze in Bayern gegenübergestellt wird. Es kann demnach keinem Zweifel unterliegen, daß die päpstlichen Betrachtungen Deutschland stark miteinbeziehen und als Mahnung, vielleicht auch sogar als Warnung an uns zu deuten sind.»

Bergen schildert danach, wie sehr die feindliche Propaganda die Deutschland zugeschriebenen Kirchenverfolgungen ausnützt. Bei den italienischen Prälaten, die nicht vergessen können, daß Deutschland das Land der Reformation ist, bleibt diese Propaganda nicht völlig wirkungslos, und viele von ihnen sind unfähig, «die außerordentliche Erneuerung, die die nationalsozialistische Idee bedeutet», überhaupt zu begreifen. Er schließt das Telegramm mit folgenden Worten:

«So ist der Papst vielleicht der einzige unter den führenden geistlichen Persönlichkeiten, der sich mit dem neuen Deutschland vertraut zu machen, ihm gerecht zu werden versucht, aber als Oberhaupt der Kirche nicht über die auch ihm gezogenen Schranken hinwegzukommen vermag. Er wird erforderlichenfalls als unerschrockener Schützer und Kämpfer für seine Kirche eintreten, sich aber nicht zu dem großen Papst-Reformator entwickeln, den auch hiesige strenggläubige Katholiken, wie vertrauliche Gespräche erkennen lassen, herbeisehnen.

Die geschichtlichen Erfahrungen lehren, daß national eingestellte Staatslenker bei Geltendmachung und Wahrung der Rechte und Lebensnotwendigkeiten der ihnen anvertrauten Völker zwangsläufig in Konflikte mit dem übertotalitären, politischen Papsttum geraten; je selbstbewußter und stärker die Regierungen sind, desto heftiger wirkt der Zusammenstoß sich aus. Eine umfassende Auseinandersetzung mit dem Heiligen Stuhl nach dem Kriege ist für uns unausbleiblich und geboten, aber auch für den Fall der Wahl eines noch möglichen friedlichen Gedankenaustausches mit der Kurie wird nicht die Erneuerung überlebter konkordatsähnlicher Abmachungen zu erstreben, sondern eine durchgreifende Lösung herbeizuführen sein.»[1]

Bergens Absicht ist klar: der deutsche Botschafter will eine Verschärfung der Spannung vermeiden, seine Regierung daran hindern, neue religionsfeindliche Maßnahmen zu ergreifen, und eventuell die nationalsozialistischen Führer dazu bringen, bereits getroffene Maßnahmen zurückzunehmen. Um diese Absicht zu erreichen, bedient sich Bergen

1. Schreiben Bergens an Berlin vom 21. 2. 1942, Archiv AA, StS: V.

sehr geschickt einer eindrucksvollen Zahl von Argumenten: die Spannung zwischen dem Reich und dem Heiligen Stuhl, erklärt er, beunruhigt die Verbündeten Deutschlands, besonders die Italiener und Spanier, und dient seinen Feinden als eine vorzügliche Propagandawaffe. Dies ist das eine außenpolitische Argument. Das zweite ist noch überzeugender: die Kurie, gibt Bergen zu verstehen, kann zwischen dem Deutschen Reich und der Sowjetunion keinen absoluten Unterschied mehr machen, wenn sich die religionsfeindlichen Maßnahmen im Reich verschärfen, während Moskau demgegenüber die Entwicklung einer gewissen Religionsfreiheit gestattet. Man setzt daher die stillschweigende Unterstützung durch die katholische Kirche im Kampf gegen den Bolschewismus aufs Spiel; im Februar 1942, kurz nach den ersten schweren Schlappen der deutschen Armeen an der Ostfront, wiegt dieses Argument nicht leicht. Um sein Plädoyer noch überzeugender zu machen, untersucht von Bergen geschickt die Haltung des Papstes: der Botschafter streitet nicht ab, daß der Papst deutschfreundlich war und ist, doch werden in seiner Umgebung die deutschfeindlichen Kräfte stärker, und der Papst, der vor allem die Interessen der Kirche zu verteidigen hat, könnte sich eines Tages gezwungen sehen, gegen die katholikenfeindliche Politik des Reiches Stellung zu nehmen, falls sich die Lage weiter verschlechtert. Die Weihnachtsansprache ist eine Warnung gewesen, die man beachten muß. Schließlich gibt Bergen, um die Gegner der Kirche zu beschwichtigen, mit einem Hinweis auf die Weltgeschichte zu verstehen, daß der Tag einer durchgreifenden Entscheidung notwendig einmal kommt, daß es aber verständig wäre, das Ende des Krieges abzuwarten, bevor man die Gesamtheit der Beziehungen zwischen dem Heiligen Stuhl und dem Deutschen Reich revidiert.

Wie wir sehen werden, bleibt Bergens Plädoyer ergebnislos.

Am 24. Februar hat Weizsäcker eine Unterredung mit Mgr. Orsenigo:

«Ich habe heute den Nuntius beiläufig gefragt, wie viele katholische Priester im Konzentrationslager in Dachau seien. Er sagte, aus Mangel an Verbindung mit dem Konzentrationslager könnte er nur eine schätzungsweise Angabe machen; er gab diese mit 700 Priestern an.»[1]

Am 3. März 1942 protestiert Bischof von Preysing öffentlich in der Berliner St. Hedwigs-Kathedrale gegen die Verfolgungen, unter denen der

1. Aufzeichnung Weizsäckers Nr. 109 vom 24. 2. 1942, Archiv AA, StS: V.

Klerus und die Gläubigen zu leiden haben. Am 10. März beschwert sich Weizsäcker bei Orsenigo über das Vorgehen des Bischofs:

«... Ich habe dabei dem Nuntius ganz offen gesagt, mir sei zu Ohren gekommen, daß er bei der Verlesung des Hirtenbriefes in der St. Hedwigs-Kirche anwesend gewesen sei.

Der Nuntius versicherte mir darauf glaubwürdig, er sei an dem betreffenden Sonntag zwar in dieser Kirche gewesen, jedoch nicht bei der Predigt und nicht bei der Verlesung des Hirtenbriefes. Auch habe er nichts davon gewußt, daß der von mir beanstandete Hirtenbrief verlesen werden soll. Erst nachträglich habe er von der Verlesung gehört und den Text gelesen.»[1]

Im Juni 1942 verschärft sich die Spannung infolge einer unerfindlichen Entscheidung Hitlers.

III. Hitlers Befehl vom Juni 1942 und seine Folgen

Am 22. Juni teilt Weizsäcker Bergen eine neue Entscheidung Hitlers mit:

«Der Führer hat über die Frage der Beziehungen Deutschlands zum Vatikan und zur katholischen Kirche folgende Entscheidung gefällt:

‹1. Der Führer wünscht nicht, daß die Beziehungen zur katholischen Kirche reichseinheitlich zusammengefaßt bzw. vertreten werden.

2. Beziehungen zum Vatikan unterhält Deutschland ausschließlich für das Altreich, d. h. den Teil des Reiches, für den das Konkordat von 1933 gezeichnet worden ist.

3. Obwohl das Konkordat in vielen Punkten überholt ist, betrachtet es der Führer als offiziell bestehend.

4. Indem der Vatikan der deutschen Regierung mitgeteilt hat, daß er für die Dauer des Krieges keine politischen Gebietsveränderungen anerkennen könne, hat er sich automatisch außerhalb jeder offiziellen Verbindung mit den nach September 1939 angeschlossenen oder besetzten Gebieten gestellt. Der Führer wünscht aber, daß dasselbe Verhältnis auch in bezug auf das frühere Österreich und

1 Aufzeichnung Weizsäckers Nr. 150 vom 10. 3. 1942, Archiv AA, StS: V.

die übrigen vor September 1939 angeschlossenen Gebiete hergestellt wird.

5. Zuständig für diese Gebiete:
von deutscher Seite: die ordentlichen Vertreter des Reiches, also z. B. Reichsprotektor, Gouverneur, Reichskommissar und Reichsstatthalter;
von kirchlicher Seite: die örtlichen Vertreter der Kirche, also z. B. Kardinäle, Bischöfe usw.

In diesen Gebieten würden also keine diplomatischen oder politischen Verbindungen mit dem Vatikan zugelassen werden. Hieraus ergibt sich, daß ausschließlich das Auswärtige Amt Verbindung mit dem Vatikan unterhält.›»

Danach kommentiert Weizsäcker die Entscheidung Hitlers; ihre Konsequenz liegt auf der Hand: wenn sich der Nuntius in Berlin oder die Kurie in Rom im Zusammenhang mit Vorgängen außerhalb des «Altreichs» an die Vertreter des Reiches wenden, müssen die deutschen Diplomaten sich weigern, auf solche Gespräche einzugehen. Weizsäcker hebt jedoch hervor, man dürfe sich bei der Beantwortung entsprechender Fragen des Nuntius oder der Kurie nicht auf die Führerentscheidung berufen, sondern solle lediglich an die Note der Kurie vom 18. Januar 1942 erinnern, nach der sie eine Anerkennung der inzwischen stattgefundenen territorialen Veränderungen für die Dauer des Krieges nicht beabsichtigt, und die Weigerung, über die angeschnittenen Fragen zu verhandeln, als eine logische Folge dieser Note hinstellen. Die Kirchenvertreter der Gebiete außerhalb der Grenzen des «Altreichs» sind nicht befugt, als Vertreter des Vatikans mit den örtlichen deutschen Behörden zu verhandeln.»[1]

Am 4. Juli erläutert Hitler seinen Vertrauten ausführlich die Bedeutung der soeben von ihm getroffenen Maßnahme:

«Ich bin durchaus nicht der Meinung, daß wir bei einer Zurruhesetzung unseres derzeitigen Vertreters am Vatikan eine Neubesetzung ins Auge fassen müssen. Denn die Beziehungen Deutschlands zum Vatikan gründen sich auf das Reichskonkordat. Das Konkordat aber ist seinerzeit in Fortsetzung der Länderkonkordate abgeschlossen und daher mit dem Aufgehen der Länder in das Deutsche Reich eigentlich hinfällig geworden. Es ist eine Tatsache, daß die

1. Telegramm Weizsäckers an Bergen vom 22. 6. 1942, Archiv AA, StS: V. Die Note der Kurie war in den Akten der Wilhelmstraße nicht aufzufinden.

Länderkonkordate immer in Kraft geblieben sind, und daß das Reichskonkordat nur zu ihrer Bestätigung und Garantierung diente. Meines Erachtens ist es daher eine Rechtsfolge der Aufhebung der Länderhoheitsrechte beziehungsweise ihrer Überführung auf das Reich, daß sich unsere Beziehungen zum Vatikan erübrigten.

Mit Rücksicht auf den Krieg habe ich diese Auffassung noch nicht praktisch verwirklicht. Andererseits habe ich aber den Bemühungen des Vatikans gegenüber, das Konkordat auch auf die neuen Reichsgebiete auszudehnen, keinerlei Entgegenkommen gezeigt. Das Saargebiet, das Sudetenland, Böhmen und Mähren, der Reichsgau Danzig-Westpreußen, der Warthegau, ein Großteil Schlesiens sowie das Elsaß und Lothringen haben heute zur Kirche keinerlei staatsvertraglich geregeltes Verhältnis. In ihnen müssen die Kirchenangelegenheiten also rein gebietlich geordnet werden. Wenn der Nuntius beim Auswärtigen Amt vorstellig wird, um irgendwelchen Einfluß auf die Kirchenverhältnisse in den neuen Reichsgebieten zu gewinnen, hat man ihn daher abzuweisen. Man muß ihm auseinandersetzen, daß in Ermangelung eines besonderen Konkordats die Regelung der Kirchenverhältnisse in diesen Gebieten ausschließlich Angelegenheit des Reichsstatthalters und des örtlich höchsten Chefs der in dem betreffenden Gebiet vorhandenen kirchlichen Vereinigung ist. An sich wäre es natürlich besser gewesen, der Nuntius hätte sich diese Auskunft von Lammers geholt. Leider hat sich aber das Auswärtige Amt in seinem ständigen Drang nach neuen Kompetenzen in dieser Angelegenheit, für die es nicht zuständig ist, übertölpeln lassen. Nun mag er zusehen, wie es aus der Sache wieder herauskommt.

Für die Entwicklung des Verhältnisses zwischen Staat und Kirche ist es von unserem Standpunkt aus durchaus erfreulich, daß fast in der Hälfte des Reichs Regelungen ohne die zentrale Fessel des Konkordats, also gebietlich, vorgenommen werden können. Dieses Fehlen einer einheitlichen Regelung ist für uns ganz nützlich. Denn es fördert die von uns erstrebte Bereinigung des Verhältnisses Staat/Kirche. Die Kirche ist immer bemüht, unseren schwächsten Punkt auszunutzen. Sie möchte, daß bei einer reichseinheitlichen Regelung dasjenige von den Konkordaten zugrunde gelegt wird, das ihren Wünschen am meisten entspricht. Das heißt, daß sich das ganze Reich nach jenem Gebiet richten müßte, das weltanschaulich am meisten zurückliegt und also den Gegner am meisten begünstigt. Bei gebietlichen Regelungen dagegen können die Gauleiter je nach dem Zustand der weltanschaulichen Auflockerung ihrer Gaubevölkerung in unserem Sinne Schritt für Schritt weitergehen ...»[1]

Die tieferen Gründe, die Hitler bewogen haben, gerade in diesem Augenblick seine Entscheidung zu treffen, sind schwer zu verstehen. Es ist kaum wahrscheinlich, daß sich Hitler lediglich von dem Wunsche leiten ließ, eine Antwort auf die Note des Vatikans vom 18. Januar 1942 zu erteilen, nach welcher der Heilige Stuhl nicht beabsichtigte, für die Dauer des Krieges irgendeine Veränderung anzuerkennen. Hitlers Entscheidung ist um so weniger verständlich, als sie eine wachsende Spannung zwischen dem Deutschen Reich und dem Vatikan gerade in einem Augenblick heraufbeschwört, in dem der Ausgang des Krieges ungewisser denn je erscheint.

Am 9. Oktober richtet Bergen folgendes Telegramm nach Berlin:

«Mgr. Fericano, Vertreter des zur Zeit auf Urlaub befindlichen Unterstaatssekretärs Mgr. Tardini, bat heute Botschaftsrat Menshausen zu sich und überreichte ihm im Auftrage Kardinalstaatssekretärs eine Aufzeichnung mit dem Bemerken, sie betreffe religiöse Verhältnisse Warthelands.

Menshausen erwiderte kurz, ihm, Fericano, seien doch die dem Nuntius von Herrn Staatssekretär von Weizsäcker gemachten Mitteilungen bekannt, wonach aus den seinerzeit dargelegten Gründen die Erörterungen mit der Kurie auf Fragen beschränkt werden mußten, die sich auf das Altreich beziehen, das heißt auf das Reichsgebiet, wie es zur Zeit des Konkordatsabschlusses im Jahre 1933 bestand.

Die auf Bogen ohne Kopf geschriebene Aufzeichnung lautet in deutscher Übersetzung wie folgt:

‹Die religiösen Verhältnisse des als ‹Warthegau› bezeichneten Gebiets sind seit geraumer Zeit Anlaß zu sehr ernsten, stets wachsenden Besorgnissen. Man hat dort tatsächlich allmählich das Episkopat fast völlig eliminiert; der Welt- und Ordensklerus ist auf einen völlig ungenügenden Prozentsatz vermindert worden, da er

1. Adolf Hitler a. a. O. Bd. II 187 f. (Rückübersetzt unter Verwendung der Fassung von Henry Picker, Hitlers Tischgespräche im Führerhauptquartier 1941 bis 1942, Stuttgart 1963, S. 435 f; Anm. d. Übers.)

zum großen Teil deportiert oder des Landes verwiesen wurde; die Bildung der Kleriker wurde verboten; die katholische Eziehung der Jugend ist auf das äußerste behindert; die Ordensfrauen wurden versprengt; der Seelsorge unüberwindliche Schwierigkeiten bereitet; zahlreiche Kirchen sind geschlossen worden; die intellektuellen und caritativen katholischen Einrichtungen wurden zerstört; auf das kirchliche Eigentum ist Hand gelegt worden.

Im August und im September 1941 hat der Apostolische Nuntius in Deutschland dem Herrn Reichsaußenminister ausführliche Aufzeichnungen überreicht, um die Wiederherstellung der gebührenden Kultfreiheit im Warthegau zu verlangen. Dessenungeachtet hat sich die Lage infolge der Verordnung 246 des dortigen Herrn Reichsstatthalters vom 16. September verschlimmert.

... Wenn, wie man befürchtet, infolge neuer Maßnahmen des Reichsstatthalteramts die Lage sich noch mehr verschlimmern sollte, würde sich der Heilige Stuhl in Pflichterfüllung seines Amts gezwungen sehen, aus der bisher bewahrten reservierten Haltung herauszutreten, und er würde es – wenn auch widerstrebend – tun.

Aus dem Vatikan, den 8. Oktober 1942.›

... Nach der Schlußbemerkung der Aufzeichnung ist damit zu rechnen, daß der Päpstliche Stuhl im Falle weiterer Maßnahmen auf kirchlichem Gebiet im Wartheland in irgendeiner Form mit entsprechenden Beschwerden an die Öffentlichkeit treten wird. Ich möchte nicht unterlassen, in diesem Zusammenhang auf die mit Telegramm 197 v. 29. Juli 1942[1] unter Vorbehalt gemeldete vertrauliche Information hinzuweisen, wonach der Papst eine Enzyklika vorbereitet, die auch Anspielungen auf die kirchlichen Verhältnisse in Deutschland enthalten soll.»[2]

Dieses Telegramm ist ein Dokument von beträchtlicher Bedeutung; in einer Note an den Vertreter des Reiches gibt der Kardinalstaatssekretär zu verstehen, der Vatikan werde seine Zurückhaltung aufgeben und sich öffentlich gegen die religionsfeindlichen Maßnahmen der Deutschen in Polen aussprechen. Am Ende enthält der Papst sich jedes offiziellen Protestes, aber immerhin bleibt die Drohung ausgesprochen. Dies geschieht jedoch im Herbst 1942, also in demselben Augenblick, in dem

1. Dieses Dokument war nicht aufzufinden (d. Verf.).
2. Telegramm Bergens an Berlin Nr. 263 vom 9. 10. 1942, Archiv AA, StS: V.

die Informationen über die Vernichtung der Juden den Vatikan erreichen. Es ist nicht ausgeschlossen, daß in diesen Monaten oder Anfang 1943 der Nuntius wegen der Juden bei Hitler intervenierte, wie wir schon angedeutet haben, als wir die Ansprache Pius' XII. an das Kardinalskollegium vom Juni 1943 analysierten.

Das Archiv des Vatikans könnte uns in dieser Frage Klarheit verschaffen; das Archiv der Wilhelmstraße führt lediglich die Interventionen Mgr. Orsenigos an, von deren Art und Weise wir kurz gesprochen haben. Ist Pius XII., nachdem er sich darüber klargeworden war, daß seine Drohung mit einem Protest in Sachen der Polen völlig ergebnislos blieb, zu dem Schluß gekommen, jeder private oder öffentliche Appell an die Deutschen sei fruchtlos? Kam er auf Grund dieser Tatsache zu dem Schluß, daß es unnütz war, den Nationalsozialisten mit einem Protest gegen die Vernichtung der Juden zu drohen? In diesem Falle könnte man leicht die Worte der Ansprache an das Kardinalskollegium folgendermaßen erklären: «Wir haben um Rückkehr zur Gerechtigkeit und zur Barmherzigkeit (im Falle der Polen) gefleht und standen vor einer Tür, die kein Schlüssel zu öffnen vermochte; daher haben Wir eingesehen, daß jeder private oder öffentliche Protest in Sachen der Juden zu noch größeren Übeln hätte führen müssen.»

Die Drohung des Heiligen Stuhles scheint Botschafter von Bergen zu beunruhigen. Am 11. Oktober kommt er noch einmal auf die Argumente zurück, die er in seiner Analyse vom 21. Februar[1] entwickelt hat. Am 13. Januar 1943 erwidert Ribbentrop:

«Aus Ihrem telegrafischen Bericht vom 12. [11.] Oktober 1942 – Nr. 264 – war zu entnehmen, daß der Vatikan damals in diplomatischen Kreisen, insbesondere bei italienischen und spanischen Vertretern, mit der Version operierte, daß durch deutsche Maßnahmen während des vergangenen Jahres eine zunehmende Verschärfung der deutsch-vatikanischen Beziehungen verursacht worden sei. Obwohl derartige Behauptungen des Vatikans in keiner Weise den Tatsachen entsprachen, habe ich bisher davon abgesehen, Sie zu beauftragen, diesen durch besondere diplomatische Schritte entgegenzutreten. Ich habe es für richtig gehalten, zunächst einmal die weitere Entwicklung abzuwarten. Es scheint, als ob in der Zwischenzeit auch der Vatikan es nicht für richtig gehalten hat, seine damaligen Ankün-

1. Telegramm Bergens an Berlin Nr. 264 vom 11. 10. 1942, Archiv AA, StS: V.

digungen in die Tat umzusetzen, denn mir ist kein Anzeichen dafür bekannt geworden, daß der Vatikan mit der Behauptung einer von uns beabsichtigten Verschärfung unserer Haltung gegenüber der katholischen Kirche Stimmung gegen uns zu machen sucht. Ich bitte zu diesem Punkt aber um Bericht über Ihre eigenen Beobachtungen. Jedenfalls bitte ich, falls der Vatikan künftig wieder die Behauptung aufstellen sollte, daß deutsche Maßnahmen gegen die katholische Kirche zu einer Verschärfung der deutsch-vatikanischen Beziehungen führten, dem nachdrücklichst entgegenzutreten und dabei folgende Punkte mündlich zu verwerten:

1. In Deutschland sei während des Krieges nichts geschehen, was als eine von deutscher Seite beabsichtigte Verschärfung unserer Beziehungen zum Vatikan gedeutet werden könne ...

2. ...

3. Wenn der Vatikan eine Verschärfung der Beziehungen darin sehen wolle, daß wir die diplomatischen Erörterungen mit ihm auf Fragen beschränken, die sich auf das Altreich beziehen, so habe der Vatikan diesen Zustand selbst herbeigeführt, indem er mit seiner Note vom 13. Januar 1942 es ablehnte, die in den letzten Jahren eingetretenen territorialen Änderungen anzuerkennen. Die Reichsregierung habe nichts anderes getan, als aus diesem Verhalten des Vatikans die gebotenen Folgerungen zu ziehen.

4. Die von den deutschen Behörden beobachtete Zurückhaltung zeige deutlich, daß man bei uns nicht beabsichtige, die Situation gegenüber dem Vatikan zu verschärfen. Wenn aber etwa der Vatikan seinerseits damit drohen oder gar dazu übergehen wolle, politisch oder propagandistisch gegen Deutschland aufzutreten, so sei es selbstverständlich, daß das die Reichsregierung zu einer entsprechenden Reaktion zwingen würde. Hierfür würde es der Reichsregierung weder an wirksamem Material noch an der Möglichkeit tatsächlicher Maßnahmen gegenüber der katholischen Kirche fehlen. Die Reichsregierung hoffe, daß sie solche Mittel nicht anzuwenden brauche, daß der Vatikan sich vielmehr davon überzeuge, daß es in gleicher Weise den beiderseitigen Interessen entspricht, eine Zuspitzung oder Verschärfung der deutsch-vatikanischen Beziehungen zu vermeiden.»[1]

1. Telegramm Ribbentrops an Bergen Nr. 123 vom 13. 1. 1943, Archiv AA, StS: V.

Die Antwort Bergens vom 15. Januar läßt nicht klar erkennen, ob der deutsche Botschafter seine Gesprächspartner auf die Drohungen seines Ministers aufmerksam gemacht hat. Seiner Meinung nach wird der Papst nichts zur Erschwerung der Beziehungen zwischen dem Heiligen Stuhl und dem Deutschen Reich unternehmen, sofern ihn keine deutsche Initiative zwingt, mit Rücksicht auf die «Pflichterfüllung seines Amtes» seine Reserve aufzugeben. Offensichtlich möchte der Botschafter Ribbentrop beruhigen und einen Bruch vermeiden, dessen Folgen für die Kirche und auch für das Deutsche Reich katastrophal werden könnten.[1]

Am 24. Januar erwidert der Reichsaußenminister dem Botschafter folgendermaßen:

«Aus Ihrem Telegramm Nr. 12 vom 15. Januar entnehme ich, daß nach Ihren Beobachtungen zur Zeit keine Anzeichen vorliegen, die darauf schließen lassen, daß der Vatikan auf eine Verschärfung seiner Beziehungen zum Reich hinsteuert. Für den Fall, daß sich diese Annahme bestätigt, ist auch von deutscher Seite, wie in meiner Instruktion vom 13. Januar dargelegt, eine Verschärfung der Beziehungen zum Vatikan nicht beabsichtigt. Sollten Ihnen jedoch irgendwelche Anhaltspunkte dafür erkennbar werden, daß der Vatikan sich anschickt, aus seiner Reserve herauszutreten und politisch oder propagandistisch gegen Deutschland Stellung zu nehmen, so würde es – der Hinweis hierauf war der Hauptzweck meiner Instruktion vom 13. Januar – unmißverständlich zum Bewußtsein zu bringen [sein?], daß sich eine Verschärfung der Beziehungen zwischen Deutschland und dem Vatikan sicherlich nicht etwa einseitig zum Nachteil Deutschlands auswirken würde, daß es der Reichsregierung vielmehr weder an wirksamem Propagandamaterial noch auch an der Möglichkeit tatsächlicher Maßnahmen fehlt, um jeden vom Vatikan gegen Deutschland versuchten Schlag entsprechend wirksam zu erwidern. Ich bitte Sie, diesen letzteren Gesichtspunkt ständig im Auge zu behalten, um ihn dort im gegebenen Augenblick mit allem Nachdruck zur Geltung zu bringen.»[2]

Angesichts der unnachgiebigen Haltung des Ministers weist Bergen am 25. Januar darauf hin, Pius XII. werde sich gegebenenfalls nicht

1. Telegramm Bergens an Ribbentrop Nr. 12 vom 15. 1. 1943, ebd.
2. Telegramm Ribbentrops an Bergen Nr. 181 vom 24. 1. 1943, Archiv AA, StS: V.

einschüchtern lassen: er erinnert an eine Unterredung, die er 1937 mit Kardinal Pacelli geführt hat und in deren Verlauf dieser zwar sein Verlangen nach einer Verständigung zum Ausdruck gebracht, jedoch erklärt habe, daß im Falle eines Kampfes zwischen der Kirche und dem Deutschen Reich das Reich der Verlierer sei. Danach kommt Bergen auf die augenblicklichen Probleme zurück und erklärt weiterhin:

«Pius XII. ist für Drohungen ebensowenig empfänglich wie wir selber. Im Falle eines der Kirche aufgezwungenen Kampfes rechnet er mit dem weiteren Abfall zahlreicher Katholiken, doch ist er fest davon überzeugt, daß die verbleibende Majorität – geläutert – treu zu ihrem Glauben halten, und daß der Klerus aufgerüttelt, gestählt zu den äußersten Opfern bereit sein würde. Trotzdem möchte er als Künder des Friedens den Kampf vermeiden, schon um Millionen von Katholiken schwere Gewissenskonflikte zu ersparen. Dagegen bringt der Papst Vernunftsgründen, sachlichen Erwägungen weitgehendes Verständnis entgegen und würde sich daher gegebenenfalls nicht der großen Bedeutung des in Ihrer Weisung vom 13. Januar enthaltenen Grundgedankens verschließen, daß es den beiderseitigen Interessen in gleicher Weise entspricht, eine Zuspitzung oder Verschärfung der deutsch-vatikanischen Beziehungen zu vermeiden.»[1]

Der offene Bruch, zu dem jetzt jede deutsche Initiative führen kann, findet nicht statt. Die Deutschen geben in keinem Punkte nach und fügen dem Vatikan dadurch eine Niederlage zu, die zwar symbolisch ist, doch nichtsdestoweniger das Ende des Kampfes bedeutet.

Am 18. März berichtet Weizsäcker Bergen von einem Zwischenfall, der ihn in Gegensatz zu Nuntius Orsenigo gebracht hat:

«Nuntius überbrachte mir 15. März verschlossenes Schreiben des Kardinalstaatssekretärs Maglione an Reichsaußenminister.

Ich habe Nuntius heute zu mir gebeten, ihm den Brief zurückgegeben und weisungsgemäß dazu das Folgende bemerkt:

Da der Herr Reichsaußenminister zur Zeit nicht zugegen sei, hätte ich den Brief, den der Nuntius mir verschlossen übergeben habe, nach seinem Weggang geöffnet und dabei gesehen, daß es sich

1. Telegramm Bergens an Ribbentrop Nr. 29 vom 25. 1. 1943, ebd.

bei dem Inhalt dieses Briefes um das Vorbringen von Beschwerden handele, die sich auf das Gebiet des Warthegaus und des Generalgouvernements bezögen.»

Weizsäcker hat dem Nuntius noch einmal die Gründe dargelegt, weshalb die Reichsregierung zu Verhandlungen mit dem Vatikan über die Gebiete außerhalb der Grenzen des «Altreichs» nicht bereit ist. In seinem Bericht an Bergen schildert er danach den Fortgang seiner Unterredung mit dem Nuntius. Er erklärt Orsenigo:

«Da der jetzt vorliegende Brief des Kardinalstaatssekretärs diese Mitteilung einfach ignoriere und sich wiederum ausschließlich auf die religiösen Verhältnisse im Warthegau und im Generalgouvernement beziehe, sähe ich mich nicht in der Lage, ihn an den Herrn Reichsaußenminister weiterzuleiten, sondern bäte den Nuntius vielmehr, den Brief wieder mitzunehmen.

Der Nuntius war durch meine Eröffnungen sehr geniert. Er glaubte, die Wiederannahme des Briefes würde für ihn eine persönliche Niederlage bedeuten, die man ihm in Rom sehr übelnehmen würde.»

Danach macht Mgr. Orsenigo den Versuch, Weizsäcker davon zu überzeugen, der Brief stelle kein gewöhnliches diplomatisches Schriftstück dar, sondern gehöre in den weiteren Bereich der indirekten Wirksamkeit der katholischen Kirche. Es handle sich um eine indirekte Stellungnahme des Papstes, die nicht auf der Ebene gewöhnlicher diplomatischer Mitteilungen liege. Es ist für Weizsäcker nicht schwer zu entgegnen, wenn der Nuntius den Brief in diesem Sinne vorlegen wolle, mache er die Zurückweisung nur noch schlimmer.

«So wie die Sache jetzt stehe, sei weder die Person des Papstes berührt, noch auch liege ein Refus des Herrn Reichsaußenministers vor. Was ich ihm jetzt nahelege, sei nichts anderes, als die stille Rücknahme des Dokuments, das damit nichtexistent werde, und nach außen hin erfahre niemand davon.»

Der Nuntius nimmt den Brief zurück. Dann gibt er Weizsäcker zu verstehen, daß seine Tage in Berlin wahrscheinlich «jetzt gezählt sind». Der Staatssekretär betont am Ende seines Telegramms an Bergen, die Angelegenheit stehe in Berlin unter dem Siegel der tiefsten Verschwiegenheit.

«Falls Sie auf Angelegenheit angesprochen werden, bitte ich Sie, sich ununterrichtet zu stellen.»[1]

Mgr. Orsenigo bleibt auf seinem Posten.

Man könnte sich fragen, weshalb der Heilige Stuhl unter diesen Umständen sich so durchaus maßvoll verhalten hat. Zwei Hypothesen liegen nahe: wahrscheinlich scheute der Papst wie in den vergangenen Jahren vor einer Kraftprobe zurück, die die deutschen Katholiken zu einer Abwendung von Rom veranlassen konnte.

Eine zweite Möglichkeit ist nicht ausgeschlossen: Wir befinden uns im Frühjahr 1943; die Alliierten sind in Nordafrika gelandet, und die Kapitulation der deutschen Streitkräfte in Tunesien steht bevor. Aber vor allem hat die deutsche Wehrmacht in Stalingrad kapituliert. Eine deutsche Niederlage ist jetzt wahrscheinlich, und ein siegreiches Vordringen der Roten Armee in Ost- und Mitteleuropa voraussehbar. Die deutschen Dokumente, die wir im nächsten Kapitel zitieren, vermitteln den Eindruck, daß für den Vatikan die bolschewistische Gefahr jetzt jede andere Erwägung in den Schatten stellt und daß das Deutsche Reich in diesem Augenblick in keiner Weise geschwächt werden darf, denn es ist der einzige Schutzwall gegen die Bedrohung durch die Sowjetunion.

1. Telegramm Weizsäckers an Bergen Nr. 29 vom 18. 3. 1943, Archiv AA, StS: V. Vgl. auch die Schilderung dieses Vorfalls bei Ernst von Weizsäcker, Erinnerungen (München 1950) S. 352 f.

SIEBTES KAPITEL

Die Entwicklung der internationalen Lage und die bolschewistische Bedrohung

1942 bis 1943

Vom Frühjahr 1943 an scheint die Furcht vor der Bolschewisierung Europas bei den politischen Überlegungen des Heiligen Stuhles den Ausschlag zu geben. Jedoch nimmt Pius XII. niemals offen gegen die Sowjetunion Stellung. Die Verfolgungen der Religion in den von Deutschland kontrollierten Ländern sind ein möglicher Grund für seine Haltung; die eventuellen Reaktionen der von Deutschland unterjochten sowie der alliierten Völker ein weiterer.

Die ersten Befürchtungen des Vatikans äußern sich, als es wahrscheinlich wird, daß dem Deutschen Reich ein Sieg über die Sowjetunion nicht gelingen kann.

I. Der sowjetrussische Widerstand (1942)

Am 1. April 1942 schreibt Bergen:

«Wie ich vertraulich erfahre, ... daß im Anschluß an den in der *Critica fascista* Nr. 8 vom 15. Februar 1942 unter der Überschrift ‹Kirche und Weltkrise› erschienenen Artikel, der dem Vatikan mangelnde Stellungnahme gegen den Bolschewismus vorwarf, Kardinal Pizzardo dem italienischen Botschafter erklärt habe, der Vatikan würde sehr gern gegen den Bolschewismus Stellung nehmen, könne es aber unter den obwaltenden Umständen nicht, ohne auch die Vorgänge in Deutschland zu berücksichtigen. Da er andererseits diese Dinge mit Rücksicht auf Deutschland nicht angreifen wolle, müsse auch Stellungnahme gegen den Bolschewismus unterbleiben.»[1]

Aber was immer es mit dem Zurückscheuen des Vatikans vor einer öffentlichen Stellungnahme auf sich hat, seine Wahl war bestimmt durch die von ihm bezogene Grundhaltung. Das Schweigen zu «den Vorgängen in Deutschland» ist von der Notwendigkeit diktiert, die entschei-

1. Telegramm Bergens an Berlin Nr. 77 vom 1. 4. 1942, Archiv AA, StS: V.

dende Bastion gegen die sowjetische Expansion, die das Dritte Reich nun bildet, intakt zu halten.

Am 27. Dezember 1942 wird Bergen zur Neujahrsgratulation vom Papst in Privataudienz empfangen; an demselben Tage berichtet er Weizsäcker das Wichtigste über seine Begegnung mit dem Papst:

«Nach Übermittlung der mir aufgetragenen Neujahrswünsche und dem Abschluß des offiziellen Teils der Audienz hielt mich Papst zu einer längeren privaten Unterhaltung zurück. Papst vermied es, von sich aus politische oder kirchenpolitische Fragen hineinzubeziehen und ließ seine Zustimmung zu den von mir in die Unterhaltung eingestreuten Bemerkungen nur durch entsprechende Bewegungen erkennen: so zu meinem Hinweis auf die weltgeschichtliche Bedeutung des deutschen Heldenkampfes im Osten, die Gefahr des Bolschewismus, dem die Engländer und Amerikaner Europa ausliefern wollten, die Lächerlichkeit der Stalinschen Verkündung der Religionsfreiheit und so weiter. Ausdrückliche Billigung aussprach Papst zu der Feststellung, die ich unter Anspielung auf das bekannte Fresko-Gemälde in den Stanzen Raffaels: ‹Zurückweisung Attilas durch Papst Leo I. den Großen› machte, daß die Horden Stalins sicherlich nicht wie die Reiter Attilas an Rom vorbeiziehen, sondern vielmehr weder die Peterskirche noch die Vatikan-Stadt verschonen würden.»[1]

II. Die Zeit nach Stalingrad

Am 31. Januar 1943 kapituliert in Stalingrad die Sechste Armee unter Generalfeldmarschall Paulus. Im Vatikan weiß man, daß jetzt die «Achsenmächte» den Krieg zu verlieren drohen. Am 10. März berichtet Weizsäcker von einem Gespräch, das er soeben mit dem finnischen Gesandten geführt hat:

«Der finnische Gesandte erzählte mir heute aus Gesprächen, die er mit seinem Kollegen Griepenberg, dem finnischen Gesandten am Vatikan, gehabt hat.

1. Telegramm Bergens an Weizsäcker Nr. 347 vom 27. 12. 1942, Archiv AA, StS: V.

Griepenberg habe gesagt, im Vatikan herrsche die Meinung vor, daß es mit den Kräften der Achsenmächte schneller bergab gehe als mit denjenigen der Gegenseite. Die Zeit arbeite also nicht für die Achse.»[1]

Jetzt liegt es wahrscheinlich im Interesse des Vatikans, einen separaten Frieden zwischen den westlichen Alliierten und der «Achse» herbeizuführen. Natürlich ist eine solche Möglichkeit sehr fraglich geworden, nachdem die Alliierten in ihrer Erklärung vom 27. Januar eine bedingungslose Kapitulation Deutschlands, Italiens und Japans gefordert haben. Doch mag ein solcher Separatfriede dem Heiligen Stuhl um so notwendiger erscheinen, als man seit Anfang des Jahres zu wissen glaubt, daß zwischen Deutschland und der Sowjetunion geheime Kontakte bestehen:

«In vatikanischen Kreisen», schreibt Bergen am 4. Mai, «geht das Gerücht, daß in den letzten Monaten in der Schweiz vertrauliche Friedenssondierungen zwischen Vertretern des Reichs und Sowjetrußlands stattgefunden hätten.

Die Besprechungen seien an den übertriebenen russischen Forderungen gescheitert. So verlautet, Rußland habe beispielsweise Bessarabien, Oberschlesien sowie den seinerzeit besetzten Teil Polens beansprucht.

Die Sondierungen würden jetzt angeblich auf einer neuen, von Deutschland vorgeschlagenen Basis wiederaufgenommen.»[2]

Diese Gerüchte treffen teilweise zu. Die Kontakte finden nicht in der Schweiz, sondern in Schweden statt, und zwar über den japanischen Obersten Uchigawa und die sowjetische Botschafterin in Stockholm, Frau Kollontai. Auf deutscher Seite drängt vor allem Ribbentrop auf derartige Kontakte, anscheinend ohne Wissen Hitlers.

Dem Heiligen Stuhl sind wahrscheinlich keine genauen Einzelheiten über die deutsch-sowjetischen Kontakte von Anfang 1943 bekannt, aber jede noch so vage Aussicht auf einen neuen deutsch-sowjetischen Pakt kann die Bemühungen um eine Übereinkunft zwischen dem Reich und den Westmächten nur verstärken.

Die Einzelheiten, die man bis heute über die Vermittlungsbestrebungen des Heiligen Stuhles weiß, sind unklar. Deshalb wollen wir hier auf

1. Aufzeichnung Weizsäckers Nr. 158 vom 10. 3. 1942, ebd.
2. Telegramm Bergens an Berlin Nr. 167 vom 4. 5. 1943, Archiv AA, StS: V.

einen Abdruck der einander widersprechenden Berichte verzichten und uns mit der Hervorhebung solcher Stellen begnügen, die Hinweise auf die wahrscheinliche Absicht des Vatikans geben können.

Am 19. Mai hat der italienische Botschafter in Berlin, Alfieri, eine Unterredung mit dem deutschen Staatssekretär Steengracht, der Weizsäcker soeben abgelöst hat (dieser tritt bald darauf sein neues Amt als Botschafter beim Vatikan an). Alfieri, der selber italienischer Botschafter beim Heiligen Stuhl war, ist mit der Kurie in engem Kontakt geblieben. Nach der Erwähnung der Begegnung zwischen Hitler und Mussolini in Klessheim kommt der italienische Diplomat auf den «europäischen Gedanken» zu sprechen:

«... Ferner kam Alfieri noch einmal von sich aus auf den europäischen Gedanken zurück und betonte, daß man doch die antibolschewistische Front durch eine irgendwie geartete Erklärung über das zukünftige Schicksal der Völker Europas stärken könne. Auch sei er überzeugt, daß es nicht schwer sein würde, den Papst dazu zu gewinnen, eine Geste zu machen, die eine Beihilfe für die Stärkung einer antibolschewistischen Front bedeuten würde. In dieser Hinsicht würde er es nur für nötig halten, im Lande gewisse Maßnahmen, die die Kirche gegen sich auslege, zeitweilig hintanzuhalten.

Ich erwiderte dem Botschafter, daß sich seit unserer letzten Unterredung nichts in dieser Hinsicht geändert habe und wir alle Kräfte zusammenfaßten, um die Bolschewisten entscheidend zu schlagen. Ich befürchtete, daß eine Geste des Papstes aufgefaßt werden könnte, als seien wir einem Frieden geneigt, während er unseren Standpunkt ja doch kenne, der auf einen kompromißlosen Sieg laute.

Alfieri erwiderte, daß er nicht von einer Friedensgeste des Papstes gesprochen habe, sondern daß der Papst nicht zuletzt ein warmherziger italienischer Patriot sei und, wie er ihm gegenüber häufig zum Ausdruck gebracht habe, große Sympathien für Deutschland habe. Um den Kampf der Achse zu erleichtern, würde er gewiß bei einer entsprechenden Anregung mithelfen, die antibolschewistischen Kräfte Europas zu mobilisieren.»[1]

1. Aufzeichnung Steengrachts Nr. 264 vom 19. 5. 1943, Archiv AA, StS: Italien.

Am 5. Juli überreicht der neue deutsche Botschafter beim Heiligen Stuhl, der frühere Staatssekretär Ernst von Weizsäcker, Pius XII. sein Beglaubigungsschreiben. Nach der offiziellen Zeremonie gewährt der Papst Weizsäcker eine Privataudienz; dieser berichtet darüber mit folgenden Worten:

«Nachdem der Papst mir seine Grüße und Wünsche für den Führer aufgetragen und den Besuch des Herrn Reichsaußenministers im Vatikan erwähnt hatte, behandelte er in unserer Unterhandlung im wesentlichen drei Themen.

1. *Seine Dankbarkeit für die von ihm als Nuntius in Deutschland verbrachten Jahre* sowie seine unveränderte Zuneigung zu Deutschland und zum deutschen Volke.

2. *Das deutsch-vatikanische Verhältnis.* Hierbei sprach der Papst zunächst davon, daß das Reichskonkordat aus einem deutschen Wunsch entstanden sei. Leider hätten sich später Verhältnisse herausgebildet, die der Behandlung und Lösung zwischen Deutschland und dem Vatikan schwebenden Fragen bis auf weiteres im Wege zu stehen schienen. Diese nüchtern vorgebrachte Auffassung bestätigte ich als der meinigen entsprechend. Für eine spätere Zeit erhofft der Papst selbstverständlich eine Auflösung der heutigen Schwierigkeiten.

3. *Die allgemeine Lage.* Dieses Thema bot mir Gelegenheit, den deutschen Einsatz gegen den Bolschewismus gebührend hervorzuheben. Der Papst sprach von seinen eigenen Münchener Erfahrungen mit den Kommunisten im Jahre 1919. Er verurteilte die geistlose Formel unserer Gegner, die von einer ‹bedingungslosen Übergabe› rede. Er sprach gleichzeitig aus, daß zur Zeit kein Ansatz zu irgendeiner praktischen Friedensarbeit vorhanden sei. Ich fügte hinzu, daß meine Regierung derartiges auch nicht erwarte.

Das Gespräch, das gegen ½ Stunde dauerte, wurde von Papst ohne sichtbare Leidenschaft, aber mit einem Unterton von geistlichem Eifer geführt, der nur bei der Behandlung der Bolschewistenbekämpfung in eine Anerkennung gemeinsamer Interessen mit dem Reich überging.

Es besteht Übereinstimmung, daß der Inhalt des Gespräches vollkommen vertraulich zu behandeln ist.»[1]

1. Telegramm Weizsäckers an Berlin Nr. 271 vom 5. 7. 1943, ebd.

Die Bedeutung dieses Dokumentes liegt auf der Hand: der Papst gibt erstmals zu verstehen, daß im Kampf gegen den Bolschewismus eine Interessengemeinschaft zwischen dem Vatikan und dem Reich besteht.

III. Die Landung der Alliierten in Sizilien und das Problem der Sicherung Roms

Wie wir noch sehen, bleibt die kommunistische Bedrohung das Hauptproblem Roms. Man darf jedoch nicht ganz die Sorgen verschweigen, die dem Vatikan das Übergreifen der Kampfhandlungen auf Italien und die Bedrohung der Ewigen Stadt durch Bombardierungen anscheinend bereitete. Andererseits stehen diese Probleme mit der Furcht vor dem Kommunismus in einem direkten Zusammenhang: das Chaos und das Elend, das die Kampfhandlungen und Bombardierungen hervorzurufen drohen, kann die linksradikalen Bewegungen in der Bevölkerung des Landes nur fördern. Darüber hinaus aber geht es für den Vatikan darum, enge Beziehungen sowohl zu den Alliierten als auch zu den Deutschen aufrechtzuerhalten und die kriegführenden Parteien zu einer Schonung Roms im Rahmen des Möglichen zu veranlassen. Noch immer glaubt der Heilige Stuhl sich gezwungen, möglichst korrekte Beziehungen zum Reich aufrechtzuerhalten, um von den Deutschen die Annahme der alliierten Bedingungen für einen Verzicht auf die Bombardierung Roms zu erreichen.

Am 13. Mai 1943 kapitulieren die Streitkräfte Deutschlands und Italiens in Tunesien. Am 10. Juli landen die Alliierten in Sizilien. An demselben Tag richtet Roosevelt eine Botschaft an den Papst:

«In dem Augenblick, in dem Eure Heiligkeit diese Botschaft erhält, wird auf italienischem Boden eine Massenlandung amerikanischer und britischer Truppen erfolgt sein. Unsere Soldaten sind gekommen, um Italien vom Faschismus und von dessen unglückseligen Symbolen zu befreien und die nationalsozialistischen Angreifer zu verjagen, die den Boden Italiens verpesten.»[1]

Nach Weizsäcker nimmt der Heilige Stuhl die Botschaft des amerikanischen Präsidenten nicht günstig auf. Am 12. Juli schreibt der deutsche Botschafter nach Berlin:

1. Keesing's Archiv der Gegenwart 1943 S. 6009.

«Das Telegramm von Roosevelt an den Papst aus Anlaß der Landung amerikanischer Truppen in Sizilien hat im Vatikan wenig Freude erregt. Ein Unterstaatssekretär des Vatikans sagte mir heute, daß dieses Telegramm und besonders seine Publikation durch die amerikanischen Agenturen ein Propagandaverfahren darstelle, das nicht darum milder beurteilt werden könne, weil es sich um einen Wiederholungsfall handele. Eine Reaktion darauf schließe sich von selbst aus.»[1]

Am 14. Juli beschreibt Weizsäcker die Atmosphäre im Vatikan nach der alliierten Landung in Sizilien ausführlicher:

«Man hätte meinen können, daß mit dem Heranrücken der Kampfzone auf italienischem Boden auch im Vatikan einige Bewegung spürbar würde. Davon ist aber zum mindesten äußerlich wenig zu merken. Das offiziöse Blatt des Vatikans enthält sich grundsätzlich aller Mitteilungen über die militärische Lage. Es treibt diese Enthaltsamkeit nun so weit, daß es von den Kämpfen in Sizilien bisher kein Wort gebracht hat.

Natürlich sind diese Vorgänge auch für den Vatikan nicht gleichgültig. Es ist nicht wegzudisputieren, daß die Spitze der kirchlichen Hierarchie fast ganz italienisch ist und großenteils so fühlt. Daran ändert auch das propagandistische Telegramm Roosevelts vom letzten Sonnabend nichts ... Bei einer Privataudienz, die ich am letzten Sonntag mit meiner Frau hatte, das heißt also am Tage nach der englisch-amerikanischen Landung, sprach der Papst im Hinblick auf Sizilien das Wort ‹Sorge› aus, um allerdings dann gleich wieder das Thema zu wechseln.»[2]

Am 19. Juli, dem Tag der Begegnung zwischen Hitler und Mussolini in Feltre, wird Rom zum erstenmal bombardiert. Es überschritte den Rahmen unseres Themas, wenn wir von den unzähligen Demarchen berich-

1. Telegramm Weizsäckers an Berlin Nr. 287 vom 12. 7. 1943, Archiv AA, StS: V. Die amerikanischen Dokumente lassen ebenfalls erkennen, welche Verlegenheit die Botschaft Roosevelts beim Heiligen Stuhl hervorrief (Telegramm Tittmans an Hull vom 12. 7. 1943, FRUS 1943 II S. 928); Pius XII. beschränkte sich jedoch bei seiner Antwort an den amerikanischen Präsidenten darauf, die Neutralität des Vatikans zu unterstreichen (ebd. S. 931).

2. Telegramm Weizsäckers an Berlin Nr. 289 vom 14. 7. 1943, Archiv AA, StS: V.

ten wollten, mit denen der Vatikan Rom das Schicksal der Großstädte des Deutschen Reiches zu ersparen suchte.[1] Bezüglich der Deutschen ging es der Kurie darum, die Verlegung der militärischen Dienststellen in den Vorstädten und vor allem des Hauptquartiers von Generalfeldmarschall Kesselring zu erreichen. Diese Demarchen sind nur teilweise erfolgreich gewesen. Was aber immer ihr Erfolg war, jetzt hatte der Heilige Stuhl einen weiteren Grund, einen offenen Zusammenstoß mit den Deutschen zu vermeiden.

IV. Der Sturz Mussolinis, die Regierung Badoglio und der italienische Waffenstillstand

25. Juli bis 3. September 1943

Am 25. Juli 1943 wird Mussolini, der zwanzig Jahre an der Macht gewesen ist, vom König seiner Ämter enthoben und später verhaftet. Ihm feindlich gesonnene Kräfte im Faschistischen Großrat haben zusammen mit dem Hof und einem Teil der Armee diesen überraschenden Staatsstreich kampflos durchführen können. Die faschistische Herrschaft bricht an einem Tag zusammen. Es ist bekannt, daß der Vatikan durch de Gasperi über die Pläne zumindest einer der ducefeindlichen Gruppen unterrichtet war,[2] indes gestattet kein Dokument die Vermutung, der Heilige Stuhl habe irgendwie die Verschwörung gefördert oder behindert.

Der König ernennt Marschall Badoglio zum Chef der neuen Regierung. Dieser verkündet, Italien werde weiter an der Seite des Reiches kämpfen, bemüht sich aber seit seiner Machtübernahme in Übereinstimmung mit dem König und seinem Kabinett um einen Austritt Italiens aus dem Krieg.

Am 27. Juli berichtet Weizsäcker über die ersten Reaktionen des Vatikans:

«Im Staatssekretariat des Vatikans hatte man noch am Sonntag nicht geglaubt, daß der Duce das Feld räumen würde. Nachdem es nun soweit gekommen ist, zeigt der Vatikan dem Duce, besonders

1. Der Leser findet viele Einzelheiten über diesen Punkt in den Memoiren von Raffaele Guariglia, La Diplomatie difficile (Paris 1955) S. 183 f. Siehe auch FRUS 1943 II S. 910 f.

2. F. W. Deakin, Die brutale Freundschaft (Köln 1964) S. 287. De Gasperi ist der spätere Ministerpräsident.

als dem Unterzeichner der Lateranverträge von 1929, mehr nachträglichen Respekt als Rom selbst. Den Wechsel hält man für ein Ereignis von größter Tragweite.

Ich war soeben bei dem Kardinalstaatssekretär Maglione ... Der Kardinal fragte mich interessiert nach der deutschen Reaktion auf die Ereignisse in Rom. Ich erwiderte, der Krieg nehme seinen Fortgang ohne Rücksicht auf diese inneren italienischen Vorgänge. Hierbei war leicht zu erkennen, daß der Kardinal an die Formel Badoglios ‹der Krieg geht weiter› nicht ernsthaft glaubt.

Andererseits versicherte Maglione mir, er habe von der neuen italienischen Regierung bisher direkt noch nichts gehört. Jetzt habe er d'Ajeta zu sich bestellt, um zu erfahren, wie die Regierung denke. Ciano wünschte er wohl nicht zu sehen.

Der Kardinal sagte, ohne eine Aufforderung von der italienischen Regierung würde er bzw. der Papst in der Friedensfrage nichts tun. Auch müsse Italien ja auf Deutschland Rücksicht nehmen.

Aus diesen Bemerkungen Magliones läßt sich die Einstellung der Kurie wahrscheinlich zutreffend ablesen. Sie wünscht den Frieden; sie möchte, daß er von Mäßigung diktiert wäre, und sie würde gern dabei guten Dienst leisten. Den bisher verschlossenen Weg hierzu, glaubt sie, könne der Abgang des Duce öffnen.»[1]

Tatsächlich sind die Meldungen über die Politik, die der Heilige Stuhl während der kurzen Zeit des Bestehens der Regierung Badoglio betrieb oder zu betreiben wünschte, im großen und ganzen recht unbestimmt. Man zweifelt nicht daran, daß der Kommunismus der Hauptfeind ist, ist aber unschlüssig, wie man am wirkungsvollsten kämpfen kann. Ein separater Waffenstillstand Italiens muß das Reich schwächen; auf der anderen Seite droht eine weitere Beteiligung Italiens am Krieg die Ausbreitung des Kommunismus auf der Apenninenhalbinsel zu begünstigen. Trotz dieser Schwierigkeiten könnten bestimmte deutsche Berichte, wie man noch sehen wird, den Eindruck erwecken, daß der Heilige Stuhl im August 1943 sehr präzise Pläne erarbeitet hat.

Am 31. Juli übermittelt der deutsche Botschafter in Paris der Wilhelmstraße folgende Informationen:

1. Telegramm Weizsäckers an Berlin Nr. 320 vom 27. 7. 1943, Archiv AA, StS: V.

«Wie Gesandter von Krug berichtet, teilte ihm Präsident Laval auf Grund einer Unterhaltung eines seiner Mitarbeiter mit dem Nuntius Valerio Valeri mit, daß in den Kreisen des Vatikans eine stärkere Neigung erkennbar wäre, die Achsenmächte und die Angloamerikaner einer Annäherung zum Kampf gegen den Bolschewismus entgegenzuführen. Diese Entwicklung datiere seit dem Tage der Bombardierung Roms.

Wie Gesandter von Krug ergänzend zu der fraglichen Unterredung erfuhr, sei Nuntius vom Mitarbeiter Lavals die Frage gestellt worden, ob der Papst noch immer eine Zusammenarbeit mit dem bolschewistischen Rußland für möglich halte und anstrebe. Der Nuntius habe daraufhin spontan erwidert, die russisch-vatikanische Zusammenarbeit sei auf 1000 Jahre verschoben. Der Papst sei über die Möglichkeit eines etwaigen Sieges Sowjetrußlands beunruhigt und mit allen Mitteln bestrebt, Frieden zwischen Deutschland und England anzubahnen. Er hoffe hierbei, England möge erkennen, daß es letzten Endes eine europäische Macht und für den Bestand der christlich europäischen Kultur verantwortlich sei.»[1]

Am 3. August bezieht sich Weizsäcker in einem Telegramm auf einen Brief des Unterstaatssekretärs Montini, der nicht wiederaufgefunden worden ist. Der Botschafter schreibt insbesondere:

«... Daß der Brief des Unterstaatssekretärs Montini gewisse Auffassungen wiedergibt, die im Vatikan vertreten sind, steht fest. Im Vatikan hält man die Lage Italiens für sehr gefährdet. An einen Sieg Italiens und somit der Achse glaubt man nicht mehr. Daß Italien ‹gut aus dem Krieg herauskommen werde› entspricht den Wünschen des Vatikans.

Die größte Sorge hat man tatsächlich vor dem Bolschewismus. Vor diesem hat der Papst in seiner Ansprache an die italienischen Arbeiter vom 13. Juni d. J. gewarnt. (Drahtbericht Nr. 232 vom 13. Juni d. J.) Die Ansprache wurde kirchlicherseits in den kommunistisch infizierten Fabriken als Flugblatt verteilt. Ich erinnere auch an die früher gemeldeten öffentlichen Warnungen des Erzbischofs von Mailand, Kardinal Schuster (Bericht vom 31. März d. J. – A 299 – und vom 12. Juni d. J. – A585 –).

1. Telegramm Schleiers an Berlin Nr. 5121 vom 31. 7. 1943, Archiv AA, StS: V.

Dem Vatikan vorliegt, wie ich höre, umfangreiches Material über den neuerlichen Auftrieb der kommunistischen Propaganda in allen Schichten der Bevölkerung, sogar unter den Soldaten, die auf eine Machtergreifung des Proletariats abzielt.»[1]

Auch ohne den Text des Briefes von Mgr. Montini zu kennen, auf den sich Weizsäcker beruft, darf man anscheinend dem ersten Satz des Telegramms entnehmen, daß der Unterstaatssekretär wahrscheinlich zu den Kreisen gehörte, die einen separaten Waffenstillstand Italiens für wünschenswert hielten.

Weizsäckers Informationen über das Aufkommen der kommunistischen Agitation waren weitgehend zutreffend. Tatsächlich war eine Tätigkeit der KPI bemerkbar geworden, seit im Juni 1942 die Zeitung *L'Unità* ihr Erscheinen wiederaufnahm. Im März 1943 organisierten die Kommunisten in Turin eine ausgedehnte Streikbewegung, und nach dem Verschwinden der faschistischen Regierung nahm ihr Einfluß in den norditalienischen Industriestädten rapide zu.

Am 4. August berichtet Weizsäcker noch weitere Einzelheiten über die Einstellung des Vatikans zur Regierung Badoglio:

«... Aus innerpolitischen Gründen aber ist der Vatikan gegen das Kabinett Badoglio reserviert. Die sogenannte Freiheit, die es verspricht, hat kommunistischen Regungen so weit Bahn geschaffen, daß in Rom gedruckte Flugblätter gegen die Kirche und den Papst verteilt werden konnten. Eines, das ich in der Hand hatte, bespöttelt die nachträgliche Sympathiekundgebung des Papstes für die Opfer des amerikanischen Luftangriffs auf Rom, es kritisiert den Papst (d.h. Pius XI., den Vorgänger des jetzigen), der Mussolini den Mann der Vorsehung genannt habe usw. ...

Tatsache ist, daß die Kirche sich heute beunruhigt fühlt, für sie ist und bleibt der Kommunismus der Erzfeind, innenpolitisch und außenpolitisch. Mir ist versichert worden, die amerikanische Regierung sei vom Vatikan vor überspanntem Druck auf Italien gewarnt worden, sonst rutsche die labile Regierung Badoglio nach links ab. Was die englische Regierung angeht, so versicherte mir ein enger politischer Mitarbeiter des Papstes, England sei sich der sowjetrussischen Gefahr durchaus bewußt, nur

1. Telegramm Weizsäckers an Berlin Nr. 335 vom 3.8. 1943, Archiv AA, StS: Italien.

könne es sich heute noch nicht offen zu dieser Überzeugung bekennen.»[1]

Am 18. August bringt ein neues Telegramm aus Paris Informationen, die der Gesandte von Krug «aus zuverlässiger Quelle» erfahren hat. Er schreibt:

«1. Erzbischof von Paris, Kardinal Suhard, hat Wunsch ausgesprochen, Papst aufzusuchen, um ihm vorzutragen, daß die deutsche Armee und Kirche einzig möglicher Pfeiler sei, um Europa vor Kommunismus zu schützen. Es müsse daher alles getan werden, um deutscher Armee im Osten zum Siege zu verhelfen.

2. Vatikan sei zur Zeit bestrebt, nicht nur Waffenstillstand, sondern einen Frieden zwischen Angelsachsen und Italien herbeizuführen. Voraussetzung wäre Nichtbesetzung Italiens durch die Angelsachsen und freier Abzug deutscher Truppen. Derartiger Friede soll erster Schritt zu Einigung Angelsachsen mit den Deutschen werden, um europäisch-amerikanisch-christliche Einheitsfront gegen Asien zu schaffen.»[2]

Krugs Informationen werden durch ein Telegramm aus Lissabon vom 24. August bestätigt:

«Der portugiesische Botschafter beim Vatikan Carneiro Pacheco ist in Lissabon eingetroffen und wurde vom Kardinalpatriarchen empfangen. Wie ich streng vertraulich erfahre, überbrachte er ihm eine Botschaft des Kardinalstaatssekretärs, die sich mit der Neubelebung der katholischen Aktion zugunsten des Friedens befaßt und die in der Aufforderung an die portugiesische Geistlichkeit gipfelt, in der Presse sowie mit allen ihr sonst zu Gebote stehenden Mitteln den Kommunismus zu bekämpfen ...

Wie ich weiter höre, berichtete Botschafter Pacheco, daß der Papst durch seine Vertreter in England und Amerika die größten Anstrengungen mache, um zu erreichen, daß Italien ein ehrenvoller Friede gewährt würde auf der Basis, daß die beiderseitigen Kriegführenden den italienischen Boden verlassen. Er hoffe, daß dies bis September der Fall sein, und daß sich daraus eine abend-

1. Telegramm Weizsäckers an Berlin Nr. 339 vom 4. 8. 1943, Archiv AA, StS: V.
2. Telegramm Schleiers an Berlin Nr. 5523 vom 18. 8. 1943, Archiv AA, StS: V.

ländische Einigung gegenüber Anarchie und Bolschewismus entwickeln werde.»[1]

Die Übereinstimmung der Informationen aus Paris und Lissabon erweckt den Eindruck, daß der Vatikan eine Zeitlang gehofft hat, die Westmächte und die Deutschen zum Abschluß einer Übereinkunft zur «Entmilitarisierung» Italiens zu bewegen und danach auf der Grundlage dieses Teilabkommens eine umfassende Annäherung einzuleiten, die zu einer Verbündung der Westmächte gegen die Sowjetunion führen sollte …

Die übereinstimmenden Informationen in den deutschen Dokumenten werden durch den Bericht eines Briefschreibers im Vatikan an einen Londoner Prälaten vom Juni 1944 zum Teil bestätigt. Nach diesem Bericht hätte Pius XII. einen seiner engen Mitarbeiter, den Architekten Enrico Pietro Galeazzi, Ende August 1943 nach London geschickt, um über Kardinal Spellman Verständnis für Deutschland zu bezeigen und dadurch eine Annäherung zwischen den Westmächten und dem Reich in die Wege zu leiten.[2]

Zur gleichen Zeit hatte der Heilige Stuhl seine Haltung gegenüber dem Deutschen Reich und der Sowjetunion noch einmal in einem wichtigen Dokument umschrieben, das Botschafter von Weizsäcker, wie er erklärt, im September «zufällig» einsehen konnte, das aber wohl im Juli oder August entstanden war, als die Regierung Badoglio sich noch im Amt befand:

«Durch einen Zufall habe ich Einblick in drei Schriftstücke nehmen können, die für die politische Haltung des Papstes bezeichnend sind. Alle drei Schriftstücke stammen aus der Zeit nach dem 25. Juli.

Das erste enthält eine Intervention der Kurie bei der Regierung Badoglio zugunsten verfolgter alter Faschisten. In dem zweiten setzt sich die Kurie auf Weisung des Papstes für den Duce und für seine Familie ein, und zwar unter namentlicher Aufzählung von etwa zwanzig Familienmitgliedern. Unter diesen fehlen allerdings die Namen des Grafen Ciano und von Edda Ciano.

Besonders interessant ist das dritte Dokument, enthaltend eine Auseinandersetzung des Kardinalstaatssekretärs Maglione an die italienische Regierung über die Gefahren, die der Welt drohen.

1. Telegramm Huenes an Berlin Nr. 2929 vom 24. 8. 1943, ebd.
2. Veröffentlicht vom Journal de Genève am 27. 7. 1964.

Maglione sagt, das Schicksal Europas hänge von dem siegreichen Widerstand Deutschlands an der russischen Front ab. Das deutsche Heer sei das einzig mögliche Bollwerk ‹Baluardo› gegen den Bolschewismus. Würde dieses brechen, so wäre es um die europäische Kultur geschehen.»[1]

Die Note Kardinal Magliones dürfte bestätigen, daß der Heilige Stuhl der Auffassung war, nun sei der siegreiche Widerstand der deutschen Armeen gegen den Osten für die Rettung Europas entscheidend. Wir betonen noch einmal, daß uns allein das Archiv des Vatikans über die genauere Formulierung dieser Note Klarheit verschaffen könnte.

Die deutschen Dokumente, die wir zitierten und weiterhin zitieren werden, bestätigen in eindrucksvoller Zahl die These, die der Kardinalstaatssekretär der italienischen Regierung vorgetragen hat.

Das Eintreten des Papstes für Mussolini und seine Familienangehörigen mit Ausnahme Cianos ist ebenfalls nicht uninteressant: Ciano war seit Anfang 1943 italienischer Botschafter beim Vatikan; anscheinend hat er während dieser Zeit versucht, Kontakte mit den Alliierten für einen separaten Waffenstillstand Italiens herzustellen, und der Verschwörung gegen Mussolini vorgearbeitet. Aber wegen seiner langen Zusammenarbeit mit Mussolini, seinem Schwiegervater, war er vor eventuellen Maßnahmen der Regierung Badoglio nicht sicher;[2] ein Eintreten des Papstes für ihn war also keineswegs überflüssig. Daß der Papst darauf verzichtet hat, könnte ein Hinweis sein, daß er die politische und diplomatische Tätigkeit Cianos in den Monaten seines Aufenthaltes am Vatikan im stillen mißbilligte.

Am 3. September schickt Weizsäcker ein noch ausführlicheres Schreiben über die politische Haltung des Papstes nach Berlin:

«Ich erhalte laufend Beweise, wie sehr man im Vatikan über angloamerikanische Politik verstimmt ist, in deren Wortführern man Wegbereiter des Bolschewismus sieht. Sorge des Vatikans um das Schicksal Italiens und auch Deutschlands wächst. Ein Diplomat, der über besondere Beziehungen zum Vatikan verfügt, versicherte

1. Telegramm Weizsäckers an Ribbentrop Nr. 65 vom 23. 9. 1943, Archiv AA, StS: V.

2. Die Haltung Cianos bleibt bis zum Ende zweideutig. Nach der Machtübernahme Badoglios versucht er, Italien zu verlassen. Ende August faßt Badoglio seine Verhaftung ins Auge, die viele Feinde des Faschismus fordern. Da nimmt der Schwiegersohn Mussolinis den deutschen «Schutz» an, der ihn das Leben kostet.

mir gestern, Papst verurteile streng alle Pläne, die auf Schwächung des Reichs abzielen. Ein bei der Kurie tätiger Bischof sagte mir heute, nach Ansicht des Papstes sei für die Zukunft der katholischen Kirche ein kräftiges Deutsches Reich ganz unentbehrlich. Aus vertraulicher Niederschrift über Gespräch eines italienischen politischen Publizisten mit Papst entnehme ich, daß Papst auf die Frage, was er vom deutschen Volke halte, geantwortet hat: ‹Es ist ein großes Volk, das in seinem Kampf gegen den Bolschewismus nicht nur für seine Freunde, sondern auch für seine derzeitigen Feinde blutet. Ich vermag nicht zu glauben, daß die Ostfront zusammenbrechen wird.› Aus der gleichen Einstellung heraus hat der Papst in seiner Ansprache vom 1. September Angloamerikaner gewarnt und kritisiert. Kernstück der Ansprache ist eindeutig auf unsere westlichen Kriegsgegner gemünzt.»[1]

An demselben Tag, an dem Weizsäcker sein Telegramm absendet, haben die Italiener einen geheimen Waffenstillstand mit den Alliierten unterzeichnet; am 8. September gibt der amerikanische Rundfunk die Waffenstillstandsbedingungen bekannt. Am 9. September 1943 dringen die ersten deutschen Truppen in Rom ein.

V. Die ersten Wochen der deutschen Besetzung Roms

Am Vatikan bedauert man zwar die Notwendigkeit einer Besetzung der Ewigen Stadt durch die deutsche Wehrmacht, doch ist die kommunistische Gefahr in den nunmehr von den Deutschen beherrschten Gebieten zumindest für den Augenblick gebannt. Die Aufmerksamkeit des Heiligen Stuhls ist also vor allem nach Osten gerichtet:

«Es ist interessant», schreibt Weizsäcker, «daß die Ereignisse in Italien, die vor aller Augen sind, hier politisch nicht so wichtig genommen werden wie diejenigen an der Ostfront. Im Vatikan be-

1. Telegramm Weizsäckers an Berlin Nr. 395 vom 3. 9. 1943, Archiv AA, StS: V. Anscheinend übertreibt Weizsäcker die Bedeutung der Ansprache des Papstes. Pius XII. verlangte, wie er es vorher getan hatte, die rasche Rückkehr zu einem von Mäßigung diktierten Frieden. Vgl. Acta Apostolicae Sedis 1943 S. 279. Allerdings war diese Forderung mit der von den Alliierten verlangten bedingungslosen Kapitulation unvereinbar.

fürchtet man, daß Deutschland unter der Wucht des Geschehens im Osten sich schließlich doch den Russen in die Arme werfen könnte. Die Behauptung, die deutsche Regierung und die russische Regierung seien schon miteinander in Fühlung, ist unausrottbar.

Ebenso beständig ist auch der Traum des Vatikans, die Westmächte würden noch rechtzeitig erkennen, wo ihr wahres Interesse liegt und in Verbindung mit dem deutschen Einsatz die europäische Kultur vor dem Bolschewismus retten helfen.»[1]

Am 24. September brachte Nuntius Orsenigo vor Staatssekretär Steengracht ebenfalls die Notwendigkeit eines gemeinsamen Vorgehens des Deutschen Reiches und des Vatikans gegen den Kommunismus zum Ausdruck:

«Der Nuntius suchte mich heute auf», schreibt Steengracht am 24. September, «und brachte von sich aus das Gespräch auf die traurigen Verhältnisse, in die Italien seit der Kapitulation Badoglios geraten sei, und kam dann auf die allgemeine Weltgefahr des Kommunismus zu sprechen. Ich habe ihm von den bewaffneten kommunistischen Banden erzählt, die sich in Mailand und Turin gebildet hatten und ihm dargelegt, daß nur durch unser schnelles Zugreifen ein bolschewistisches Chaos in Oberitalien vermieden werden konnte.

Der Nuntius hat dann von sich aus erklärt, daß seiner Auffassung nach nur Deutschland und der Vatikan ersteres auf materiellem, letzterer auf geistigem Gebiet in der Lage seien, gegen die bolschewistische Gefahr anzugehen. Er hat dann weiter ausgeführt, daß das, was Stalin durch Einsetzung eines Erzbischofs jetzt mit der orthodoxen Kirche mache, ein absolutes Theater und ein grob aufgelegter Schwindel sei. Es sei nur bedauerlich, daß man in anderen Konfessionen als der katholischen alle möglichen Funktionäre als Bischöfe bezeichne und auf diese Weise den Titel Bischof entwürdige.»[2]

Einige Tage später berichtet auch Weizsäcker über die negative Einstellung des Vatikans zu den religionsfreundlichen Maßnahmen Stalins:

1. Telegramm Weizsäckers an Berlin Nr. 72 vom 24. 9. 1943, Archiv AA, StS: V.

2. Aufzeichnung Steengrachts Nr. 425 vom 24. 9. 1943, ebd.

«Ebenso wie seiner Zeit die Auflösung der Komintern wird im Vatikan die neue Stalinsche Kirchenpolitik als ein von den alliierten Westmächten inspirierter Akt politischer Opportunität bewertet, der von einem Tag zum andern aufgehoben werden kann. Die feindselige Grundeinstellung des Vatikans gegenüber der Sowjetunion wird von der Stalinschen Kirchenpolitik nicht berührt. Diese stört außerdem die römischen Rekatholisierungswünsche in Rußland.»[1]

Am 3. Oktober erfahren die Deutschen, daß man im Vatikan der Meinung ist, die sowjetische Offensive auf dem Balkan drohe weiterhin siegreich zu verlaufen.[2] Am 7. Oktober sucht Weizsäcker noch einmal die wichtigsten Züge der politischen Ansichten des Heiligen Stuhles angesichts der immer bedrohlicher werdenden Weltlage kurz darzulegen:

«I. Aus Gesprächen mit den Außenpolitikern im Vatikan möchte ich aus der letzten Zeit einiges anführen, was charakteristisch ist.

Ein oder zwei Tage nach dem 25. Juli fragte ich den Unterstaatssekretär Monsignore Tardini:

‹Was täten Sie jetzt, wenn Sie Badoglio wären?› Tardini: ‹Ich hätte den Posten gar nicht angenommen.› Ich: ‹Wenn ich Sie aber jetzt dazu ernenne?› Tardini: ‹Dann demissioniere ich.›

Ein anderer sagte: Das Ministerium Badoglio bestehe aus Freimaurern, wie weit links man mit ihnen lande, könne man nie wissen.

Ein weiterer Geistlicher (Jesuit) sagte mir: Die Kirche sei mit dem Faschismus gut gefahren. Sie habe es in den letzten Jahren in Italien bei ihrem Kampf gegen den Kommunismus fast zu leicht gehabt.

Gemeldet habe ich bereits, daß der Papst sich bei Regierung Badoglio für eine anständige Behandlung des Duce und seiner Familie einsetzte. Er trat auch für Schonung verfolgter Faschisten ein.

Seit dem 8. September genieren sich die Herren im Vatikan, die ja fast alle Italiener sind, wenn auf ihren Landsmann Badoglio die Rede kommt. Ein vatikanischer Prälat sagte mir in diesen Tagen: Badoglio hat uns mit Schande überschüttet.

Nach dem Weg –[3] des Duce und später nochmals nach dem Verrat Badoglios hat Kardinalstaatssekretär Maglione mir erklärt, er

1. Telegramm Weizsäckers an Berlin Nr. 88 vom 28. 9. 1943, Archiv AA, StS: V.
2. Telegramm Moellhausens Nr. 157 vom 3. 10. 1943, ebd.
3. fehlt offenbar Klartext.

täte gern etwas für den Frieden, aber niemals für Italien allein, ebensowenig wie er für Deutschland allein etwas täte ohne die japanische Zustimmung. Kurie könne nicht am Auflösen unseres Bündnisses mitwirken. Britische Veröffentlichungen beweisen, daß die Kurie an den Waffenstillstandsverhandlungen Badoglios unbeteiligt war.

Antibolschewistische Äußerungen anzuführen erübrigt sich. Ich bekomme sie täglich zu hören.

II. Tatsächlich ist die Bolschewistenfeindschaft der sicherste Bestandteil der vatikanischen Außenpolitik. Was der Bekämpfung des Bolschewismus dient, ist der Kurie willkommen. Die Verbindung Anglo-Amerikaner mit Sowjetrußland ist ihr verhaßt. Das Verharren in dieser Verbindung findet sie stur und kriegsverlängernd. Am liebsten sähe sie eine Koalition Westmächte mit Deutschland; als Minimum wünscht sie ein kräftiges und geschlossenes Deutschland als Barriere gegen Sowjetrußland. Ihre italienische Empfindung stellt die Kurie jetzt beiseite. Sie spürt, daß es ums Ganze geht.»[1]

Die kommunistische Bedrohung Roms selber beunruhigt ebenfalls den Heiligen Stuhl. Am 14. Oktober äußert sich dazu der Kardinalstaatssekretär vor Weizsäcker:

«Kardinal Maglione sprach mich heute auf die Gefahr an, die von kommunistischer Seite den Klerikalen Roms drohe, wenn bei etwaigem Besitzübergang Roms aus deutscher militärischer Hand in englische die städtische Verwaltung und Polizei versagen.»[2]

In dieser Atmosphäre beginnt die deutsche Aktion gegen die römischen Juden.

1. Telegramm Weizsäckers an Berlin vom 7. 10. 1943, Archiv AA, StS: V.
2. Telegramm Weizsäckers an Berlin vom 14. 10. 1943, ebd.

ACHTES KAPITEL

Die Deportation der römischen und italienischen Juden
Oktober 1943 bis Dezember 1943

Bevor wir uns den Ereignissen im Zusammenhang mit der Verschleppung der Juden aus Rom und Italien zuwenden, müssen wir in aller Kürze die Ansicht prüfen, der Papst habe für den Fall eines Protestes gegen die judenfeindlichen Maßnahmen der Deutschen einen deutschen Handstreich gegen den Vatikan befürchtet. Übrigens darf man von vornherein die Vermutung äußern, daß die Furcht vor einer solchen Maßnahme das Schweigen Pius' XII. nicht beeinflußt hat, denn es dauerte an, als 1944 die Verschleppung der ungarischen Juden begann, während Rom und der Vatikan bereits unter dem Schutz der alliierten Truppen standen. Wir wollen jedoch in Kürze die Tatsachen (und dabei auch am Rande die deutschen Absichten) darlegen, soweit sie im Oktober 1943 beim Vatikan bekannt sein konnten, und dadurch den Einwand entkräften, die Gründe des Papstes für sein Schweigen könnten sich in der Zeit zwischen Oktober 1943 und Juni 1944 geändert haben.

I. Die Deutschen und der Vatikanstaat

In einigen nach dem Krieg geschriebenen Memoirenbänden sind deutsche Pläne über eine Entführung des Papstes erwähnt. Man kann nicht wissen, ob die Nationalsozialisten einen solchen Plan ausgearbeitet haben, denn kein Dokument erwähnt etwas davon. Dagegen lassen die Dokumente der Wilhelmstraße vom Herbst 1943 anscheinend das Gegenteil vermuten; bevor wir sie prüfen, müssen wir uns Hitlers berühmte Schmährede gegen den Vatikan vom 26. Juli 1943 vor Augen führen.

Hitler hat soeben vom Schicksal Mussolinis erfahren; er befindet sich in einem Zustand hochgradiger Erregung. Man erwägt die Besetzung Roms durch Luftlandetruppen. Darauf fragt Hewel, der Vertreter Ribbentrops im Führerhauptquartier:

«‹Sollen wir nicht sagen, daß die Vatikan-Ausgänge besetzt werden?› ‹Das ist ganz egal›, antwortet Hitler, ‹ich gehe in den Vatikan sofort hinein. Glauben Sie, daß mich der Vatikan geniert? Der wird sofort gepackt. Da ist vor allen Dingen das ganze Diplomatische Corps drin. Das ist mir wurscht. Das Pack ist da, das ganze Schweinepack holen wir heraus ... Was ist schon ... Dann entschuldigen wir uns hinterher, das kann uns egal sein.›»[1]

Hitler erwägt also in einem Augenblick höchster Erregung, in den Vatikan einzudringen, die dortigen ausländischen Diplomaten, die den Sturz Mussolinis angezettelt haben, «herauszuholen» und sich danach unter Entschuldigungen zurückzuziehen. Aber selbst unter dem Eindruck des Schocks infolge der Verhaftung Mussolinis spricht Hitler nicht von einer Besetzung des Vatikans und noch weniger von einem Handstreich gegen den Klerus oder den Papst. Dies alles ist im übrigen nur eine Reaktion auf die augenblicklichen Ereignisse. Als im September Italien kapituliert und die Deutschen Rom besetzen, nehmen sie eine wesentlich andere Haltung ein.

Während am 10. September in den Straßen Roms noch vereinzelt Kämpfe stattfinden, meldet Weizsäcker nach Berlin, daß Kardinal Maglione ihn noch einmal gebeten hat, auf eine Respektierung des Vatikanstaates und seiner Außenstellen durch die deutschen Truppen hinzuwirken. Weizsäcker fügt in seinem Telegramm hinzu, daß seine eigene Verbindung zu Generalfeldmarschall Kesselring unterbrochen sei.[2] Einige Stunden später ist die Verbindung wiederhergestellt.

Am 17. läßt Ribbentrop bei Weizsäcker anfragen, ob die Angabe einer Presseagentur stimmt, wonach der Papst es abgelehnt hat, einen Vertreter Marschall Kesselrings, des Befehlshabers der deutschen Streitkräfte in Italien, vorzulassen.[3] Einen Tag später stellt der Botschafter die Angelegenheit richtig: Kesselring hat niemals um eine Audienz beim Heiligen Vater nachgesucht und ebensowenig Pius XII. gebeten, einen Abgesandten zu empfangen.[4] Zwei Tage später schreibt der Vertreter des Reiches:

«Die deutsche Besetzung Roms beeinträchtigt die Souveränität des Vatikans nicht. Der Vatikan-Sender ist von uns nicht besetzt, denn er befindet sich innerhalb der Vatikanstadt. Der Papst ist durch die deutsche Haltung in seiner apostolischen Aufgabe nicht

1. Helmut Heiber (Hg.), Hitlers Lagebesprechungen (Stuttgart 1962), S. 329.
2. Telegramm Weizsäckers an Berlin Nr. 2 vom 10. 9. 1943, Archiv AA, StS: V.
3. Telegramm Sonnleithners an Weizsäcker (ohne Nr.) vom 17. 9. 1943, ebd.
4. Telegramm Weizsäckers an Ribbentrop Nr. 43 vom 18. 9. 1943, ebd.

behindert. Er ist nicht unser Gefangener. Keinem Italiener wird der Zutritt zur Peterskirche verwehrt. Vielmehr sind gegenüber der Kurie alle Rücksichten gewahrt worden.

Selbstverständlich hätte die Kurie es sehr begrüßt, wenn das Kriegsgewitter um Rom herum abgezogen wäre, ohne die Stadt zu berühren. Die Besetzung Roms durch deutsche Truppen ist für Vatikan lästig. In den ersten Tagen nach der Besetzung, wo hier militärischerseits zahlreiche Autorequisitionen stattfanden, mußte die Botschaft dafür sorgen, daß die Wagen des Vatikans davon nicht betroffen wurden. Der Verkehr zwischen der Vatikanstadt und den zahlreichen exterritorialen Vatikan-Exklaven innerhalb Roms sowie den sonstigen Büros der Kurie in der Stadt, war sicherzustellen. Die Verpflegung des Papstes und der Vatikanstadt-Insassen aus den Obst- und Gemüsegärten von Castel Gandolfo war unterbrochen, solange hier gekämpft wurde. Auch hier hat die Botschaft regelnd eingegriffen. Tatsächlich störend ist heute noch die Unterbrechung der Post- und Telegrafenverbindung des Vatikans mit den Bischöfen Italiens und mit den Auslandsstellen, mit welchen der Vatikansender nicht direkt verkehrt. Im Benehmen mit Gesandten Rahn bemüht sich Botschaft darum, Abhilfe zu schaffen, soweit das militärische Interesse es zuläßt.»[1]

Inzwischen versucht die alliierte Propaganda, die Anwesenheit deutscher Soldaten vor den Toren des Vatikans noch weiter auszunutzen. Roosevelt erklärt, die Alliierten beabsichtigten, «ihren Vormarsch durch Italien in einer Art von Kreuzzug fortzusetzen, um Rom, den Vatikan und den Papst zu befreien».[2] Ribbentrop beschließt, dagegen vorzugehen. Am 7. Oktober telegrafiert er an Weizsäcker:

«Nachdem Roosevelt die Behauptungen über Gefangenschaft Papstes und Vatikans übernommen und gleichzeitig versucht hat, uns schon jetzt für alle etwaigen Zerstörungen Roms und Vatikangebiets verantwortlich zu machen, erscheint es angezeigt, den deutschen Entschluß, Vatikanstaat in jeder Weise zu respektieren, in einer Form klarzustellen, die später, wenn nötig, feindlicher Agitation wirksam entgegengehalten werden kann.

1. Telegramm Weizsäckers an Ribbentrop vom 22. 9. 1943, Archiv AA, StS: V.
2. Keesing's Archiv der Gegenwart 1943 S. 6137.

Ich bitte Sie deshalb, einen Empfang beim Papst nachzusuchen und diesen auf die böswillige Kampagne unserer Gegner nachdrücklich hinzuweisen.

Dabei können Sie die folgende Erklärung mündlich abgeben: ‹Wie der Kurie bekannt ist, bemüht sich die gegnerische Propaganda seit dem Einrücken der deutschen Truppen in Rom, durch Erfindungen aller Art den Vatikan als Opfer deutscher Gewaltherrschaft hinzustellen. Die Haltung der deutschen Truppen hat diese Behauptungen bereits aufs eindeutigste Lügen gestraft. Trotzdem werden die Verleumdungen Deutschlands durch unsere Gegner fortgesetzt. So wurden diese von dem Staatsoberhaupt der Vereinigten Staaten aufgegriffen. Die Reichsregierung stellt demgegenüber fest, daß Deutschland die Souveränität und Integrität des Vatikanstaates in vollem Umfange respektiert und daß in Rom anwesende deutsche Wehrmachtsangehörige sich entsprechend verhalten.

Die Reichsregierung würde es begrüßen, wenn die Kurie auch von sich aus durch eine eindeutige öffentliche Darlegung der Lage für Verbreitung der Wahrheit Sorge trüge.›

Sie können dem Papst gegenüber noch zum Ausdruck bringen, daß es von der Reichsregierung besonders begrüßt würde, wenn diese Richtigstellung aus dem Munde des Papstes selbst erfolgen könnte.»[1]

Am 8. Oktober wird Weizsäcker vom Papst in einer Privataudienz empfangen. Pius XII. äußert zunächst seine Befriedigung darüber, wie die Botschaft an manchen Stellen, wo die deutsche Besatzung Roms mit den Interessen des Vatikans in Berührung gekommen sei, ordnend eingegriffen habe.

«Verleumdungen, die unsere Gegner und nun auch Roosevelt über unsere Truppen in Rom verbreiten, waren dem Papst voll geläufig. Eine grundsätzliche Zustimmung zu der Erklärung, die ich weisungsgemäß abgab, sprach der Papst daher ohne Zögern aus, Formulierung und Publikationsform einer vatikanischen Erklärung vorbehaltend. Ich hatte indessen nicht den Eindruck, daß der Papst selbst an die Öffentlichkeit treten will. Was die Formulierung angeht, so sagte der Papst, wäre dies am wirkungsvollsten, wenn die Kurie an meine heutige Erklärung anknüpfe.

1. Telegramm Ribbentrops an Weizsäcker vom 7. 10. 1943, Archiv AA, StS: V.

Ich erwiderte, mein Auftrag spreche davon, daß die Kurie ‹von sich aus› für Verbreitung der Wahrheit sorgen sollte.

Auch dies hielt der Papst für möglich, wenn auch weniger wertvoll. In diesem Falle könne ja nur von der Vergangenheit gesprochen werden, während nach seinen Gedanken die deutsche Erklärung, die ja auch als ein Versprechen auszulegen sei, mit einer vatikanischen verbunden auf die Zukunft weisen würde, und darum gewichtiger wäre.»

Weizsäcker erwiderte, er müsse Instruktionen von seiner Regierung anfordern.[1]

Es ist kaum möglich, den Bericht über die Verhandlungen zwischen dem Heiligen Stuhl und den Deutschen bezüglich der angemessensten Form für eine Erklärung des Inhalts fortzusetzen, daß die deutschen Truppen die Souveränität des Vatikans nicht angetastet haben und daß die Kurie ferner die Versicherung erhalten hat, es werde sich daran auch künftig nichts ändern. Wir müssen uns auch daran erinnern, daß der Vatikan, während er diese Zusicherungen auf diplomatischem Wege erhielt, über mehrere offiziöse Mittelsmänner, die mit der deutschen Kommandantur in Verbindung standen, weitere Zusicherungen bekam. Solche Mittelsmänner waren F. Pfeiffer, P. Leiber und besonders Prälat Kaas, dessen Neffe sich ebenso wie der Sohn eines Freundes, von Gerlach, als deutscher Offizier in Rom aufhielt.[2]

Als Ergebnis dieser zahlreichen Verhandlungen veröffentlicht der Vatikansender am 19. Oktober 1943 folgendes Kommuniqué:

«Um den unbegründeten Gerüchten, die vor allem im Ausland über das Verhalten der deutschen Truppen gegenüber der Vatikanstadt umgelaufen sind, ein Ende zu setzen, hat der deutsche Botschafter beim Heiligen Stuhl im Auftrag seiner Regierung dem Heiligen Stuhl gegenüber erklärt, daß Deutschland, wie es bisher die Verwaltung und die Tätigkeit der Römischen Kurie sowie die Souveränitätsrechte und die Integrität des Vatikanstaates respektiert habe, so auch entschlossen sei, sie in Zukunft zu respektieren. Indem der Heilige Stuhl anerkannte, daß die deutschen Truppen die Römische Kurie und die Vatikanstadt respektiert haben, nahm er

1. Telegramm Weizsäckers an Ribbentrop Nr. 115 vom 8. 10. 1943, Archiv AA, StS: V.
2. Journal de Genève vom 27. 7. 1964, bereits zitiert.

gern von der Versicherung Kenntnis, die der Botschafter auch für die Zukunft gesprochen hat.»[1]

Man kann also die Vermutung äußern, daß der Heilige Stuhl im Oktober 1943 anscheinend keinen deutschen Handstreich gegen den Vatikanstaat und noch weniger gegen die Person des Papstes selbst befürchtete.[2]

II. Die Verschleppung der Juden aus Rom

Am 6. Oktober 1943 richtet der deutsche Konsul in Rom, Moellhausen, folgendes streng geheime Blitztelegramm an Ribbentrop:

«Obersturmbannführer Kappler hat von Berlin den Auftrag erhalten, die achttausend in Rom wohnenden Juden festzunehmen und nach Oberitalien zu bringen, wo sie liquidiert werden sollen. Stadtkommandant von Rom, General Stahel, mitteilt mir, daß er diese Aktion nur zulassen wird, wenn sie im Sinne des Herrn Reichsaußenministers liegt. Ich persönlich bin Ansicht, daß es besseres Geschäft wäre, Juden, wie in Tunis, zu Befestigungsarbeiten heranzuziehen und werde dies gemeinsam mit Kappler Generalfeldmarschall Kesselring vortragen.»[3]

Einen Tag später richtet Moellhausen ein neues Telegramm an Ribbentrop:

«Im Anschluß an Telegramm vom 6. Nr. 192:
Generalfeldmarschall Kesselring hat Obersturmbannführer Kappler gebeten, geplante Judenaktion zunächst zurückzustellen. Sollte jedoch etwas unternommen werden, würde er es vorziehen,

1. Keesing's Archiv der Gegenwart 1943 S. 6153 f.

2. Die amerikanischen Dokumente zeigen, daß man beim Heiligen Stuhl beim Einmarsch der deutschen Truppen in Rom eine Aktion der Nationalsozialisten gegen den Vatikan befürchtete; aber kurz darauf beruhigte das korrekte Auftreten der Besatzungstruppen die Kurie. Telegramm Tittmans an Hull Nr. 202 vom 25. 10. 1943, FRUS 1943 II S. 951.

3. Telegramm Moellhausens an Ribbentrop Nr. 192 vom 6. 10. 1943, Archiv AA, StS: Italien.

die arbeitsfähigen Juden Roms zu Befestigungsarbeiten heranzuziehen.»[1]

Die Antwort aus Berlin läßt nicht lange auf sich warten. Am 9. Oktober telegrafiert Legationsrat Thadden an Moellhausen:

«Auf Grund Führerweisung sollen die in Rom wohnenden 8000 Juden als Geiseln nach Mauthausen gebracht werden. Der Herr RAM bittet Sie, sich auf keinen Fall in Angelegenheit einzumischen, sondern sie SS zu überlassen.»[2]

Wie soll man dieses Zaudern bei Moellhausen, Stahel und Kesselring erklären? Entsprang es einer plötzlichen Regung des Mitleids? Das ist kaum wahrscheinlich. Aber man wußte, daß viele Juden in Klöster und Kirchen geflüchtet waren, und fürchtete, der Papst könne diesmal als Bischof von Rom schwerlich von einem Protest absehen. Der psychologische Schade, den ein solcher Protest der Sache des Reiches zufügen mußte, wäre äußerst schwerwiegend. War die Vernichtung von 8000 römischen Juden ein hinreichender Anlaß dafür?

In Berlin glaubt man wahrscheinlich, daß der Papst nicht eingreift. In der Nacht vom 15. zum 16. Oktober beginnt die Aktion. 1259 Juden werden erfaßt; 1007 werden am 18. Oktober nach Auschwitz verschleppt.

Die Gefahr, daß der Papst eingreift, scheint einige Tage tatsächlich gegeben zu sein. Am 16. Oktober schickt Mgr. Hudal, der Rektor der deutschen Kirche in Rom, an General Stahel folgendes Schreiben:

«Eben berichtet mir eine hohe vatikanische Stelle aus der unmittelbaren Umgebung des Heiligen Vaters, daß heute morgen die Verhaftungen von Juden italienischer Staatsangehörigkeit begonnen haben. Im Interesse des guten bisherigen Einvernehmens zwischen Vatikan und dem hohen deutschen Militärkommando, das in erster Linie dem politischen Weitblick und der Großherzigkeit Eurer Exzellenz zu verdanken ist und einmal in die Geschichte Roms eingehen wird, bitte ich vielmals, eine Order zu geben, *daß in Rom und Umgebung diese Verhaftungen sofort eingestellt werden;* ich fürchte, daß der Papst sonst öffentlich dagegen Stellung nehmen

1. Telegramm Moellhausens an Ribbentrop Nr. 201 vom 7. 10. 1943, ebd.

2. Telegramm Thaddens an Moellhausen Nr. 372 vom 9. 10. 1943, Archiv AA, Inland II g: Juden in Italien.

wird, was der deutschfeindlichen Propaganda als Waffe gegen uns Deutsche dienen muß.»[1]

Einen Tag später bestätigt Weizsäcker Mgr. Hudals Informationen:

«Die von Bischof Hudal (vergl. Drahtbericht der Dienststelle Rahn vom 16. Oktober) angegebene Reaktion des Vatikans auf den Abtransport der Juden aus Rom kann ich bestätigen. Die Kurie ist besonders betroffen, da sich der Vorgang sozusagen unter den Fenstern des Papstes abgespielt hat. Die Reaktion würde vielleicht gedämpft, wenn die Juden zur Arbeit in Italien selbst verwendet würden.

Uns feindlich gesinnte Kreise in Rom machen sich den Vorgang zu Nutzen, um den Vatikan aus seiner Reserve herauszudrängen. Man sagt, die Bischöfe in französischen Städten, wo ähnliches vorkam, hätten deutlich Stellung bezogen. Hinter diesen könne der Papst als Oberhaupt der Kirche und als Bischof von Rom nicht zurückbleiben. Man stellt auch den viel temperamentvolleren Pius XI. dem jetzigen Papst gegenüber.

Die Propaganda unserer Gegner im Ausland wird sich des jetzigen Vorgangs sicher gleichfalls bemächtigen, um zwischen uns und der Kurie Unfrieden zu stiften.»[2]

Am 28. Oktober kann Weizsäcker jedoch Berlin davon in Kenntnis setzen, daß die Gefahr vorüber ist. Der Papst protestiert nicht.

«Der Papst hat sich, obwohl dem Vernehmen nach von verschiedenen Seiten bestürmt», schreibt Weizsäcker, «zu keiner demonstrativen Äußerung gegen den Abtransport der Juden aus Rom hinreißen lassen. Obgleich er damit rechnen muß, daß ihm diese Haltung von seiten unserer Gegner nachgetragen und von den protestantischen Kreisen in den angelsächsischen Ländern zu propagandistischen Zwecken gegen den Katholizismus ausgewertet wird, hat er auch in dieser heiklen Frage alles getan, um das Verhältnis zu der deutschen Regierung und den in Rom befindlichen deutschen Stellen nicht zu belasten. Da hier in Rom weitere deutsche Aktionen in

1. Telegramm Gumperts an Berlin Nr. 330 vom 16. 10. 1943, Archiv AA, Inland II A B: Juden in Italien.

2. Telegramm Weizsäckers an Berlin Nr. 147 vom 17. 10. 1943, ebd.

der Judenfrage nicht mehr durchzuführen sein dürften, kann also damit gerechnet werden, daß diese für das deutsch-vatikanische Verhältnis unangenehme Frage liquidiert ist.

Von vatikanischer Seite jedenfalls liegt hierfür ein bestimmtes Anzeichen vor. Der *Osservatore Romano* hat nämlich am 25./26. Oktober an hervorragender Stelle ein offiziöses Kommunique über die Liebestätigkeit des Papstes veröffentlicht, in welchem es in dem für das vatikanische Blatt bezeichnenden Stil, d. h. reichlich gewunden und unklar, heißt, der Papst lasse seine väterliche Fürsorge allen Menschen ohne Unterschied der Nationalität, Religion *und Rasse* angedeihen. Die vielgestaltige und unaufhörliche Aktivität Pius' XII. habe sich in letzter Zeit infolge der vermehrten Leiden so vieler Unglücklicher noch verstärkt.

Gegen diese Veröffentlichung sind Einwendungen um so weniger zu erheben, als ihr Wortlaut, der anliegend in Übersetzung vorgelegt wird, von den wenigsten als spezieller Hinweis auf die Judenfrage verstanden werden wird.»[1]

Weizsäcker legt seinem Schreiben den Text des folgenden Artikels aus dem *Osservatore Romano* bei:

«*Osservatore Romano* vom 25./26. Oktober 1943 – Nr. 250.

Die karitative Fürsorge des Heiligen Vaters

Zum Heiligen Vater dringt eindringlicher und mitleiderregender denn je der Widerhall des Unglücks, welches der gegenwärtige Konflikt durch seine Dauer ständig vermehrt.

Nachdem der Papst sich, wie man weiß, vergebens bemüht hat, den Ausbruch des Krieges zu verhindern, indem er die Leiter der Völker warnte, zu der heute so entsetzlichen Gewalt der Waffen zu greifen, hat er es nicht unterlassen, von allen in seiner Macht stehenden Mitteln Gebrauch zu machen, um die Leiden zu lindern, die in irgendeiner Form Folgen des ungeheuren Weltbrandes sind.

Mit dem Anwachsen so vielen Leides hat sich die universale und väterliche Hilfstätigkeit des Papstes noch vermehrt; sie kennt keinerlei Grenzen, weder der Nationalität noch der Religion noch der Rasse.

1. Brief Weizsäckers an Berlin vom 28. 10. 1943, Archiv AA, Inland II AB: Juden in Italien.

Diese vielgestaltige und rastlose Aktivität Pius' XII. hat sich in diesen letzten Zeiten noch weiter vertieft durch die erhöhten Leiden so vieler Unglücklicher.»

Es folgt die Hoffnung auf einen baldigen Frieden und eine bessere Welt.[1]

III. Die Deportation der italienischen Juden

Die deutsche Aktion gegen die Juden greift bald auf ganz Norditalien über, ohne besonders erfolgreich zu sein: der Mehrheit der 35000 Juden in diesem Gebiet gelingt es, sich zu verbergen; die örtlichen weltlichen und geistlichen Behörden sind den Juden beim Untertauchen behilflich. Da erläßt die faschistische Salo-Republik am ersten Dezember 1943 ein neues Gesetz, nach dem alle Juden in Italien unter Konfiszierung ihres Vermögens in Konzentrationslager zu bringen sind. Dieses Gesetz ist nicht sehr wirkungsvoll, führt aber diesmal zu einer Reaktion des *Osservatore Romano.* Weizsäcker erfaßt den Unterschied sehr genau, wenn er am 3. Dezember darauf hinweist, daß der Vatikan sich gegenüber den von deutscher Seite ergriffenen Maßnahmen jeglicher Reaktion enthalten hat, doch Maßnahmen von Italienern kritisiert.[2]

Am 7. Dezember berichtet der deutsche Konsul in Venedig, Koester, die wichtigsten Punkte einer Unterredung, die einer seiner Freunde soeben mit dem Kardinalpatriarchen dieser Stadt geführt hat:

«Eine mir befreundete Persönlichkeit ist von dem Patriarchen zu einer Rücksprache empfangen worden, über die mir offensichtlich mit der Absicht der Weitergabe durch mich an höhere Stelle eingehend berichtet worden ist», schreibt Koester.

«Der Patriarch hat darauf hingewiesen, daß die Judenfrage, wie sie jetzt in Venedig behandelt würde, ihm schwere Besorgnisse mache. In der letzten Nacht haben zahlreiche Verhaftungen von armen, alten und kranken Juden in ihren Häusern durch extreme Faschisten stattgefunden, während die reichen und diskriminierten

1. Anlage zu Weizsäckers Brief vom 28. 10. 1943, Archiv AA, Inland II AB: Juden in Italien.

2. Telegramm Weizsäckers an Berlin Nr. 301 vom 3. 12. 1943, ebd.

Juden weiter in Venedig frei herumlaufen, soweit sie nicht bereits aus Venedig geflüchtet sind. Diese Ungerechtigkeit beunruhige ihn stark, so daß er eine Lösung nur dann sehe, wenn die Maßnahmen gegen die Juden durch deutsche Stellen durchgeführt würden, weil dann jedenfalls Gerechtigkeit gegenüber allen garantiert werde. Bekanntlich ist der Hauptwunsch des Patriarchen der, alle Juden und auch die Halbjuden in ein Ghetto einzuschließen. Die katholische Kirche könne dies nicht länger mit ansehen, ohne gegen die jetzige italienische Regierung, die derartiges durchführe oder zumindest dulde, Stellung zu nehmen (con questi procedimenti la chiesa sarà obligata a dichiararsi apertamente contro il governo fascista).

Weiterhin hat der Patriarch betont, daß Deutschland den einzigen Schutz gegen den immer näherrückenden Bolschewismus darstelle und insofern zweifellos zwischen Deutschland und dem Vatikan gemeinsame Interessen bestünden. Er könne mit einer derartigen Erklärung jedoch leider nicht öffentlich hervortreten, da bekanntlich in Deutschland an führender Stelle manche Persönlichkeiten heidnische Gedankengänge (idee pagane) verfolgten, sonst würde die Kirche ohne Zögern die Erklärung abgeben, daß Deutschland die einzige Macht ist, die Europa und damit auch den Vatikan vom Bolschewismus retten kann.

Während der 45 Tage der Verräter-Regierung Badoglio habe die Kirche wohl gemerkt, daß die freimaurerischen und jüdischen Kreise die eigentlichen Drahtzieher gewesen wären, so daß der Zustand für die Kirche ein äußerst gefährdeter war.

Schließlich hat der Patriarch seine, auch von vielen anderen hiesigen Kreisen geteilte Meinung wiederholt, daß eine in deutschen Händen liegende Verwaltung zusammen mit italienischen vertrauenswürdigen Kreisen die beste Lösung sein würde.»[1]

1. Brief Koesters an Berlin vom 7. 12. 1943, Archiv AA, Inland II AB: Juden in Italien.

IV. Eine Unterredung mit dem Papst über das Deutsche Reich und die internationale Lage

Am 16. Dezember schickt der Chef der Sicherheitspolizei und des SD, Kaltenbrunner, einen langen Bericht von einem seiner Agenten über die Einstellung des Papstes zur internationalen Lage und zum nationalsozialistischen Staat an Ribbentrop. Dies ist der vollständige Text:

«Ein hiesiger zuverlässiger und erprobter VM, der dem Papst aus seiner früheren Tätigkeit als Nuntius in München und Berlin gut bekannt ist, weilte in der Zeit vom 14. bis 19. November 1943 als Sonderkurier des Nuntius und im Auftrage von Kardinal Bertram in Rom. In einer einstündigen Unterredung mit dem Papst hat dieser dem VM gegenüber in längeren Ausführungen zum heutigen Zeitgeschehen und zum Verhältnis des Vatikans zum Deutschen Reich Stellung genommen und nach dem Bericht des VM folgende Einstellung vertreten:

Als die Unterredung einleitend den Bombenangriff auf den Vatikan behandelte, erklärte der Papst, ‹die Untersuchung in dieser Angelegenheit sei zwar noch nicht abgeschlossen, er könne es sich aber nicht vorstellen, daß eine der kriegführenden Mächte daran beteiligt gewesen sei›.[1] Im übrigen brachte er eindeutig zum Ausdruck, daß er nicht daran dächte, Rom zu verlassen und seinen Wohnsitz nach Norditalien oder gar ins Ausland zu verlegen.

Ergänzend zu den Ausführungen des Papstes zu dieser Angelegenheit teilte der VM mit, daß nach allgemeiner Ansicht im Vatikan der Bombenabwurf von radikalen faschistischen Kreisen ‹inszeniert› worden sei. Auch wird vielfach als wahrscheinlich angesehen, daß diese Kreise hierbei von der SS unterstützt worden seien.

Zur Lage in Italien übergehend kam der Papst sodann auf die auch in Deutschland kursierenden Gerüchte zu sprechen, nach denen der Vatikan über die mit dem Regierungssturz Mussolinis zusammenhängenden politischen Ereignisse vorher unterrichtet gewesen sei bzw. aktiv hierbei mitgewirkt oder sonst irgendeine Rolle

1. Am 5. November 1943 hatte ein unbekanntes Flugzeug einige Bomben auf die Vatikanstadt geworfen.

gespielt habe. Zu dieser Frage sollte im übrigen der VM dem Papst im Auftrage von Kardinal Bertram den Vorschlag unterbreiten, die Reichsregierung zu einem entsprechenden Dementi zu veranlassen. Der Papst verwahrte sich mit aller Entschiedenheit dagegen, daß er und der Heilige Stuhl irgendwie aktiv oder passiv an dem Sturz Mussolinis beteiligt gewesen seien und erklärte, er sei von den Ereignissen in Rom ebenso wie jeder andere Römer völlig überrascht worden. Allerdings hätte er schon längere Zeit den Eindruck gehabt, ‹daß die Dinge so nicht weitergehen konnten›. Auch er trage sich mit dem Gedanken, die Reichsregierung zu ersuchen, durch ein Dementi in aller Form von den immer wieder ausgestreuten Beschuldigungen, er sei mehr oder weniger für die Entwicklung in Italien mitverantwortlich, abzurücken.

Weiter gab der Papst zu verstehen, daß er mit dem Badoglio-Regime und insbesondere mit der Weigerung des Königs, auf den Thron zu verzichten, durchaus nicht einverstanden sei.[1] Er wies darauf hin, daß die Lage, insbesondere in Süditalien, immer mehr nach links abrutsche und hegte wegen der Weigerung des Königs, zurückzutreten, große Sorge für das Weiterbestehen der Dynastie. Wörtlich erklärte er:

‹Wir stellen mit großer Sorge fest, daß sich anscheinend der freimaurerische Einfluß bei der Neuordnung der Dinge in Süditalien immer mehr durchsetzt und daß der Kommunismus, und zwar in ganz Italien, leider auch in Rom, in geradezu beängstigender Weise zunimmt. Es sind Uns aus dem Süden, aber auch aus den Industriestädten Norditaliens (Bologna, Mailand, Turin und Genua) recht bedrohliche Mitteilungen zugegangen. Wir befürchten das Schlimmste, falls sich Deutschland veranlaßt sähe, diese Gebiete zu räumen.›

Der dem VM von Bertram erteilte Auftrag, vom Papst eine Würdigung der gegenwärtigen Situation und möglichst eine Beurteilung der voraussichtlichen Entwicklung zu erbitten, gab diesem sodann Veranlassung zu folgenden Äußerungen:

‹Der Krieg sei für Deutschland angesichts der sich immer erdrükkender auswirkenden Materialüberlegenheit der Feindmächte und der mit Sicherheit anzunehmenden Vermehrung der Fronten heute

1. Der Papst meint die Regierung im von den Alliierten befreiten Südteil Italiens.

zuungunsten Deutschlands entschieden. Die militärischen und politischen Ereignisse würden sich in den allernächsten Wochen und Monaten wahrscheinlich überstürzen. Er sehe bei der Haltung der Feindmächte dem nationalsozialistischen Deutschland gegenüber fast gar keine Hoffnung mehr auf einen für Deutschland auch nur einigermaßen tragbaren Friedensschluß. Er habe sich ständig seit Ausbruch des Krieges um die Wiederherstellung des Friedens bemüht, und zwar weit mehr, als der Öffentlichkeit bekannt sei. Mit größter Sorge verfolge er die innere Entwicklung in Deutschland. Er glaube zu wissen, daß auch hier der Kommunismus stark zunehme und betrachte insbesondere die 12½ Millionen ausländischen Arbeiter als ein ganz großes Gefahrenmoment.›

In bezug auf die Terrorangriffe erklärte der Papst mit eindrucksvoller innerer Erregung dem VM folgendes:

‹Wir ermächtigen Sie ausdrücklich, jedem zu sagen, daß Wir gerade das deutsche Volk von jeher in Unser Herz geschlossen haben und daß dem jetzt so schwergeprüften deutschen Volke vor allen anderen Nationen Unsere ganz besondere Sorge gilt. Unserer großen Sympathie für Deutschland haben Wir schon immer dadurch auch äußerlich Ausdruck verliehen, daß Wir unsere Privataudienzen stets unterbrochen haben, um deutsche Wehrmachtsangehörige, die zu Uns kommen wollten, nicht unnötig warten zu lassen.

Unablässig sind Wir bemüht, zu helfen, um vor allem von dem deutschen Volk den Druck der entsetzlichen Terrorangriffe zu nehmen. Es möge jedermann davon überzeugt sein, daß Wir alles tun, was nach Lage der Sache nur irgendwie getan werden kann.›

Wie schon mehrfach hiesigen V-Personen gegenüber, kam der Papst schließlich auch auf die Frage der Weltgefahr des Bolschewismus zu sprechen und ließ dabei erneut durchblicken, daß zur Zeit noch allein der Nationalsozialismus ein Bollwerk gegen den Bolschewismus darstelle. Er erklärte, daß ihn allerdings gewisse Entwicklungen des Nationalsozialismus mit einiger Sorge erfüllten, daß aber die Kirche stets und besonders jetzt im Interesse der Völker ihre Hand zum Frieden biete und daß ihre grundsätzliche Geneigtheit zum Auskommen mit dem Nationalsozialismus durch das abgeschlossene Konkordat unter Beweis gestellt sei. Allerdings hätte er bisher nicht den Eindruck, daß man auf der anderen Seite auch ernsthaft den Wunsch und die feste Absicht habe, eine andere

Haltung gegenüber der Kirche einzunehmen. Der neue Vertreter Deutschlands am Vatikan Weizsäcker sei zwar persönlich sehr zuvorkommend und er gebe sich ersichtlich auch die größte Mühe, wie überhaupt neuerdings die Botschaft eine bemerkenswerte Aktivität entfalte, nur habe er den Eindruck, als ob er in Berlin sehr wenig Rückhalt hätte und daher nicht viel ausrichten könne. ‹Auch zeigten Vorkommnisse aus letzter Zeit, wie z. B. die wenig freundliche Haltung der amtlichen Stellen gegenüber der katholischen Kirche in Südtirol, daß grundsätzlich auch jetzt noch wenig Verständigungsbereitschaft bestehe. All dieses könne und werde ihn jedoch nicht hindern, ‹jede ihm gebotene Friedenshand zu ergreifen›. Die Kirche sei ein Instrument des Friedens und der Versöhnung.›

Schließlich kam der Papst noch auf die Kirchenpolitik des Bolschewismus zu sprechen und bezeichnete die Einsetzung des Patriarchen Sergius lediglich als einen sehr geschickten Schachzug Stalins. Allerdings seien ihm dadurch auch außerordentlich die Hände gebunden und die Kirche dem offiziellen Rußland gegenüber in eine etwas schwierige Lage gekommen.

Ergänzend zu obigen Ausführungen darf noch darauf hingewiesen werden, daß ein anderer hiesiger zuverlässiger VM kürzlich eine Unterredung mit Erzbischof Gröber, Freiburg, gehabt hat, in deren Verlauf Gröber zur derzeitigen Einstellung des Papstes folgende Ausführungen machte:

‹Der Papst stehe zur Zeit in einem außergewöhnlich schweren Kampf mit sich selbst in bezug auf seine Stellungnahme zur heutigen Lage in der Welt und insbesondere zum Nationalsozialismus und Bolschewismus. Wenn man auch annehmen könne, daß das Regime in Rußland gezwungen sein werde, auch weiterhin religiöse Freiheit zu gewähren und daß man mit sehr aufopfernder und fleißiger Arbeit Erfolge für die römisch-katholische Kirche in Rußland erzielen könne, so stehe doch diesen Überlegungen ein außerordentlich tiefes Mißtrauen des Papstes in die Aufrichtigkeit Stalins, dem man kein Wort glauben könne, gegenüber.

Andererseits seien es gewisse ‹Verbrechen› der Nazis (Sterilisation, Euthanasie usw.), die dem Papst eine Annäherung an den Nationalsozialismus schwer machen. Trotz ‹dieser Verbrechen› hoffe der Papst immer noch, daß es *unter gewissen Umständen und im Falle einer entsprechenden Notwendigkeit für den Nationalsozialis-*

mus in Anbetracht der derzeitigen Lage doch noch zu einem loyalen Verhältnis zum Reich und zum Nationalsozialismus kommen könne. Allerdings sei es seine (Gröber) persönliche Meinung, daß man dem Papst die Augen öffnen müsse und ihn beeinflussen solle, sich von Hitler und dem Nationalsozialismus nicht hinters Licht führen zu lassen.›»[1]

1. Bericht Kaltenbrunners an Ribbentrop vom 16.12. 1943, Archiv AA, Inland II g: Heiliger Stuhl.

NEUNTES KAPITEL

Die Deportation der ungarischen Juden 1944

Am 19. März 1944 besetzen die deutschen Truppen Ungarn. Am 25. März stellt Reichsverweser Horthy in Sztójay einen Mann an die Spitze der neuen Regierung, der den Deutschen ergeben ist. Anfang Mai beginnt die Verschleppung der Juden. In einem Bericht vom 25. Mai schildert Legationsrat von Thadden, was bereits geschehen ist, ebenso die künftigen Verschleppungspläne:

«... Ein Überblick ergab, daß bis zum 24. (Mai) mittags etwa 116 000 Juden in das Reich abtransportiert sind. Weitere rund 200 000 sind konzentriert und warten auf den Abtransport ... Am 7. Juni beginnt die Konzentrierung in den nördlich und nordwestlich von Budapest gelegenen Provinzen. Man rechnet mit etwa 250 000 Juden ... Insgesamt glaubt man rund 1 000 000 Juden (evtl. sogar etwas mehr) zu erfassen ... Die gesamte Aktion soll etwa Ende Juli abgeschlossen sein (einschließlich Abtransport).»[1]

Anfang Juni überstürzen sich die militärischen Ereignisse: während die Rote Armee ihre Offensive in Polen und Rumänien wiederaufnimmt, landen Engländer und Amerikaner in der Normandie, und am 6. Juni befindet sich Rom in alliierter Hand.

I. Die Note des Nuntius, Mgr. Angelo Rotta, und die Befürchtungen der Wilhelmstraße

Einige Tage nach dem Beginn der Deportationen in Ungarn ließ der Apostolische Nuntius in Budapest, Mgr. Angelo Rotta, dem ungarischen Außenministerium folgende Note zugehen:

«Die ungarische Regierung bereitet die Deportation von 100 000 Personen vor. Die ganze Welt weiß, was diese Deportation tatsächlich bedeutet.

1. Bericht von Thaddens vom 25. 5. 1944, Nürnberger Dokument NG-4089. In Ungarn befanden sich damals 767 000 Juden. Am Ende des Krieges sind über 500 000 davon vernichtet.

Die Apostolische Nuntiatur hält es für ihre Pflicht, gegen solche Maßnahmen zu protestieren. Nicht aus einer Regung falschen Mitleids, sondern im Namen Tausender von Christen fordert sie die ungarische Regierung noch einmal auf, ihren Krieg gegen die Juden nicht über die vom Naturrecht und von den Geboten Gottes vorgeschriebenen Grenzen hinaus fortzusetzen und jede Handlung zu vermeiden, gegen die zu protestieren der Heilige Stuhl und das Gewissen der ganzen christlichen Welt sich verpflichtet sähen.»[1]

Der Note des Nuntius Rotta kommt deswegen eine besondere Bedeutung zu, weil sie der erste offizielle Protest eines Vertreters des Heiligen Stuhls gegen die Judenverschleppungen ist.

Der Inhalt der Note wurde wahrscheinlich an die Wilhelmstraße weitergeleitet, und es scheint, daß die darin enthaltene Androhung öffentlicher Proteste die Deutschen eine Zeitlang beunruhigt hat, wie ein Telegrammwechsel zwischen Berlin und dem deutschen Vertreter in Budapest, Veesenmayer, annehmen läßt.

Am 27. Mai 1944 richtet der Leiter der Presseabteilung im Auswärtigen Amt, Schmidt, folgende Denkschrift an Steengracht (sie wurde an Veesenmayer weitergeleitet):

«Aus einer recht guten Übersicht über die laufenden und geplanten Judenaktionen in Ungarn entnehme ich, daß im Juni eine Großaktion auf die Budapester Juden geplant ist.

Die geplante Aktion wird in ihrem Ausmaß im Auslande große Beachtung finden und sicher Anlaß zu einer heftigen Reaktion bilden. Die Gegner werden schreien und von Menschenjagd usw. sprechen und unter Verwendung von Greuelberichten die eigene Stimmung und auch die Stimmung bei den Neutralen aufzuputschen versuchen.»

Schmidt regt an, man solle verschiedene Maßnahmen ergreifen, um den Eindruck zu erwecken, daß die Juden Saboteure seien und militärische Unternehmungen gegen die deutschen Streitkräfte organisieren.[2]

1. Raoul Hilberg a. a. O. S. 539.

2. Notiz Schmidts für Steengracht vom 27. 5. 1944, Nürnberger Dokument NG–2424.

Veesenmayer erwidert, er halte solche Ablenkungsmanöver für überflüssig, weil bis zur Abfassung seines Telegramms am 8. Juni 1944 im Ausland keine öffentliche Reaktion erfolgt ist, obgleich die vorgesehenen Maßnahmen gegen die Budapester Juden klar seien. Er schreibt:

«Die bisher in Ungarn durchgeführten Evakuierungsmaßnahmen haben, soweit hier bekannt, im Ausland keine größere Reaktion erzeugt. Diese dürfte auch bei Aktion gegen Budapester Juden nicht eintreten, da seit langem bekannt, daß Ghettoisierung auch in Budapest zu Ende geführt wird.»[1]

II. Der Hirtenbrief des Kardinalprimas von Ungarn

Im Laufe des Juni lassen die Budapester Juden, die wissen, welches Schicksal sie erwartet, in mehreren tausend Exemplaren ein geheimes Flugblatt in der Stadt verteilen, das an die Christen Ungarns gerichtet ist und mit folgenden Worten beginnt:

«An die Christen Ungarns:
In dieser letzten Stunde ihres tragischen Geschickes wenden die Juden Ungarns sich bittend an die Christen Ungarns. Sie wenden sich an die, deren Leben auf diesem Boden, in dem ihre Vorfahren ruhen, sie seit einem Jahrtausend im Glück wie im Unglück teilen.

Wir haben geschwiegen, als man uns unsere Habe raubte, als wir unsere Menschenwürde und unsere bürgerlichen Rechte verloren. Wir haben uns zu diesem äußersten Schritt nicht einmal da entschlossen, als wir aus unseren Wohnungen vertrieben waren. Jetzt aber geht es um unser bloßes, nacktes Leben. Und wir schreiben hier sogar mit Schmerz: es geht jetzt leider nur noch um das Leben eines Teils der ungarischen Juden! ...

Im Namen unserer schutzlosen Kinder, Greise und Frauen, in unser aller Namen, die ein sicherer und grausamer Tod erwartet, richten wir diese Bitte an die christliche Gesellschaft Ungarns ...»[2]

Da läßt am 29. Juni 1944 der Kardinalprimas von Ungarn, Serédi, folgenden von ihm verfaßten Hirtenbrief veröffentlichen:

1. Telegramm Veesenmayers an Berlin Nr. 1622 vom 8. 6. 1944, ebd. NG-2260.
2. Zitiert bei Jenö Lévai, Eichmann en Hongrie (Budapest 1961) S. 116 f.

«Wir leugnen nicht, daß zahlreiche Juden auf Ungarns Wirtschaft, Gesellschaft und Moral einen zersetzenden Einfluß ausgeübt haben. Ebenso ist es wahr, daß die übrigen nicht gegen die Taten ihrer Glaubensgenossen protestierten. Wir zweifeln nicht daran, daß die Judenfrage auf legale und gerechte Weise geregelt werden muß. Deshalb haben wir gegen die getroffenen Maßnahmen nichts einzuwenden, sofern das Finanzsystem des Staates in Frage steht. Ferner protestieren wir nicht gegen die Beseitigung des schädlichen Einflusses der Juden. Im Gegenteil, wir wünschen, daß er verschwindet. Jedoch verletzten wir unsere moralische und bischöfliche Pflicht, wenn wir nicht angesichts jeder Verletzung der Gerechtigkeit und angesichts der Tatsache, daß man ungarischen Mitbürgern und Gläubigen unserer katholischen Kirche allein auf Grund ihrer Abstammung Leiden zufügt, unsere warnende Stimme erhöben.

Wir haben es nicht vermocht, die gewünschten Veränderungen zu erreichen, nämlich die Beendigung der illegalen Einschränkung der bürgerlichen Rechte und vor allem der Verschleppungen. Da wir indessen auf die christliche Geisteshaltung und auf das menschliche Empfinden der Regierungsmitglieder vertrauten, hatten wir trotz der spärlichen Ergebnisse, die wir bis heute erreichen konnten, nicht alle Hoffnung aufgegeben. Deshalb hatten wir jede öffentliche Erklärung vermieden und in der Zwischenzeit alle nur möglichen Maßnahmen ergriffen, um unser Ziel zu erreichen.

... Wir sehen jedoch mit großer Bestürzung ein, daß unseren Bemühungen zum Trotz alle Verhandlungen über die wichtigsten Punkte bislang fast ohne Ergebnis geblieben sind. Deshalb lehnen wir feierlich jede Verantwortung für die Folgen ab ... Betet und arbeitet für alle unsere jüdischen Mitbürger und besonders für unsere katholischen Brüder, für unsere katholische Kirche und unser liebes Ungarn.»[1]

1. Raoul Hilberg a. a. O. S. 539 f.

III. Die Intervention der Großrabbiner von Palästina beim Heiligen Stuhl

Die ganze jüdische Welt verfolgt beklommen die Ereignisse in Ungarn.

Seit 1943 steht der Exekutivausschuß der Jewish Agency for Palestine in engem Kontakt mit dem Apostolischen Delegierten des Heiligen Stuhls in Istanbul, Mgr. Roncalli (dem späteren Papst Johannes XXIII.). Dieser scheut bei der Unterstützung der Juden in Mitteleuropa und auf dem Balkan keine Mühe; anscheinend hat er auch den Nuntien in den Balkanländern den Rücken gestärkt, wie das an ihn gerichtete Schreiben Barlass', des Delegierten der Jewish Agency in Istanbul, vom 25. März vermuten läßt:

«Exzellenz,

ich war von dem Empfang heute bei Ihnen sehr bewegt, ebenso von den Gefühlen voller Menschlichkeit, die Sie in diesen schicksalhaften Augenblicken unserem unglücklichen Volk entgegenbringen. Ich habe mit großer Genugtuung erfahren, daß Sie die Güte haben wollen, sich telegrafisch an den Heiligen Stuhl sowie an die Apostolischen Delegierten in Bukarest und in Budapest mit der Bitte zu wenden, in diesen Fragen entsprechend unserer Unterredung Ihren Einfluß geltend zu machen.

Ich habe mir erlaubt, Exzellenz, das Vorgenannte dem Exekutivausschuß zur Kenntnis zu bringen ...»[1]

Am 22. Mai 1944 richten die Großrabbiner von Palästina, Herzog und Uziel, über die Apostolische Delegation in Kairo ein Telegramm an den Papst und bitten ihn, schnellstens gegen die Deportationen in Ungarn zu intervenieren:

«Bitte übermitteln Sie Vatikan unaussprechliches Bangen schreckliche Katastrophe kommt jetzt über anderthalb Millionen Juden in Balkanländern besonders Ungarn wo neue Situation gleich Polen

1. Schreiben Barlass' an Mgr. Roncalli, Zionistisches Archiv Jerusalem. Das Zionistische Archiv besitzt eine große Zahl von Dokumenten über die unermüdliche Tätigkeit Mgr. Roncallis für die Juden. Wir betonen jedoch, daß Mgr. Roncalli erklärt hat, alles, was er auf diesem Gebiet getan habe, sei auf Veranlassung des Papstes geschehen.

für Reste Volk Israel in nazibesetztem Europa stop. Wenden uns an Euer Eminenz und bitten Ihren großen Einfluß einzusetzen wie vorher bei ungarischer Nation und teuflischen Plan zur Ausrottung ihrer Juden zu verhindern stop. Möchte Seine Heiligkeit weltliche und geistliche Führer unter Kardinalerzbischof zu höchster Anstrengung für Rettung Juden allgemein und besonders Hilfe bei Verlassen Ungarns aufrütteln können stop. Gott segne Seine Heiligkeit und möge bald Prophetie erfüllt sein Erde wird voll Erkenntnis Gottes sowie Wasser bedeckt Grund der Meere Amen.

Herzog, Uziel, Großrabbiner, Palästina.»[1]

Die Verschickung der ungarischen Juden nach Auschwitz dauert an. Vom 9. Juni bis zum 9. Juli 1944 werden über 437000 nach Auschwitz verschleppt.[2] Da bemüht sich der Großrabbiner von Palästina, Herzog, um eine Audienz beim Papst.

Die Bemühungen des Großrabbiners um eine Audienz beim Papst stießen anscheinend seitens des Vatikans auf starke Zurückhaltung. Im Juli 1944 schickte Jacob D. Herzog, der Sohn und Sekretär des Großrabbiners, folgenden Brief an Isaac Ben-Zwi,[3] Mitglied des Exekutivausschusses der Jewish Agency:

«Entsprechend Ihrer Bitte informiere ich Sie über die bisherigen Verhandlungen mit den Vertretern des Vatikans und unmittelbar mit dem Vatikan zum Zwecke einer Papstaudienz für die Großrabbiner (Herzog und Uziel).

1. Am 2. Tamuz (Juli) führte ich eine Unterredung mit dem Sekretär der Apostolischen Delegation in Jerusalem und teilte ihm den Wunsch der Großrabbiner mit, in dieser Absicht nach Rom zu reisen. Ich teilte ihm die letzten Nachrichten aus Ungarn und die Bitte, das Flehen der Großrabbiner um eine Audienz beim Papste mit, in welcher sie ihm das Bangen des ganzen jüdischen Volkes zum Ausdruck bringen und Entscheidungen über konkret zu ergreifende Rettungsmaßnahmen treffen könnten. Der Sekretär ließ unsere Bitte unmittelbar an den Vertreter des Vatikans in Kairo übermitteln, der sie dem Vatikan übermitteln sollte.

1. Telegramm Herzogs und Uziels an Pius XII. vom 22. 5. 1944, ebd.
2. Raoul Hilberg a. a. O. S. 547.
3. Der spätere Staatspräsident von Israel.

2. Am 8. Tamuz hatte der Vorstand der Jewish Agency uns informiert, der Rettungsausschuß habe bezüglich der Reise der Großrabbiner positiv entschieden. Am 9. traf ich noch einmal den Sekretär der Delegation des Vatikans und legte ihm die Dringlichkeit dieser Reise dar; er telegrafierte noch einmal nach Kairo, um sich über die Entwicklung der Geschehnisse zu informieren.

3. Am 11. Tamuz telegrafierten die Großrabbiner an Erzbischof Spellman in New York, unterrichteten ihn von ihrer an den Vatikan gerichteten Bitte und baten ihn, im Interesse der Rettung der Juden ebenfalls nach Rom zu kommen. Am gleichen Tage telegrafierte Großrabbiner Herzog an den Kardinal von Irland und bat ihn, zur Beschleunigung der erbetenen Audienz geeignete Schritte zu unternehmen. Bis heute ging auf diese beiden Telegramme keine Antwort ein.

4. Am 15. Tamuz teilte der Sekretär der Delegation des Vatikans mir telefonisch mit, er habe ein Telegramm aus Kairo erhalten, nach welchem der Delegierte des Vatikans in dringenden Angelegenheiten nach Rom gereist sei und vor seiner Abreise gebeten habe, den Großrabbiner davon in Kenntnis zu setzen, daß er dem Vatikan die Bitte der Großrabbiner um eine Audienz persönlich unterbreiten werde. Der Sekretär erklärte mir, nach seiner Vermutung treffe der Delegierte am 16. in Rom ein. Er selber reise nach Kairo; sobald er eine Information aus Rom erhalte, wolle er mich telefonisch davon unterrichten.

5. Am gleichen Tage telegrafierten die Großrabbiner an den Staatssekretär des Vatikans und teilten ihm mit, der palästinensische Delegierte werde ihm in den nächsten Tagen ihre Bitte unterbreiten. Sie baten den Staatssekretär, die ganze Angelegenheit mit Rücksicht auf die neuesten Informationen nach Möglichkeit zu beschleunigen.

6. Am 23. Tamuz drückten wir dem Sekretär der Delegation des Vatikans telegrafisch unser Erstaunen darüber aus, daß wir noch keine Antwort auf unsere Bitte erhalten hatten, und baten ihn, die Sache beim Vatikan in Erinnerung zu bringen.»[1]

1. Brief J. D. Herzogs an Ben-Zwi vom Juli 1944, Zionistisches Archiv Jerusalem.

Am 5. September 1944 wird Großrabbiner Herzog nach Kairo gerufen, um dort den Delegierten des Papstes für Ägypten und Palästina, Mgr. Hughes, zu treffen. Wir bringen im Folgenden eine ausführliche Wiedergabe des Protokolls dieser Unterredung:

«*Der Großrabbiner:* Ich habe das Telegramm erhalten, das mich von Ihrer Ankunft in Palästina in Kenntnis setzt, und mich beeilt, zu Ihnen zu kommen.

Mgr. Hughes: Ich bin sehr glücklich, Euer Ehren zu empfangen, und habe eine wichtige Sonderbotschaft für Sie.

Der Großrabbiner: Euer Eminenz wissen, daß sich das britische Außenministerium bereit erklärt hat, die technischen Probleme meiner Reise an den Vatikan zu regeln. Ich bin nicht an den Vatikan gereist, weil ich ein Telegramm Kardinalstaatssekretär Magliones (dessen Hinscheiden ich beklage) mit folgendem Wortlaut erhielt: ‹Bezüglich Ihres Vorschlags einer Reise nach Rom kehrt Mgr. Hughes bald mit einem endgültigen Bescheid (aus Rom) zurück. Ich möchte Sie davon in Kenntnis setzen, daß Mgr. Hughes allen Problemen, auf die Euer Ehren den Heiligen Vater aufmerksam machten, seine besondere und tätige Aufmerksamkeit gewidmet hat. Es wurden Maßnahmen ergriffen, deren Ergebnis eine Verbesserung der allgemeinen Lage ist. Mgr. Hughes wird bald zurück sein und Euer Ehren eine umfassende Erklärung überbringen.›

Mgr. Hughes: Sogleich nach meiner Ankunft in Rom übermittelte ich dem Heiligen Vater persönlich sowie dem Staatssekretariat die Bitte Eurer Ehren um eine Audienz, wie ich versprochen hatte. Nach Konsultationen, auf die Kardinal Maglione beträchtlichen Einfluß nahm (er erinnerte daran, daß er Euer Ehren im ersten Kriegsjahr begegnet war), bereitete ich ein Telegramm vor, das Euer Ehren zum Kommen einlud. Ich wollte es genehmigen lassen, und es wurde im letzten Augenblick zurückgehalten. Der Grund war, daß der Heilige Vater fürchtete, die Reise Eurer Herrlichkeit zum Vatikan im Interesse der Rettung des Volkes Israel könnte die Deutschen möglicherweise dazu bringen, sich an den Überresten des europäischen Judentums zu rächen. Ich begab mich in Begleitung des englischen Delegierten für Flüchtlingsfragen in Italien, des Gesandten Clifford, zum Heiligen Vater. Ich kann Euer Ehren darüber berichten, daß dieser Gesandte ein wahrer Heiliger ist; Tag und Nacht ist er tätig, um das Volk Israel zu retten; er besitzt bis ins einzelne gehende Informationen über die Vorgänge in den besetzten Gebieten, und man begegnet ihm häufig im Staatssekretariat mit Rettungsplänen. Die Vernichtung des europäischen Judentums hat bewirkt, daß er, der früher ein lustiger Mensch war, ein Mensch voll tiefer Bangigkeit geworden ist, und niemals spiegelt sich auf seinem Gesicht ein Lächeln. Ich muß Euer Ehren sagen, daß während der Unterredung ein sonderbarer Ausdruck über das Gesicht des Heiligen Vaters huschte – ich habe niemals einen ähnlichen gesehen, er drückte äußerstes Leiden aus; der Heilige Vater sprach: Wir müssen alles tun, was in unseren Kräften steht, um das Volk Israel zu retten. Aber jeder Schritt muß mit großer Klugheit vorausberechnet werden, denn ich könnte den Gedanken nicht ertragen, daß unsere Bemühungen zu umgekehrten Folgen führen und den Tod noch weiterer Juden verursachen. Der Heilige Vater hat mich insbesondere gebeten, Euer Ehren zu treffen und Ihnen eine umfassende Erklärung mitzuteilen. Euer Ehren wissen, daß nichts der Wahrheit ferner liegt als die Vermutung, der Heilige Vater wünsche Ihnen nicht zu begegnen. Der englische Gesandte Clifford ist ebenfalls der Meinung des Heiligen Vaters.

Der Großrabbiner: Ich danke dem Papst; ich verstehe seine Ansicht sehr gut und akzeptiere sie. Sagen Sie mir bitte, was Sie bezüglich der Situation zu übermitteln haben.

Mgr. Hughes: Als wir vom Beginn der Verschleppungen in Ungarn erfuhren, unternahm der Heilige Vater Demarchen bei der ungarischen Regierung. Ich besitze nicht alle Einzelheiten über die Verhandlungen zwischen der ungarischen Regierung und uns, doch kann ich Euer Ehren sagen, daß der Heilige Vater persönlich die Sache mit all seiner diplomatischen Einsicht und seiner Weisheit in die Wege geleitet hat. Wir haben uns ganz außerordentlich gefreut, als wir erfuhren, daß die Verschleppungen eingestellt worden sind. Ich kann Euer Ehren über die Lage in Italien informieren, wo viele Juden durch die Kirche gerettet worden sind.

Als die Deutschen die Kontrolle über das Land übernahmen, erging an alle Klöster der Befehl, die Juden zu verbergen. In Rom zum Beispiel haben meine Brüder, die Weißen Väter, ein Kloster, in dem vier Priester wohnen; in diesem Kloster haben wir ein ganzes Jahr lang zweiunddreißig Juden versteckt. Es war ein Werk der Vorsehung, daß dieses Kloster nicht durchsucht worden ist, denn es war unwahrscheinlich, daß der deutsche Geheimdienst nicht merkte, wie ein Jahr lang Nahrungsmittel für sechsunddreißig Personen an eine Stelle geliefert wurden, an der nur vier Personen wohnen durften. Im Schwesternkloster der britischen Kirche hatte man Dutzende von Juden versteckt; eines Tages kamen deutsche Offiziere und verlangten die Auslieferung der Juden. Die Mutter Oberin lehnte ab und erklärte, dieses Kloster stehe unter dem besonderen Schutz des Heiligen Vaters, und es sei jedem untersagt, es ohne dessen Erlaubnis zu betreten. Zu ihrem großen Erstaunen verließen die Deutschen die Freistatt, diskutierten draußen eine Weile und gingen dann endgültig fort. In einem anderen, einem irischen Kloster bestanden aber die Deutschen auf einer Durchsuchung; das Gebäude hatte nur eine Tür, und als die Deutschen sie durchschritten hatten, bangten Dutzende von Juden, die man im Obergeschoß verborgen hielt. Ein deutscher Priester rettete die Situation; er führte die Soldaten von einem Zimmer ins andere und machte sie irre; so verließen sie ohne Zwischenfall das Haus. Man könnte noch zahlreiche Tatsachen dieser Art erzählen. Die Deutschen besaßen eine vollständige Liste der Priester, welche die Hilfe für die Juden organisiert hatten. Alle diese Priester versteckten sich im Vatikan und verließen ihn nicht, bis Rom von den Alliierten genommen war. Euer Ehren wissen sicher, daß auch eine große Zahl von Juden im Vatikan und besonders in Castel Gandolfo, dem Ferienort des Heiligen Vaters, versteckt worden ist. Die Deutschen rächten sich in Norditalien und erschossen mehrere Priester, die bei der Rettung der Juden behilflich gewesen waren. Die Grausamkeiten der Deutschen übersteigen jede Vorstellung, und ich konnte die Bedeutung der Nachrichten über die Gaskammern in Polen, die der britische Gesandte mir zukommen ließ, verstehen, als ich selber die Folterkammer in Rom besichtigte, in die man die Juden sperrte, bloß weil sie Juden waren. Man sperrte dort ebenfalls viele Nichtjuden ein, weil sie Antinazis waren. Das Schrecklichste ist, daß ihre Niederlage die Deutschen nicht dazu bewegt, mit ihren Grausamkeiten aufzuhören, obgleich sie wissen, daß dies sie einmal teuer zu stehen kommt, und deshalb verlangt der Heilige Vater bei Rettungsaktionen die größte Klugheit.

Der Großrabbiner: Ich danke dem Papst und der Kirche für die von ihnen geleistete Hilfe von ganzem Herzen und wüßte gern, ob Sie weitere Nachrichten aus anderen Ländern haben.

Mgr. Hughes: Ich habe mich besonders mit dem ungarischen Problem befaßt, doch kann ich Euer Ehren ganz im Vertrauen sagen, daß zahlreiche deutsche Priester, die der Heilige Vater zu Bischöfen ernennen wollte, nicht die Genehmigung der deutschen Behörden bekamen, weil sie sich gegen die Grausamkeiten gewandt hatten. Der Nuntius in Kowno wurde von den Deutschen zur Abreise gezwungen, weil er energisch gegen die Ausrottung der Juden aufgetreten war. Es gibt im Vatikan komplette Ordner über die beträchtliche Arbeit, die zur Rettung des Volkes Israel geleistet wurde. Ich verfüge nicht über alle Einzelheiten, wenn aber Euer Ehren den Vatikan besuchen, wird man Ihnen alle Dokumente zeigen.

Der Großrabbiner: Ich möchte Ihnen einige Anregungen in Bezug auf die Überreste der ungarischen Judenheit unterbreiten. Nach unseren Informationen dauern die Verschleppungen weiter an, obgleich in kleinerem Umfang als vorher; andererseits sind jetzt die Auswege abgeriegelt, und es ist eine Tatsache, daß nunmehr die einzige Möglichkeit zu einer Rettung der Juden in einer Einflußnahme von innen her besteht, die möglicherweise zur Beendigung der Grausamkeiten führt. Die wichtigste Einflußnahme dieser Art wäre die des Papstes. Ich rege also an, daß der Papst sich öffentlich an das ungarische Volk wendet und von ihm verlangt, der Verschleppung Hindernisse in den Weg zu legen; daß er öffentlich erklärt, jeder, der die Verschleppung erschwere, erhalte den Segen der Kirche, während jeder dem Bann verfalle, wenn er den Deutschen Hilfe leiste.

Mgr. Hughes: Ich werde dem Heiligen Vater die Anregung Eurer Ehren zukommen lassen. Ich glaube, der Heilige Vater wird fürchten, daß ein öffentlicher Appell an das ungarische Volk die Deutschen dazu treibt, den Rest der Juden zu liquidieren. Die Deutschen sind in Ungarn noch stark genug, um etwas Derartiges selbst gegen den Willen der Ungarn zu tun. Unseres Wissens gehört ein großer Teil Ungarns zu dem Kerngebiet, das die Deutschen bis zuletzt verteidigen wollen.

Der Großrabbiner: Ich verstehe Ihr Argument. Aber falls der Papst meine Anregung für tunlich hält, bin ich ihm dankbar, wenn er sie in seinem Geiste bewahrt. Der Augenblick kann kommen, in dem ein Appell dieser Art von Nutzen ist und die Gefahr einer Rache nicht mehr besteht.

Mgr. Hughes: Euer Ehren haben recht damit, und ich werde die Anregungen weiterleiten.

Der Großrabbiner: Heute morgen haben wir ein Telegramm aus der Schweiz erhalten, wonach die Regierungen Schwedens und der Schweiz in einer Intervention bei der ungarischen Regierung gefordert haben, daß die Verschleppungen nicht wiederaufgenommen werden. Sicher gibt es eine ähnliche Intervention von seiten des Papstes.

Mgr. Hughes: Euer Ehren können absolut sicher sein, daß der Heilige Vater alles tut, was möglich ist, aber keine Publizität wünscht. Er interveniert im geeignetsten Augenblick bei der geeignetsten Stelle.

Der Großrabbiner: Ich möchte gleichfalls eine Intervention des Papstes in der Slowakei erbitten, wo einige Regierungsmitglieder katholisch sind und wo noch Tausende von Juden leben.

(Mgr. Hughes notiert die Bitte.) Danach sprach der Großrabbiner dieselbe Bitte bezüglich der Juden in Polen und in den anderen Ländern aus und schlug vor, der Papst möge in Ungarn wie in den anderen Ländern eine ähnliche Anweisung erlassen wie vorher in Italien, nämlich, daß man die Juden verbergen solle. (Unseres Wissens verbirgt die Kirche in der Slowakei Juden.)

Mgr. Hughes: Haben Euer Ehren noch weitere Anregungen?

Der Großrabbiner: Mit Ihrer Erlaubnis frage ich meinen Sohn, ob er etwas anzuregen hat. (Der Sohn des Großrabbiners war zugleich sein Sekretär, d. Verf.)

J. D. Herzog: Sie haben erklärt, daß in Rom in einem Kloster Juden gerettet wurden, weil die Mutter Oberin erklärte, dieses Kloster stehe unter dem persönlichen Schutz des Papstes. Wäre es nicht möglich, daß man sich an Stellen, an denen man Juden versteckt hat oder verstecken wird, sei es in Ungarn oder anderswo, desselben Argumentes bedient? Könnte man nicht darüber hinaus die ungarische Regierung davon in Kenntnis setzen, daß der Papst die Konzentrationslager für Juden unter seinen Schutz nimmt? Sicher ließe sich dafür auf diplomatischem Wege eine Möglichkeit finden.

Mgr. Hughes: Diese Anregung verdient unsere ganze Aufmerksamkeit, und ich will sie dem Heiligen Vater alsbald übermitteln, obgleich man bislang den Priestern das Betreten der Lager verboten hat, in denen Juden waren; nichtsdestoweniger handelt es sich hier um eine wertvolle Anregung.

Der Großrabbiner: Wenn die ungarischen Bischöfe in die Lager gingen und verkündeten, daß sie ebenfalls in den Tod gehen wollen, wenn man die Juden weiter verschleppt, dann fiele es den Deutschen, glaube ich, schwerer, die Verschleppungen fortzusetzen.

Mgr. Hughes: Die Bischöfe Frankreichs und anderer Länder haben solche Demonstrationen unternommen. Als die Deutschen mit den Verschleppungen begannen, gingen sie mit einem gelben Stern auf ihren Kleidern auf die Straße. Das erregte beträchtliches Aufsehen und machte an zahlreichen Orten eine Verschleppung unmöglich. Aber im Falle des Vorschlages Euer Ehren bezüglich Ungarns werden Euer Ehren begreifen, daß es zu seiner Verwirklichung eines ‹einheitlichen Vorgehens› bedürfte.

Gegen Ende der Unterredung bat der Großrabbiner, dem Papst den Dank des Volkes Israel und seine Hoffnung zu übermitteln, daß er nicht aufhören werde, für die Rettung des Volkes Israel zu arbeiten. Der Großrabbiner fügte hinzu, die Bemühungen der katholischen Kirche um die Rettung des Volkes Israel vermehrten sicherlich die Strahlkraft der Religion in der Welt, und gab der Hoffnung Ausdruck, man werde ihn bei einem eventuellen Besuch im Vatikan mit allen Einzelheiten versehen, damit sie in der Geschichte des Volkes Israel verzeichnet werden können.

Am Sonntag, dem 10. September 1944, übersandte der Großrabbiner Mgr. Hughes, der im Begriffe stand, nach Rom zu reisen, am Morgen folgenden Brief:

‹Ich verlasse Kairo heute morgen und möchte Ihnen noch einmal für die Hilfe danken, die Sie einer der heiligsten Sachen gewährten und weiterhin gewähren: der Rettung der Reste unseres gequälten Volkes. Gleichzeitig möchte ich Sie bitten, bei Seiner Heiligkeit dafür einzutreten, daß sie bei den Alliierten in seinem Sinne interveniert. Wenn Seine Heiligkeit, der Papst, darüber hinaus den Vertretern der deutschen Regierung begreiflich machte, daß eine weitere Mißhandlung der Überlebenden des jüdischen Volkes jede Geste der zivilisierten Menschheit für sie noch stärker erschwert, könnte sie das möglicherweise daran hindern, die, welche die Verfolgung überlebten, nun gänzlich zu vernichten. Ich bin überzeugt, der Papst wird die Nützlichkeit dieser Anregungen einsehen und in diesem Sinne handeln.

Die Augen des Volkes Israel und der Menschheit, die sich nach Freiheit sehnt, richten sich in diesen kritischen Augenblicken auf den Papst. Alle unsere Anregungen befinden sich in seinen Händen, damit er sich ihrer nach seiner Weisheit zu einer Stunde und in einer Weise bedient, die ihm am ehesten geeignet scheint.

Wir haben den Glauben und die Gewißheit, daß sich der Papst im Angesicht der größten Tragödie, die die Geschichte kennt, nicht gleichgültig verhalten wird. Gott behüte seine Schritte.

Bitte, teilen Sie mir sogleich jede Antwort des Vatikans mit. ›»[1]

Gewisse Erklärungen Mgr. Hughes' sind zutreffend: zum Beispiel stimmt es, daß um die Zeit der Unterhaltung des Apostolischen Delegierten mit dem Großrabbiner die Deportationen aus Ungarn für einen Augenblick aufgehört haben. Anfang Juli 1944 gibt Reichsverweser Horthy nach neuen Erfolgen der russischen Truppen Sztójay die Anweisung, die Verschleppung der noch in Budapest befindlichen Juden ins Deutsche Reich oder nach Polen zu verhindern. Inzwischen hatte der Papst bei Horthy interveniert, genauso übrigens wie der König von Schweden und der Präsident des Internationalen Roten Kreuzes. Der Text der Intervention Pius' XII. ist leider nicht bekannt, nicht einmal ihr genaues Datum.[2] Die Deportationen beginnen wieder im Oktober, nachdem die Deutschen Horthy zum Rücktritt gezwungen und nach Deutschland geschafft sowie eine Regierung aus ungarischen Nationalsozialisten (Pfeilkreuzlern) mit Szálasi als Ministerpräsidenten gebildet haben.

Demgegenüber sind andere Teile der Erklärungen von Mgr. Hughes nicht leicht zu interpretieren: so führt der Apostolische Delegierte das Beispiel der französischen Bischöfe an, die aus Protest gegen die Deportationen mit dem Judenstern auf die Straße gegangen seien und dadurch erfolgreich die Verschickung der Juden in den Osten verhindert haben sollen. Aber eine solche Demonstration der französischen Bischöfe hat niemals stattgefunden, und Mgr. Hughes mußte das wissen. (Der Großrabbiner seinerseits konnte offenbar nicht beurteilen, ob diese Einzelheiten zutreffend waren.) Andererseits ist die Äußerung des Aposto-

1. Aufzeichnung ohne Datum und Unterschrift, Zionistisches Archiv Jerusalem.

2. Einem Dokument zufolge, das am 9. 9. 1964 beim Prozeß gegen Eichmanns Mitarbeiter vorgelegt worden ist, soll der Papst am 25. 6. 1944 eine Botschaft an Horthy gerichtet haben.

lischen Delegierten über «zahlreiche deutsche Kirchenvertreter», die gegen Hitler opponiert haben sollen, zumindest übertrieben.

Nichtsdestoweniger ist bei der Lektüre dieser Unterredung gerade Mgr. Hughes' Beharren auf Einzelfällen erstaunlich, bei denen in Italien Juden gerettet worden sind; er berichtet darüber mit zahlreichen Einzelheiten, während er mit dem Versprechen, die Angelegenheit dem Papst zu unterbreiten, jedem konkreten Vorschlag des Großrabbiners für eine umfassendere Rettungsaktion ausweicht.

Die uns bekannten Dokumente erwecken den Anschein, daß der Heilige Stuhl die konkreten Vorschläge des Großrabbiners von Palästina nicht beachtet hat.

Nachwort

Pius XII. und der Holocaust
Eine Neubewertung

Am 6. März 1943 informierte Konrad von Preysing, der Bischof von Berlin, Papst Pius XII. über die neue Welle von Deportationen aus der Stadt. «Wäre es nicht möglich», so fragte er, «daß Eure Heiligkeit noch einmal versuchten, für die vielen Unglücklichen – Unschuldigen einzutreten? Es ist dies die letzte Hoffnung so vieler und die innige Bitte aller Gutdenkenden.»[1] Am 30. April antwortete der Papst: «Zu dem, was im deutschen Machtraum zur Zeit gegen die Nichtarier vor sich geht, haben Wir in Unserer Weihnachtsbotschaft ein Wort gesagt. Es war kurz, wurde aber gut verstanden. [...] Wir sind aber entschlossen, je nachdem, was die Umstände heischen oder erlauben, von neuem Unsere Stimme für sie zu erheben.»[2] Als jedoch nur wenige Monate später, am 16. Oktober 1943, die Juden von Rom «direkt unter den Fenstern des Papstes» zusammengetrieben und nach Auschwitz deportiert wurden, bewahrte Pius, das Oberhaupt der Kirche und der Bischof von Rom, der seit etwa zwei Jahren über die im Gange befindliche Vernichtung der Juden voll informiert war, Stillschweigen.

*

Pius XII. und das Dritte Reich, das Buch, in dem ich erstmals die Problematik der Haltung des Papstes zum Dritten Reich behandelt habe, erschien auf französisch im Jahre 1964, als die durch Rolf Hochhuths Stück *Der Stellvertreter* ausgelöste Kontroverse noch hohe Wellen schlug.[3] Die von mir verfaßte Arbeit rief eine gewaltige Zahl von Reaktionen hervor, die insgesamt leidenschaftlich und polarisiert ausfielen. Seither sind 46 Jahre vergangen, und wenn-

1. Saul Friedländer, *Die Jahre der Vernichtung: Das Dritte Reich und die Juden, 1939–1945*, übers. v. Martin Pfeiffer, München: Beck, 2006, S. 599.

2 Siehe oben, S. 131.

3 *Pie XII et le IIIe Reich: Documents*, postface de Alfred Grosser, Paris: Éd. du Seuil, 1964.

gleich in der katholischen Kirche im Gefolge des Zweiten Vatikanischen Konzils insbesondere in der Liturgie und in der Lehre über die Juden tiefgreifende Veränderungen stattgefunden haben, ist doch im Hinblick auf das Problem des Schweigens von Papst Pius XII. während der Jahre der Vernichtung keine Ruhe eingekehrt. Nachfolgende Kirchenoberhäupter (angefangen mit Papst Paul VI., dem früheren Monsignore Montini, dem Pro-Staatssekretär Pius' XII.) haben versucht, alle Behauptungen zurückzuweisen, Pius habe gegenüber dem Holocaust eine passive Haltung eingenommen; das hat die Debatte immer wieder aufflackern lassen. In neuerer Zeit beklagte zwar ein vom Vatikan unter dem Pontifikat von Johannes Paul II. erlassenes Dokument mit dem Titel «Wir erinnern. Eine Reflexion über die Shoah» die Unzulänglichkeit des Handelns zahlreicher Christen während jener Jahre, aber es verzichtete erneut darauf, das Problem der Haltung von Pius XII. aufzuwerfen;[1] dafür erntete es dann auch entsprechende Kritik. Ohne Rücksicht auf die immer noch andauernde Debatte, in der auch viele Katholiken die von Pius getroffenen Entscheidungen in Frage stellen, hat jedoch der Vatikan das Verfahren eingeleitet, das zu seiner Seligsprechung und Heiligsprechung führen soll.

In den Divergenzen zwischen drei Generationen von Historikern spiegelt sich die Polarisierung in der Öffentlichkeit wider; verschärft werden diese Divergenzen dadurch, daß die vatikanischen Archive, die das Pontifikat Pius' XII. vor allem in der Zeit des Zweiten Weltkriegs betreffen, bisher nicht geöffnet worden sind. Die elfbändige Sammlung vatikanischer Dokumente aus den Kriegsjahren, die in der Zeit von der Mitte der 1960er Jahre bis zum Beginn der 1980er Jahre von vier jesuitischen Historikern herausgegeben wurde, ist so selektiv angelegt, daß sie unter keinen Umständen als eine hin-

1 Selbst ein vorsichtiger Verteidiger Pius' XII., der in Cambridge lehrende Professor für Kirchengeschichte Owen Chadwick, äußerte sich in einem Artikel in *The Tablet* negativ. Er erklärte, Pius sei «nicht ganz der rechte Mann am rechten Platz» gewesen, und fügte hinzu, dies sei einer jener «Augenblicke in der Geschichte [gewesen], wo es besser sei, einfach zu reden, ohne zu denken»; Owen Chadwick, «Pius XII: The Legends and the Truth», in: *The Tablet*, 28. März 1998, zit. nach José M. Sánchez, *Pius XII. und der Holocaust: Anatomie einer Debatte,* übers. v. Karl Nicolai, Paderborn: Schöningh, 2003, S. XVII.

reichende Grundlage für die historische Forschung gelten kann.[1] Eine gemeinsame Kommission katholischer und jüdischer Historiker, die Ende der 1990er Jahre offiziell eingesetzt worden war, um diese Bände zu prüfen und auf etwaige Auslassungen hinzuweisen, ging im Streit auseinander.[2]

Die neuen Dokumente, die im vorliegenden Nachwort zitiert werden, stammen zwar aus vatikanischen Archiven, aber aus Beständen, die nicht den Zweiten Weltkrieg betreffen. Im Jahre 1998 wurden die Archive der Kongregation für die Glaubenslehre (des ehemaligen «Heiligen Offiziums der römischen Inquisition») geöffnet; danach wurde dann von Februar 2003 an in zwei Raten ein großer Teil des Archivmaterials zugänglich gemacht, das die Beziehungen zwischen dem Heiligen Stuhl und Deutschland unter dem Pontifikat Pius' XI. in den Jahren 1922 bis 1939 betrifft.[3] In jener Zeit war Monsignore Eugenio Pacelli, der spätere Kardinal Pacelli, zunächst, von 1917 bis zum Sommer 1929, Nuntius in München und Berlin und danach, von 1930 bis zum Tod des Papstes im Februar 1939, dann Staatssekretär Pius' XI. Die nunmehr zugänglich gemachten Dokumente werfen einiges zusätzliche Licht auf Pacellis politische Überzeugungen und Entscheidungen in den Jahren, bevor er am 2. März 1939 zum Papst gewählt wurde und den Namen Pius XII. annahm.

In diesem Text werde ich zunächst einen Überblick über einige wesentliche Aspekte der religiös-ideologischen Tradition geben, an der Pacelli sein Leben lang teilhatte; danach werde ich die Entscheidungen des Papstes während des Zweiten Weltkriegs unter einem bisher noch nicht berücksichtigten Blickwinkel betrach-

1 Pierre Blet, Angelo Martini, Burkhart Schneider, Robert Graham (Hg.), *Actes et documents du Saint-Siège relatifs à la Seconde Guerre Mondiale*, Bd. 1–11, Vatikanstadt: Libreria ed. vaticana, 1965–1981. (*ADSS*)

2 Siehe unter anderem Robert S. Wistrich, «The Vatican Documents and the Holocaust: A Personal Report», in: *Polin: Studies in Polish Jewry* 15 (2002), S. 413–43. Zu einigen der unbeantworteten Fragen, die von jüdischen Historikern in der Kommission aufgeworfen wurden, siehe «The Vatican and the Holocaust: A Preliminary Report», Oktober 2000, www.jewishvirtuallibrary.org/jsource/holocaust/vatrep.html.

3 Zu diesem Material siehe Sergio Pagano, «Vatican opens up German Material from 1922 to 1939 in Secret Archives», in: *L'Osservatore Romano*, englische Ausgabe (Wochenzeitung), Nr. 8, Februar 2002.

ten: im Hinblick auf die *Wechselwirkung* zwischen diesen Entscheidungen und den Haltungen der einzelnen Landeskirchen, insbesondere hinsichtlich des Schicksals der Juden; und schließlich werde ich noch einmal versuchen, das grundlegende Problem der moralischen Verantwortlichkeit zu behandeln, das die Entscheidungen des Papstes aufwerfen, wobei ich diesmal aber die gewohnte Debatte um die Problematik des Mitleids erweitere.

I. Eine religiös-ideologische Tradition

Die frühe Laufbahn Eugenio Pacellis – er trat 1901 in die vatikanische Bürokratie ein – fiel mit dem überaus entschlossenen Kampf der Kirche gegen große Veränderungen in der umgebenden Welt zusammen. Der im August 1903 gewählte Papst Pius X. und sein militanter Staatssekretär Kardinal Rafael Merry del Val waren erklärte Feinde von Modernismus, Liberalismus und Sozialismus. Daß sich Pacelli unter diesem «hermetisch abgeschotteten Papat», wie es der katholische Philosoph Charles Taylor genannt hat,[1] wohlfühlte, wird allgemein anerkannt. Während des Zweiten Weltkriegs und danach verlieh er Pius X. zunächst den Titel «Ehrwürdiger Diener Gottes» und brachte dann den Prozeß seiner Seligsprechung und Heiligsprechung zum Abschluß. Dies war die erste Heiligsprechung eines Papstes seit dem 17. Jahrhundert; in der Folge wurde Pius X. zum Schutzpatron und anerkannten Symbol des fundamentalistischsten und antiliberalsten Katholizismus.
In einer neueren Biographie Pius' XII. zeichnet der Historiker Philippe Chenaux das politische Profil des Mannes, der 1930, nach vierzehnjähriger Amtszeit als Nuntius in Deutschland, in den Vatikan zurückkehrt, um neuer Staatssekretär Pius' XI. zu werden: «Der Einzug Pacellis ins Staatssekretariat bedeutete in gewissem Sinne, daß der nach dem Tod Pius' X. aus dem Geschäft gedrängte rechte Flügel der Kurie mit seinem führenden Vertreter, dem sehr einflußreichen Kardinal Merry del Val, dem ‹Chef› des Heiligen Offiziums, an die Macht zurückkehrte. Wenngleich der neue

1 Charles Taylor, *Ein säkulares Zeitalter*, übers. v. Joachim Schulte, Frankfurt am Main: Suhrkamp, 2009, S. 497.

Staatssekretär dieser Richtung nicht formell angehörte, konnte er sich doch in ihren Augen auf seinen Fundus guter und loyaler Dienste aus der Zeit des Kampfes gegen den Modernismus berufen. Man bemerkte auch, wie er sich, kaum daß er für den neuen Posten nominiert war, immer häufiger ehrfurchtsvoll über Merry del Val, den einstigen Staatssekretär Pius' X., äußerte, der einige Tage nach seinem Amtsantritt am 26. Februar 1930 gestorben war.»[1] Unter anderem schrieb er das Vorwort zu Merry del Vals 1933 erschienener Biographie; in diesem Buch werden die Leser daran erinnert, daß der verstorbene Kardinal der Familie des heiligen Dominguito del Val entstammte, eines Jungen «von kaum sieben Jahren [...], der am Karfreitag 1250 von Juden aus Hass auf die katholische Religion an einer Mauer gekreuzigt wurde».[2]

Tatsächlich hatte der rechte Flügel der Kurie seinen Einfluß, insbesondere im Hinblick auf die Juden, mit dem Amtsantritt Pius' XI. als Papst im Jahre 1922 bereits wieder etabliert. Monsignore Achille Ratti, der künftige Pius XI., der im Juni 1918 zum apostolischen Visitator in Warschau ernannt worden war, schickte von dort einen antisemitischen Bericht nach dem anderen nach Rom. «Eine der übelsten und stärksten Kräfte, die man hier [in Polen] antrifft», ließ Ratti im Januar 1919 Staatssekretär Pietro Gasparri wissen, «vielleicht die stärkste und übelste überhaupt, sind die Juden.»[3] Die Einstellung Pius' XI. sollte sich wandeln, aber das sollte ein sehr langsamer Prozeß sein, der auch nie ganz zum Abschluß kam, wie beispielsweise die Affäre der «Amici Israel» (der «Freunde Israels») zeigt, einer Vereinigung von Katholiken, denen an einer Versöhnung mit den Juden gelegen war.

1 Philippe Chenaux, *Pie XII: Diplomate et pasteur*, Paris: Éd. du Cerf, 2003, S. 171. Als Nuntius verhehlte Pacelli seine rechtsgerichteten Einstellungen nicht. Beispielsweise erklärte er, in der katholischen Zentrumspartei «gebe es eine Gruppierung, die fälschlicherweise davon überzeugt sei, ‹daß man gleichzeitig Sozialist und Katholik sein› könne». Gegen die Linke gerichtete Erklärungen waren bei ihm an der Tagesordnung. Siehe insbesondere Gerhard Besier, *Der Heilige Stuhl und Hitler-Deutschland: Die Faszination des Totalitären*, München: DVA, 2004, S. 124.

2 Zitiert in David I. Kertzer, *Die Päpste gegen die Juden: Der Vatikan und die Entstehung des modernen Antisemitismus*, übers. v. Klaus-Dieter Schmidt, Berlin: Propyläen, 2001, S. 293.

3 Ebd., S. 328 ff. (zum Zitat siehe S. 333).

Die «Freunde Israels» hatten den Wunsch, in der Liturgie Ausdrücke und rituelle Elemente mit explizit judenfeindlicher Tendenz zu tilgen; dabei ging es insbesondere um die Karfreitagsliturgie, die ein Gebet für die «perfiden Juden» beinhaltete, bei dem im Gegensatz zu allen anderen vergleichbaren Anrufungen keine Kniebeugung zugelassen war. Ein Dokument der Vereinigung, das im Januar 1928 vorgelegt worden war, wurde vom Heiligen Offizium unter Merry del Val verworfen. Wie der Historiker Hubert Wolf schreibt, sah der Kardinal «in den Amici Israel die fünfte Kolonne einer jüdischen Weltverschwörung».[1] Pius XI. übernahm die Position des Heiligen Offiziums und befahl die Auflösung der Vereinigung. Um aber nicht den Eindruck entstehen zu lassen, er sei den Juden gegenüber feindlich gesonnen, bestand der Pontifex darauf, die Verfügung so zu formulieren, daß darin auch der Antisemitismus verdammt wurde, wodurch er in diesem Punkt dem Extremismus Merry del Vals eine Absage erteilte.[2]

Die Verdammung des Antisemitismus geschah jedoch nur ganz partiell. Die Kirche bekräftigte offiziell erneut eine Auffassung, die es seit den letzten Jahrzehnten des 19. Jahrhunderts gab: Unterschieden werden sollte zwischen einem abzulehnenden rassischen Antisemitismus und einem «defensiven» Antisemitismus, der als notwendiger und gerechtfertigter Kampf gegen das Eindringen von Juden in die christliche Gesellschaft und gegen ihren Versuch, sie zu beherrschen, akzeptiert wurde. So äußerte sich 1928 *Civiltà Cattolica*, das höchst einflußreiche Blatt der römischen Jesuiten, in dem Bemühen, die Position Pius' XI. zu erläutern, ganz unmißverständlich; hier erschien ein Leitartikel unter der Überschrift «Die jüdische Gefahr».[3] Eugenio Pacelli, der damals noch als Nuntius in Berlin amtierte, war an der Kontroverse um die «Freunde Israels» nicht beteiligt, aber er hatte seine eigenen Gründe, das offizielle Mißtrauen gegen Juden zu teilen. Im Jahre 1919, als er noch Nuntius in München war, wurde sein Auto von dem Revolutionsrat, der für kurze Zeit die Stadt regierte, beschlagnahmt. Diese Maßnahme führte zu einem

1 Eine eingehende Darstellung der «Amici Israel»-Affäre bietet unter anderem Hubert Wolf, *Papst & Teufel: Die Archive des Vatikan und das Dritte Reich*, München: Beck, 2008, S. 117 ff.

2 Ebd., S. 128–30.

3 Chenaux, *Pie XII*, S. 273.

Rencontre zwischen Pacellis Stellvertreter und Mitgliedern des Rates sowie zu einem berüchtigten Bericht, der an den Vatikan gesandt wurde. Geschrieben wurde das Dokument von Pacellis Stellvertreter, aber der Nuntius unterzeichnete es. Hervorgehoben wurde darin der große Anteil jüdischer Mitglieder der Gruppe sowie das empörende Erscheinungsbild und Verhalten dieser Juden und Jüdinnen.[1] Tatsächlich enthielten Pacellis Berichte aus Deutschland häufig judenfeindliche Kommentare, im Geist der damaligen Zeit; falls einer seiner Gesprächspartner zufällig Jude war, wurde darauf regelmäßig hingewiesen. So hatte Pacelli nach einem Gespräch mit dem deutschen Außenminister Walther Rathenau über ihn einiges Positive zu berichten, «obwohl er Jude ist».[2] Und als der Nuntius in den 1920er Jahren (gegen seinen Willen und auf Anweisung des Papstes) an Verhandlungen mit sowjetischen Diplomaten in Berlin über die Sicherstellung eines gewissen Maßes an katholischen gottesdienstlichen Handlungen in der UdSSR beteiligt war, teilte er Rom prompt mit, seine beiden sowjetischen Hauptgesprächspartner, der sowjetische Botschafter Nikolai Krestinski und der Geschäftsträger Bratman-Brodowski, seien Juden.[3] Vor der Machtübernahme durch Hitler hatte die Kirche dem Nationalsozialismus vor allem wegen der Unvereinbarkeit seiner Rassenlehren mit dem katholischen Dogma feindlich gegenübergestanden. 1933 änderte sich jedoch die Haltung sowohl des Papstes als auch des Staatssekretärs. Einer der Hauptgründe für diese Neubewertung war Hitlers radikaler Antikommunismus. Am 4. März 1933 notierte Pacelli nach einer Zusammenkunft mit dem Papst: «Hitler ist der erste (und einzige) Staatsmann, der bislang öffentlich gegen den Kommunismus geredet hat. Bislang war dies einzig und allein der Papst gewesen.»[4] Der Antikommunismus war in der Tat das beherrschende Leitmotiv von Pacellis Leben und sollte es auch

1 Zu dem gesamten Vorfall und dem Text des Berichtes siehe John Cornwell, *Pius XII.: Der Papst, der geschwiegen hat*, übers. v. Klaus Kochmann, München: Beck, 1999, S. 100 ff.

2 Zitiert in Besier, *Der Heilige Stuhl und Hitler-Deutschland*, S. 95.

3 Chenaux, *Pie XII*, S. 161.

4 Wolf, *Papst & Teufel*, S. 180. Wie Besier schreibt, gab Pius XI. diese Erklärung in Anwesenheit seines Staatssekretärs ab; Besier, *Der Heilige Stuhl und Hitler-Deutschland*, S. 175.

weiterhin bleiben; in Verbindung mit dem Wunsch, katholische Institutionen und Organisationen zu schützen, erleichterte er gewiß, daß im Juli 1933 das Konkordat zwischen dem Vatikan und dem Dritten Reich (der erste internationale Vertrag, den Hitler schloß) unterzeichnet wurde.

Im Laufe der Zeit machten sich allerdings hinsichtlich des Umgangs mit dem Dritten Reich zwischen dem vorsichtigen Staatssekretär und dem offenherzigen Pius XI. Unterschiede bemerkbar. So gelang es Pacelli bei mehreren Anlässen, bestimmte vatikanische Initiativen, die Kritik am Naziregime beinhalteten, zu verzögern oder sogar zu sabotieren; beispielsweise befürwortete er zwar nach einigen Bedenken, daß Alfred Rosenbergs *Mythos des 20. Jahrhunderts* auf den Index der verbotenen Bücher gesetzt wurde, aber es gelang ihm, für Hitlers *Mein Kampf* eine derartige Verdammung zu vermeiden.[1]

Als jedoch Hitler das Konkordat unverfroren mißachtete und die Kirche in Deutschland zur Zielscheibe ständiger Schikanen wurde, schrieb Pacelli die Endfassung der gegen die Nazis gerichteten Enzyklika *Mit brennender Sorge*. Dieses Dokument, das am 21. März 1937 von allen Kanzeln in Deutschland verlesen wurde, befaßte sich zunächst und am ausführlichsten mit den konkreten Verletzungen des Konkordats, danach dann mit einigen ideologischen Lehren des Nationalsozialismus (wobei der Antisemitismus nicht erwähnt wurde). Veröffentlicht wurde dieser Text jedoch nahezu zeitgleich mit einer weiteren Enzyklika, der antikommunistischen *Divini redemptoris*.[2] Und während der Nationalsozialismus nicht namentlich genannt wurde und die Enzyklika *Mit brennender Sorge* in ihrem Stil zurückhaltend blieb, erfolgte die Verdammung des Kommunismus ausdrücklich und eindringlich. Die *Catholic Times* vom 27. März trug die Schlagzeile: «Der Heilige Vater gibt innerhalb von vier Tagen zwei päpstliche Enzykliken heraus. Er verdammt den Kommunismus und die sozialen Ungerechtigkeiten, und er warnt die Nazis.»[3]

Eine der bedeutsamsten politischen Äußerungen, die aus jenen Jahren überliefert sind, machte Pacelli im Juli 1937 im Verlauf einer

1 Wolf, *Papst & Teufel*, S. 284 u. 296.

2 Ebd., S. 300 ff.; Chenaux, *Pie XII*, S. 207 f.

3 Besier, *Der Heilige Stuhl und Hitler-Deutschland*, S. 266.

Erörterung in einer vatikanischen Kommission, bei der es um die Frage ging, welche Position der Heilige Stuhl im Hinblick auf den Spanischen Bürgerkrieg einnehmen sollte. Als einer der Anwesenden die Auffassung vertrat, durch die Unterstützung Francos würde die Kirche zu einer Verbündeten der faschistischen Regimes werden, antwortete Pacelli: «Es ist für den Heiligen Stuhl nützlich, sich in den faschistischen Block hineinzustellen, der im wesentlichen aus Italien und *Deutschland* besteht (Japan ist weit entfernt)», fügte aber hinzu, angesichts der Verfolgung der Kirche durch Deutschland sei eine solche Entscheidung nicht möglich.[1] Erinnern wir uns an die Rahmenbedingungen: Deutschland, Italien und Japan hatten am 25. November 1936 den Antikominternpakt unterzeichnet, ein Bündnis, das sich ausdrücklich gegen die kommunistische Internationale, die Komintern, und speziell gegen die Sowjetunion richtete. Dies war natürlich der Umstand, der den «faschistischen Block» für den Staatssekretär des Vatikans ideologisch attraktiv machte. Während des Spanischen Bürgerkriegs verzichtete Pius XI. auf eine offene Parteinahme zugunsten Francos. Kaum war jedoch Pacelli zum Papst gewählt, da änderte sich diese Haltung.[2] Im Juni 1939 segnete Pius XII. persönlich im Vatikan die heimkehrenden Soldaten und Offiziere der italienischen Division «Pfeile», die auf der Seite Francos gekämpft hatten. Er erklärte, seine «inniggeliebten Söhne» hätten ihm dadurch, daß sie zur Verteidigung «des Glaubens und der Zivilisation» in Spanien gekämpft hätten, «unermeßlichen Trost» gespendet.[3] In eben diesem Geist hob er die von seinem Vorgänger verfügte Exkommunizierung der radikal nationalistischen, antisemitischen und antikommunistischen rechten französischen Bewegung *Action française* auf.[4]

1 Wolf, *Papst & Teufel*, S. 297. Diese Diskussion fand bei einer Zusammenkunft der Kongregation für die außerordentlichen kirchlichen Angelegenheiten statt.

2 Peter C. Kent, «A Tale of Two Popes: Pius XI, Pius XII and the Rome-Berlin Axis», in: *Journal of Contemporary History* 23 (1988), S. 604.

3 *The New York Times*, 12. Juni 1939, zitiert in Stephen H. Norwood, *The Third Reich in the Ivory Tower: Complicity and Conflict on American Campuses*, New York: Cambridge University Press, 2009, S. 215 f.

4 Eugene Weber, *Action Française: Royalism and Reaction in Twentieth Century France*, Stanford: Stanford University Press, 1962, S. 251 f.

Im November 1938 erhielten der Papst und der Staatssekretär, die beide darauf verzichteten, Mussolinis antisemitische Gesetzgebung vom vorangegangenen Monat zu kritisieren, von Cesare Orsenigo, dem Nuntius in Berlin, ungewöhnlich präzise und blutrünstige Informationen über den an den Juden verübten Pogrom vom 9. und 10. November;[1] ungeachtet der weltweit, auch von zahlreichen katholischen Prälaten vor allem in den USA, geäußerten Empörung reagierten sie darauf nicht direkt.[2] Der Papst hatte möglicherweise die Absicht, sich seine Kritik für die Enzyklika *Humani generis unitas* aufzusparen, die als eine direkte Zurückweisung des rassischen Antisemitismus der Nazis gerade in diesen Wochen entworfen wurde; dieses Dokument befand sich neben seinem Bett, als er im Sterben lag, und wurde von seinem Nachfolger zu den Akten gelegt.[3] Unmittelbar danach erklärte der deutsche Jesuit Gustav Gundlach, einer der drei Koautoren der Enzyklika und der einzige von ihnen, der in Rom lebte und dem neuen Papst nahestand, seinem amerikanischen Kollegen John LaFarge unverblümt: «Nun wird die Diplomatie den Vorrang vor der Gerechtigkeit erhalten.»[4] Offensichtlich hatte sich Pius XII. zu einer Politik des Appeasement gegenüber dem Dritten Reich entschlossen, wie er selbst den deutschen Kardinälen erklärte, mit denen er einige Tage nach seiner Wahl, am 6. März 1939, zusammentraf.[5]

1 *ADSS*, Bd. 6, Appendix 4, S. 536 f.

2 In der Botschaft, die er am 3. Dezember 1938 an Kardinal Hinsley, den Erzbischof von Westminster, sendet, gestattet Pacelli dem Kardinal, in einer öffentlichen Versammlung, bei der es um Hilfe für jüdische Flüchtlinge geht, zu erklären, «er interpretiere die Gedanken des Heiligen Vaters, die jegliche Hilfe für die, welche unglücklich sind und zu Unrecht leiden, mit einem humanen und christlichen Auge betrachten»; zitiert in Suzanne Brown-Fleming, «The Vatican and the Nazi Movement, 1922–1939: New Sources and Unexpected Findings on the Vatican's Response to Reichskristallnacht», in: Jonathan Petropoulos et al. (Hg.), *Memory, History, and Responsibility: Reassessments of the Holocaust, Implications for the Future* (*Lessons and Legacies*, Bd. 9), Evanston, IL: Northwestern University Press, 2010, S. 209.

3 Zu dieser Enzyklika siehe Georges Passelecq u. Bernard Suchecky, *Die unterschlagene Enzyklika: Der Vatikan und die Judenverfolgung*, übers. v. Markus Sedlaczek, München: Hanser, 1997.

4 Ebd., S. 106.

5 *ADSS*, Bd. 2, S. 408. Gleichwohl betrachteten einige deutsche Priester, die dem Nationalsozialismus nahestanden, die Wahl Pacellis als «Katastrophe»;

II. Interaktionen der Kriegsjahre zwischen dem Heiligen Stuhl und den Landeskirchen bezüglich des Schicksals der Juden

Insgesamt wurden die politischen Bemühungen Pius' XII. während der Kriegsjahre von drei Hauptüberlegungen beherrscht: es ging darum, die Interessen der Kirche zu verteidigen und ihren Einfluß zu stärken, wo immer dies möglich war; da Katholiken auf allen Seiten kämpften, sollte strikte Neutralität gewahrt bleiben;[1] und zumindest während der letzten beiden Kriegsjahre sollte versucht werden, die Ausbreitung des Kommunismus in Ost- und Mitteleuropa zu verhindern. Darüber hinaus hatte Pius XII., von seinem offenkundigen Antikommunismus abgesehen, in religiös-ideologischer Hinsicht ebenso wie die überwältigende Mehrheit der christlichen Welt teil an einer religiösen und säkularen Kultur des Antisemitismus. Nicht lange Zeit vor dem Krieg, im Mai 1938, hielt Pacelli eine Ansprache an den Eucharistischen Kongreß in Budapest. Obgleich er über die antisemitische Gesetzgebung, die Ungarn gerade zu dieser Zeit verabschiedete, und über die allgemeine Verfolgung, die in ganz Europa um sich griff, wohlinformiert war, bezeichnete er dabei die Juden als Menschen, «deren Lippen [Christus] verfluchen und deren Herzen ihn auch heute noch verschmähen».[2]

Die Regel der Neutralität mag einer der Gründe dafür gewesen sein, daß Pius XII., wie schon so oft erwähnt, angesichts der Verfolgung der Kirche durch die Nazis im besetzten Polen und angesichts der Ermordung der Geisteskranken und der Behinderten im Reich öffentlich Stillschweigen bewahrte. In Wirklichkeit blieb der Papst allerdings, wie ich in *Die Jahre der Vernichtung* gezeigt habe, weder im Fall des polnischen Katholizismus noch im Hinblick auf die Ermordung der Geisteskranken irgendwie passiv. Diplomatische

siehe Kevin P. Spicer, *Hitler's Priests: Catholic Clergy and National Socialism*, DeKalb, IL: Northern Illinois University Press, 2008, S. 174.

1 Die Bedeutung der Neutralität als politischer Grundhaltung betont stark Giovanni Miccoli, *Les Dilemmes et les silences de Pie XII : Vatican, Seconde Guerre mondiale et Shoah*, Brüssel: Éd. Complexe, 2005.

2 Siehe Donald Dietrich (Hg.), *Christian Responses to the Holocaust: Moral and Ethical Issues*, Syracuse, NY: Syracuse University Press, 2003, S. 92.

Interventionen erfolgten beständig, und in bezug auf Polen äußerte sich Pius bei mindestens zwei Anlässen eindringlich. Man kann jedoch die Ansicht vertreten, daß Pius in beiden Fällen vergleichsweise *öffentliche Zurückhaltung* an den Tag legte.

Diese Politik der abgewogenen öffentlichen Zurückhaltung interpretierte Pius selbst in einer Botschaft, die er am 30. September 1941 an den Berliner Bischof Preysing richtete. In seiner Mitteilung ging es hauptsächlich um die mutige Stellungnahme Clemens August Graf von Galens, des Bischofs von Münster, gegen die Ermordung der Geisteskranken in einer Sonntagspredigt, die er am 3. August 1941 in der Lambertikirche gehalten hatte. «Wir betonen das [wie viel sich durch offenes und mannhaftes Auftreten innerhalb des Reichs immer noch erreichen läßt]», schrieb der Pontifex an Preysing, «weil die Kirche in Deutschland auf Euer öffentliches Handeln um so mehr angewiesen ist, als die allgemeine politische Lage in ihrer schwierigen und oft widerspruchsvollen Eigenart dem Oberhaupt der Gesamtkirche in seinen öffentlichen Kundgebungen pflichtmäßige Zurückhaltung auferlegt.»[1]

Doch als erfahrener Kirchenmann, ehemaliger Nuntius, einstiger Staatssekretär und nunmehr Papst konnte Pius nicht darüber hinwegsehen, daß die übergroße Mehrheit der Bischöfe im Hinblick auf die Judenverfolgung nicht wie Galen handeln würde (der übrigens nie ein Wort über die Juden verlor). Tatsächlich erhielt Pius, kurz nachdem er an Preysing geschrieben hatte, die Information, daß die Kroaten im neugebildeten katholisch-faschistischen Staat von Ante Pavelić Serben und Juden zu Tausenden abschlachteten. Bis zum November 1941 unternahm Alojzije Stepinac, der Bischof von Zagreb, keinerlei Schritte gegen die mörderischen Maßnahmen des katholischen Regimes, und generell herrschte im Vatikan überwiegend Zurückhaltung gegenüber dem Ustascha-Staat.[2] Der Pontifex wußte, daß die meisten polnischen Bischöfe zutiefst antisemitisch eingestellt waren und sicher nicht gegen die Verfolgungen protestieren würden, die sich gegen die Juden richteten; und von seinem Nuntius in Vichy erfuhr er, daß die

1 Wolf, *Papst & Teufel*, S. 251.

2 Michael Phayer, *The Catholic Church and the Holocaust, 1930–1965*, Bloomington, IN: Indiana University Press, 2000, S. 36.

französischen Bischöfe darauf verzichtet hatten, das «Judenstatut» zu verdammen, das die Vichy-Regierung am 3. Oktober 1940 erlassen hatte und das im Juni 1941 sogar noch verschärft worden war. Tatsächlich zeigten die Erklärungen der französischen Bischöfe im Sommer 1940 (und in der Zeit danach), daß sie sich die Doktrin des «defensiven Antisemitismus» in vollem Umfang zu eigen gemacht hatten und nicht daran dachten, angesichts der zunehmenden Verfolgungen, denen die Juden ausgesetzt waren, hieran etwas zu ändern. Léon Bérard, Pétains Botschafter beim Vatikan, berichtete auch im August 1941 «über die unveränderte Haltung des Heiligen Stuhls» zur Judenfrage. Besonders gut war Pius schließlich über die Lage in der deutschen Kirche informiert: Während einige Bischöfe den Wunsch hatten, sich öffentlich gegen die Verfolgungen durch die Nazis auszusprechen – ohne dabei jedoch die Juden ausdrücklich zu erwähnen –, wollte die Mehrheit unter der Führung des Breslauer Kardinals Adolf Bertram, wie der Papst wußte, Stillschweigen bewahren.[1] Auf die niederländische Ausnahme vom Juli 1942 wird weiter unten noch eingegangen.

Somit hielt der Papst, während die Lage der Juden in den von Deutschland besetzten oder ihm als Satelliten angeschlossenen Ländern von Ende 1941 an katastrophal wurde und ungeachtet der Tatsache, daß er schon frühzeitig Informationen über die allgemeine Vernichtung erhalten hatte – nicht nur von jüdischen Organisationen (März 1942) und von den alliierten Regierungen (September 1942), sondern auch von seinen eigenen Abgesandten und Mitgliedern des Klerus in den besetzten Ländern Osteuropas (Nuntius Giuseppe Burzio in der Slowakei, März 1942, der Militärgeistliche Pirro Scavizzi im Generalgouvernement während des Jahres 1942, Metropolit Andrej Scheptyzkyj aus Lemberg im August 1942 und zahlreiche andere) –, an einer Strategie fest (den Bischöfen in den einzelnen Ländern und Gebieten die Entscheidung zu überlassen), die – was ihm nicht entgangen sein konnte – wahrscheinlich zu allgemeiner Passivität oder Schlimmerem führen würde.[2] In der

1 Friedländer, *Die Jahre der Vernichtung*, S. 140, 212, 331.

2 Das wesentlichste Dokument, das den Vatikan erreichte, war der Brief, den der geistliche Führer der unierten Ukrainischen Kirche in Lemberg, Metropolit Andrej Scheptyzkyj, am 31. August 1942 absandte. Die Bedeutung des Briefes konnte weder dem Papst noch Scheptyzkyjs Freund im Vatikan, dem

Tat wurden die örtlichen Würdenträger der Kirche in ihrer überwältigenden Mehrheit nicht aktiv; sie konnten sich ja durch die Passivität des Pontifex oder ganz einfach durch ihre vorsichtige Einschätzung der örtlichen Verhältnisse gerechtfertigt – oder gelähmt – fühlen.

Im Spätfrühling 1944 beispielsweise wurden Hunderttausende ungarischer Juden mit einer Geschwindigkeit deportiert und vernichtet, die selbst nach höchsten Nazi-Maßstäben außerordentlich war. Pius XII. sandte, gefolgt von US-Präsident Roosevelt, dem König von Schweden und dem New Yorker Kardinal Francis Spellman, eine öffentliche Botschaft an das ungarische Staatsoberhaupt, Reichsverweser Miklós Horthy. Doch ebenso wie in der Rundfunkbotschaft zum Weihnachtsfest 1942 kam in der Nachricht des Papstes das Wort «Jude» nicht vor, und von «Vernichtung» war natürlich auch nicht die Rede. Pius schrieb an Horthy: «Aus diesem Grunde wenden wir uns an Euer Durchlaucht und appellieren an Eure edlen Gefühle im vollen Vertrauen darauf, daß Euer Durchlaucht alles in Eurer Macht Stehende tun werden, um zahl-

französischen Kardinal Eugène Tisserant, entgangen sein. Der Metropolit war zwar dafür bekannt, daß er persönliche Freundschaften mit Juden pflegte, während der Besetzung Ostgaliziens durch die Sowjets hatte er aber in Briefen an den Vatikan wiederholt den «Judäo-Bolschewismus» verdammt, und wie die meisten nationalistischen Ukrainer hieß er die Deutschen, als sie in Ostpolen einmarschierten, begeistert willkommen. Die Referenzen des Verfassers waren also einwandfrei. Sein Brief war nach der Deportation von etwa 50 000 Juden aus Lemberg geschrieben. «Nachdem uns die deutsche Armee vom bolschewistischen Joch befreit hatte», schrieb der Metropolit, «empfanden wir eine gewisse Erleichterung. [...] Nach und nach führte [jedoch] die deutsche [Regierung] ein Regime des wahrhaft unglaublichen Terrors und der Korruption ein. [...] Jetzt sind sich alle einig, daß das deutsche Regime vielleicht böser und diabolischer ist als das bolschewistische. Seit über einem Jahr ist nicht ein Tag vergangen, an dem nicht die entsetzlichsten Verbrechen begangen worden wären. In erster Linie waren die Juden die Opfer. Mit der Zeit begannen sie [die Deutschen], offen auf den Straßen, vor den Augen der Öffentlichkeit, Juden umzubringen. Die Zahl der in unserer Region umgebrachten Juden liegt sicher höher als 200 000.» Der Papst beantwortete den Brief des Metropoliten zwar, ging dabei aber nicht mit einem einzigen Wort auf das Thema Juden ein. Siehe *ADSS*, Bd. 3, T. 2, S. 625 und 628, exzerpiert und übersetzt in Simon Redlich, «Metropolitan Andrei Sheptyts'kyi, Ukrainians and Jews During and After the Holocaust», in: *Holocaust and Genocide Studies* 5 (1990), S. 45 f.

reiche unglückliche Menschen vor weiteren Schmerzen und Leiden zu bewahren.»[1] In der Zwischenzeit versuchte der Nuntius in Ungarn, Monsignore Angelo Rotta, den Primas der ungarischen katholischen Kirche, Kardinal Jusztinián Serédi, zu aktiverem Protest zu bewegen. Doch bei zwei Anlässen, von denen wir Kenntnis haben, lösten Rottas Interventionen bei dem Kardinal Verärgerung über die Passivität des Papstes aus. Bei der ersten Gelegenheit, am 8. Juni, erklärte Serédi dem Nuntius, es sei «unaufrichtig, daß der Apostolische Heilige Stuhl diplomatische Beziehungen zur deutschen Regierung unterhalte, die diese Greuel verübt». Der zweite Anlaß war eine Zusammenkunft von Vertretern der christlichen Kirchen, bei der die Möglichkeit einer gemeinsamen Intervention erörtert werden sollte. Da brach es aus einem offensichtlich erzürnten Serédi heraus: «Wenn Seine Heiligkeit der Papst nichts gegen Hitler unternimmt, was kann ich dann in meinem beschränkteren Jurisdiktionsbereich tun? Verdammt noch mal.»[2]

Bei einer Gelegenheit, in den Niederlanden, entschloß sich eine Landeskirche aus eigenem Antrieb zum Protest. Am 14. Juli 1942 war der erste Transport holländischer Juden in Auschwitz eingetroffen. Einige Tage später, am Sonntag, dem 26. Juli, legte die katholische Hierarchie des Landes unter der Führung des Erzbischofs von Utrecht, Jan de Jong, offiziell Protest gegen die Deportationen ein. Zur Vergeltung hierfür verhafteten die Deutschen in der Nacht vom 1. zum 2. August eine Anzahl zum Katholizismus konvertierter Juden und schickte sie nach Westerbork, in das Sammellager, von dem aus wöchentlich Transporte «in den Osten» abgingen. Nach Zeugenaussagen ehemaliger NS-Amtsträger, die nach dem Kriege gemacht wurden, war die Vergeltung darauf zurückzuführen, daß die Bischöfe gegen die Deportation aller Juden und nicht nur gegen die der jüdischen Konvertiten protestiert hatten. 92 katholische Juden wurden schließlich nach Auschwitz deportiert, darunter die Philosophin, Karmeliternonne und

1 Zitiert in Phayer, *The Catholic Church*, S. 107.

2 Randolph L. Braham, «The Christian Churches of Hungary and the Holocaust», in: *Yad Vashem Studies* 29 (2001), S. 258 f.

nachmalige katholische Heilige Edith Stein.[1] Möglicherweise hat die Nachricht aus Holland Einfluß auf die spätere Entscheidung des Papstes zum Stillschweigen ausgeübt.

War nicht aber der Protest der niederländischen Bischöfe genau die Art von lokaler Initiative, die der Pontifex für die einzig mögliche hielt? Und erhob nicht Pius selbst einige Monate nach dem Zusammentreiben in den Niederlanden in seiner Weihnachtsbotschaft 1942 (knapp, aber klar, wie er selbst meinte) seine Stimme?

Die Rede des Papstes am Heiligabend 1942 wurde vom vatikanischen Rundfunk «urbi et orbi» ausgestrahlt. Auf Seite 24 des 26seitigen Textes erklärte Pius XII.: «Dieses Gelöbnis [sich darum zu bemühen, das Gemeinschaftsleben zum göttlichen Gesetz zurückzuführen] schuldet die Menschheit den Hunderttausenden, die persönlich schuldlos bisweilen nur um ihrer Volkszugehörigkeit oder Abstammung willen dem Tode geweiht oder einer fortschreitenden Verelendung preisgegeben sind.» Und der Pontifex fügte dann hinzu: «Dieses Gelöbnis schuldet die Menschheit den vielen Tausenden von Nichtkämpfern, Frauen, Kindern, Kranken und Greisen, denen der Luftkrieg – wir haben vor seinen Schrecken von Anfang an wiederholt unsere warnende Stimme erhoben – mit seiner unterschiedslosen oder nicht hinreichend überprüften An-wendung Leben, Besitz, Gesundheit, die Stätten der Caritas und des Gebetes geraubt hat.»[2] Die meisten führenden Politiker oder Diplomaten, welche die Rede überhaupt erwähnten, fanden sie, gemessen an dem, was sie angeblich zum Ausdruck bringen wollte, zu vage.[3] Und als am 16. Oktober 1943 die Zusammentreibung der Juden von Rom stattfand, war Pius XII. nicht fähig oder nicht willens, sich noch einmal auch nur in der ganz allgemeinen Form zu Wort zu melden, die er am Heiligabend 1942 gewählt hatte.

Am 19. Oktober 1943, als der Transport deportierter Juden Rom in Richtung Auschwitz verließ, berichtete Harold Tittman, der amerikanische Gesandte beim Vatikan, nach Washington über ein

1 Friedländer, *Die Jahre der Vernichtung*, S. 438.

2 Friedländer, *Die Jahre der Vernichtung*, S. 494.

3 Ebd. Siehe auch Owen Chadwick, *Britain and the Vatican during the Second World War*, Cambridge: Cambridge University Press, 1986, S. 218–20.

Gespräch, das er gerade mit dem Papst geführt hatte. «Der Papst schien sich Sorgen zu machen», schrieb Tittman, «daß in Ermangelung hinreichenden Polizeischutzes unverantwortliche Elemente (er sagte, es sei bekannt, daß gegenwärtig in der Umgebung Roms kleine kommunistische Banden stationiert seien) in der Stadt Gewaltakte begehen könnten.» Tittman fügte hinzu, der Papst habe den Wunsch geäußert, «die Alliierten möchten sich zu gegebener Zeit um die Angelegenheit kümmern». Des weiteren teilte der Pontifex dem amerikanischen Diplomaten mit, «die Deutschen hätten den Vatikanstaat und das Eigentum des Heiligen Stuhls in Rom respektiert, und der deutsche General, der die Truppen in Rom befehlige, scheine dem Vatikan gewogen zu sein». Wie Tittman schreibt, habe der Papst dann hinzugefügt, «er fühle sich infolge der ‹anomalen Lage› eingeschränkt».[1] Vermutlich war mit der «anomalen Lage» die Deportation der Juden von Rom gemeint …

III. Verantwortlichkeit und Mitleid

Wies der Papst, während er mit dem amerikanischen Gesandten die Sicherheit Roms erörterte, religiöse Institutionen in der Stadt an, die flüchtenden Juden zu verstecken? Juden fanden in der Tat Zuflucht in katholischen Institutionen, einige von ihnen anscheinend im Vatikan; aus Susan Zuccottis Forschungen wissen wir jedoch,

1 Tittman an Hull, 19. Oktober 1943, in: *Foreign Relations of the United States*, 1943, Bd. 2 (Europe), Washington, D. C. 1964, S. 950. Dieses Telegramm hat zu beträchtlichen Kontroversen geführt, da es Pius' Gleichgültigkeit gegenüber dem Schicksal der soeben deportierten Juden dokumentiert. Nach Auffassung des Jesuiten Peter Gumpel, des «Berichterstatters», der für den Seligsprechungsprozeß des Pontifex zuständig ist, lassen die «sehr präzisen» vatikanischen Unterlagen erkennen, daß das Treffen mit Tittman vor der Deportation, am 14. Oktober, stattfand. Dafür, daß Tittman in dem Telegramm vom 19. Oktober den Ausdruck «heute» verwendet hat, gibt es keinen erkennbaren Grund, aber selbst wenn der amerikanische Diplomat ein falsches Datum verzeichnet haben sollte, ist zu sagen, daß am 18. Oktober – darauf weist Robert Katz hin – ein Treffen zwischen Pius und dem britischen Botschafter Osborne stattfand, bei dem die Deportation ebensowenig Erwähnung fand; siehe Robert Katz, *Rom 1943–1944: Besatzer, Befreier, Partisanen und der Papst*, übers. v. Silja Recknagel, Essen: Magnus-Verlag, 2006, S. 434, Anm. 35.

daß es, wenngleich der Papst wahrscheinlich informiert war, keine Spur einer mündlichen oder schriftlichen Äußerung seinerseits gibt, mit der er eine derartige Hilfeleistung entweder unterstützt oder aber untersagt hätte. Ebenso wie zahlreiche «gewöhnliche» Italiener handelten katholische Institutionen auf eigene Faust.[1]

Die Kernfrage liegt jedoch anderswo: Selbst wenn sich Pius XII. entschloß, weder öffentlich noch in vertraulicher Form zu protestieren, oder wenn er es vermied, ausdrückliche Anweisungen im Hinblick auf Hilfe für Juden zu erteilen, hat er dann, als ihm das Ausmaß der Vernichtung bewußt wurde, Mitleid mit Juden gezeigt? Hat die Verfolgung und die Ermordung von Millionen dem Pontifex Empfindungen des Mitgefühls entlockt?

Ende 1944 verweigerte Pius XII., wahrscheinlich aus politischen Gründen, dem Oberrabbiner von Palästina, Isaac Herzog, ein Treffen.[2] Dann, unmittelbar nach Beendigung des Zweiten Weltkriegs, wies der Papst das Heilige Offizium an, die Nuntii (und somit die Bischöfe in ganz Europa) aufzufordern, getaufte jüdische Kinder, die in katholischen Institutionen versteckt worden waren, nicht an die jüdische Gemeinschaft zurückzugeben, wenn ihre Eltern nicht wiedergekehrt waren. Selbst ungetaufte Kinder, die sich in der gleichen Lage befanden, sollten nicht herausgegeben

1 Susan Zuccotti, *Under His Very Windows: The Vatican and the Holocaust in Italy*, New Haven: Yale University Press, 2000, S. 307. Kürzlich, im Juni 2009, gab Gary Krupp, der Gründer der in New York ansässigen *Pave the Way Foundation*, bekannt, es seien Dokumente im Umfang von 2300 Blatt entdeckt worden, aus denen angeblich hervorgehe, daß Pius XII. tätig wurde, um Juden, die in einem Lager in der Campagna in Süditalien interniert waren, zu retten (siehe http://www.ptwf.org/index.htm). Tatsächlich spielen drei Briefe auf Pius XII. an, und praktisch das gesamte Material dokumentiert die Anstrengungen, die Giuseppe Maria Palatucci, der Bischof der Diözese Campagna, unternahm, um den Juden zu helfen, die von 1938 bis zum September 1943, als sie von den Amerikanern befreit wurden, in dem Ort Campagna in einem Lager interniert waren. Wie in vergleichbaren Fällen an anderen Orten hatte der Papst sicher Kenntnis von Palatuccis Aktivitäten, aber das bedeutet nicht, daß er selbst eine systematische Initiative zur Rettung der Juden ergriffen hätte. Die Initiative ging in dem genannten Fall vom Bischof aus. Zu einer Analyse des Materials siehe Paul O'Shea, «Campagna: The Camp, the Bishop and the Archives»; eine Zusammenfassung dieser Studie ist verfügbar unter http://www.adl.org/main-Interfaith/Campagna-Bishop-Archives-0%27.Shea.htm.

2 Siehe oben, S. 195 ff.

werden. Nur wenn überlebende Eltern tatsächlich Anspruch auf ihre Kinder erhoben, sollten diese freigegeben werden.[1]
Zwei Jahre zuvor, im April 1943, als die Vernichtungen auf dem Höhepunkt angelangt waren, hatte Pius in seiner Antwort auf Preysings gequälte Bitte um das Einschreiten des Papstes unverhohlen eine gewisse Verärgerung über jüdische «Anforderungen» geäußert: «Für die katholischen Nichtarier wie auch für die Glaubensjuden hat der Heilige Stuhl caritativ getan, was nur in seinen Kräften stand, in seinen wirtschaftlichen und moralischen. Es hat von seiten der ausführenden Organe Unseres Hilfswerkes eines Höchstmaßes von Geduld und Selbstentäußerung bedurft, um den Erwartungen, man muß schon sagen den Anforderungen der Hilfesuchenden zu entsprechen. [...] Von den sehr hohen Summen, die Wir in amerikanischer Währung für Übersee-Reisen von Emigranten ausgeworfen haben, wollen Wir nicht sprechen; Wir haben sie gerne gegeben, denn die Menschen waren in Not; Wir haben um Gotteslohn geholfen, und haben gut daran getan, irdischen Dank nicht in Rechnung zu stellen. Immerhin ist dem Heiligen Stuhl auch von jüdischen Zentralen wärmste Anerkennung für sein Rettungswerk ausgesprochen worden.»[2] Das Geld war im Vatikan übrigens von jüdischen Organisationen hinterlegt worden.[3]
Der möglicherweise problematischste Ausdruck der Einstellung, die Pius während des Krieges zu den Juden hatte, ist in einer selten bemerkten Ansprache aufgetaucht. Am Heiligabend 1942, unmittelbar bevor er seine Rundfunkbotschaft an die Welt richtete, sprach der Papst zum Kardinalskollegium. Wie bereits erwähnt, waren die Vernichtungsaktionen der Nazis mittlerweile wohlbekannt.[4]
Nachdem Pius die Kirchenfürsten ermahnt hatte, nicht zu ver-

1 Eine Einschätzung der Haltung des Papstes in dieser Angelegenheit bietet Michael R. Marrus, «Le Vatican et les orphelins juifs de la Shoah», in: *L'Histoire*, Nr. 307, März 2006, S. 75–85.

2 Siehe oben, S. 130.

3 Zuccotti, *Under His Very Windows*, S. 77.

4 Am 17. Dezember 1942 gaben die alliierten Regierungen und die Exilregierungen die feierliche Erklärung ab, daß die Deutschen im Begriff seien, die Juden Europas zu vernichten. Der Vatikan wurde durch seine eigenen Beauftragten in den besetzten Ländern und durch Sondergesandte, die insbesondere Osteuropa bereisten, auf dem laufenden gehalten.

zweifeln, fuhr er fort: «Die dem Apostel würdige Klage [die Jesus an Petrus und zwei andere Apostel richtete, welche beim Wachen im Garten Gethsemane eingeschlafen waren], die Klage, über die sich der Diener des Evangeliums nicht zu schämen braucht, erklingt aus jener Trauer, die auf dem Herz des Erlösers lastete und ihn Tränen vergießen ließ beim Anblick Jerusalems, das seiner Einladung und seiner Gnade mit starrer Verblendung und hartnäckiger Verleugnung entgegentrat, die es auf dem Wege der Schuld bis hin zum Gottesmord geführt hat.»[1] Der Historiker Thomas Brechenmacher, der die Ansprache zitiert, verurteilt ihre Wortwahl nachdrücklich, stellt sich aber auf den Standpunkt, der Papst habe nicht von den Juden gesprochen, sondern von den Sünden der Welt, denen die Kardinäle entgegentreten sollten.[2] Das stellt eine sehr großzügige Interpretation der Worte Pius' dar, selbst wenn man sie lediglich als Metapher nimmt, da er dafür bekannt war, wie sorgfältig, ja pedantisch er seine Worte wählte.[3]

Schlußbemerkungen

Diese Bemerkungen sollten keineswegs so aufgefaßt werden, als würde damit der europäische Katholizismus schlechthin im Hinblick auf sein Tun und Lassen angesichts der Deportationen und der Vernichtung der Juden kritisiert. Katholiken leisteten den Opfern, mochten sie damit unter ihren Glaubensgenossen auch in der Minderheit sein, tatsächlich Hilfe, und dabei gingen sie (insbesondere in Osteuropa) oft beträchtliche Risiken ein. Einige katholische Prälaten erhoben durchaus öffentlichen Protest (in den

1 Pius XII., «Allocuzione della vigilia di natale al sacro collegio», in: *Discorsi e radiomessaggi di sua Santità Pio XII*, Bd. 4 (2. 3. 1942–1. 3. 1943), Vatikanstadt: Tipografia Poliglotta Vaticana, 1960, S. 318–23 (hier: S. 321), zitiert in: Thomas Brechenmacher, *Der Vatikan und die Juden: Geschichte einer unheiligen Beziehung vom 16. Jahrhundert bis zur Gegenwart*, München: Beck, 2005, S. 209.

2 Ebd., S. 210.

3 Die extreme Sorgfalt, mit der Pius seine Texte formulierte, hat sein jahrzehntelanger persönlicher Sekretär, der Jesuitenpater Robert Leiber, bestätigt; siehe Robert Leiber, «Pius XII.», in: *Stimmen der Zeit* 163 (1958/59), S. 81–100, zitiert in Klaus Kühlwein, *Warum der Papst schwieg: Pius XII. und der Holocaust*, Düsseldorf: Patmos, 2008, S. 45.

Niederlanden und in Frankreich), wenngleich mit Ausnahme Hollands keiner von ihnen den obersten Rängen einer der Landeskirchen angehörte. Und das führt uns natürlich zum Kern unserer Frage: War die Passivität der großen Mehrheit durch die Passivität der obersten Autorität der Kirche, des Papstes selbst, beeinflußt? Wie wir sahen, war dies wahrscheinlich der Fall.
Die Entscheidungen Pius' XII. lassen sich auch noch auf eine grundsätzlichere Weise bewerten. Betrachtet man die katholische Kirche lediglich als eine politische Institution, welche die Folgen ihrer Entscheidungen unter dem Gesichtspunkt der Zweckrationalität abwägen muß, dann kann man die Entscheidungen des Pontifex angesichts der bestehenden Risiken vielleicht für vernünftig halten. Falls jedoch die katholische Kirche, wie sie behauptet, vor allem in Augenblicken einer großen Krise auch eine moralische Position vertritt und somit bei derartigen Anlässen von der Ebene der institutionellen Interessen zu derjenigen moralischer Zeugenschaft übergehen muß, dann sollten die von Pius getroffenen Entscheidungen selbstverständlich anders beurteilt werden. Was wir nicht wissen und auf keine Weise in Erfahrung bringen können, ist, ob für Pius XII. das Schicksal der Juden Europas eine schwerwiegende Krisensituation und ein quälendes Dilemma darstellte oder ob es für ihn nur ein Randproblem war, welches das christliche Gewissen nicht herausforderte.

Aus dem Englischen
von Martin Pfeiffer

Personenregister

Da der Name Pius XII. beziehungsweise Eugenio Pacelli zu häufig im Text auftaucht, wurde auf einen Hinweis verzichtet.

Aus dem Verlagsprogramm

Saul Friedländer in der BsR

Saul Friedländer, Orna Kenan
Das Dritte Reich und die Juden
1933-1945
Aus dem Englischen von Martin Pfeiffer
2010. 525 Seiten. Paperback
Beck'sche Reihe Band 1965

«Wer dieses Buch gelesen hat, der wird es nicht vergessen; es ist emotional aufwühlend, intellektuell herausfordernd, es ist wahrhaftig das beste Buch, das es zu diesem Thema gibt.»
Ulrich Herbert, Süddeutsche Zeitung

«Das Standardwerk über die Verfolgung und Vernichtung der europäischen Juden durch das nationalsozialistische Regime.»
Oliver Jungen, Frankfurter Allgemeine Zeitung

Wenn die Erinnerung kommt
Aus dem Französischen von Helgard Oestreich
6. Auflage. 2008. 192 Seiten. Paperback
Beck'sche Reihe Band 1253

Nachdenken über den Holocaust
2007. 201 Seiten. Paperback
Beck'sche Reihe Band 1788

Kurt Gerstein oder die Zwiespältigkeit des Guten
2007. 208 Seiten mit 6 Abbildungen. Paperback
Beck'sche Reihe Band 1789

Saul Friedländer, Jan Philipp Reemtsma
Gebt der Erinnerung Namen
Zwei Reden
Mit den Ansprachen von Andreas Heldrich, Christian Ude und Christoph Wild
2. Auflage. 2007. 63 Seiten. Paperback
Beck'sche Reihe Band 1308

Verlag C.H.Beck München

Beck's Geschichte Europas

Hartmut Leppin
Das Erbe der Antike
2010. 288 Seiten mit 10 Abbildungen und 6 Karten im Text. Paperback
Beck'sche Reihe Band 1980

Luise Schorn-Schütte
Konfessionskriege und europäische Expansion
Europa 1500–1648
2010. 276 Seiten mit 14 Abbildungen im Text. Paperback
Beck'sche Reihe Band 1983

Andreas Fahrmeir
Revolutionen und Reformen
Europa 1789–1850
2010. 304 Seiten mit 3 Abbildungen und 3 Karten. Paperback
Beck'sche Reihe Band 1985

Verlag C.H.Beck München